高等职业教育经管平台课系列教材

经济学基础

主　编　陈金章　缪华昌
副主编　邓　高　唐红桃
　　　　陈　亮　罗佳乐

中国轻工业出版社

图书在版编目（CIP）数据

经济学基础 / 陈金章，缪华昌主编．—北京：中国轻工业出版社，2022.1

高等职业教育经管平台课系列教材

ISBN 978-7-5184-2722-2

Ⅰ．①经… Ⅱ．①陈… ②缪… Ⅲ．①经济学－高等职业教育－教材 Ⅳ．①F0

中国版本图书馆CIP数据核字（2019）第250726号

责任编辑：张文佳　　责任终审：张乃柬

整体设计：锋尚设计　　责任校对：方　敏　　责任监印：张京华

出版发行：中国轻工业出版社（北京东长安街6号，邮编：100740）

印　刷：三河市国英印务有限公司

经　销：各地新华书店

版　次：2022年1月第1版第2次印刷

开　本：787×1092　1/16　印张：15

字　数：380千字

书　号：ISBN 978-7-5184-2722-2　定价：45.00元

邮购电话：010-65241695

发行电话：010-85119835　传真：85113293

网　址：http://www.chlip.com.cn

Email：club@chlip.com.cn

如发现图书残缺请与我社邮购联系调换

220123J2C102ZBW

前　言

PREFACE

当前，在全球经济一体化的大环境下，我国经济保持着高速、稳定的增长。国内各行各业技能型经济人才的需求迅速增加，对人才素质的要求也越来越高。为凸显高职高专以就业为导向、以培养应用型人才为办学的特点，我们组织编写了本教材。

全书内容共分为三大部分：第一部分即项目一，简单介绍了经济学的基本概念、主要内容、研究方法等；第二部分为微观经济学部分，包括项目二至项目七，主要研究家庭、厂商和市场如何合理配置经济资源，以单个经济单位的经济行为为对象，以资源的合理配置为解决的主要问题，以价格理论为中心理论，包括消费者行为理论、生产者行为理论、生产理论、分配理论，以及市场失灵；第三部分是宏观经济学部分，包括项目八至项目十一，主要研究国民经济的整体运行中如何充分利用经济资源，以国民经济整体运行为对象，以资源的充分利用为解决的主要问题，以国民收入决定理论为中心理论，包括通货膨胀与失业、宏观经济政策、经济周期与经济增长。

本书借鉴国内外经济学教材的写作思路和特点，采用案例教学，围绕现实生活中的经济现象展开基本理论的叙述，突出实践性、实用性和职业教育的特色，主要表现在以下几个方面：

（1）强化学生理论知识，注重学生参与、师生互动。本书围绕培养应用型人才的教育目标，构建了案例、理论知识、思考与实训为内容的复合型教材，通过学习，让学生运用一种新的思考方式——经济学的思维去理解所接触的大千世界并为学习专业课打下基础。

（2）结合高职高专的教学特色，按照“理论够用为度，知识注重实用”的原则，以专业知识为基础，在不影响教材的逻辑性和内容的一贯性的前提下，舍弃过难、不适于高职学生的内容，做到浅显易懂，贴近日常经济生活。

（3）运用图、表、案例进行说明，避免繁杂的计算和经济模型的推导过程，帮助学生掌握经济学的理论知识。

本书由苏州工业园区职业技术学院陈金章、苏州托普信息职业技术学院缪华昌担任主编，苏州工业园区职业技术学院邓高、江苏旅游职业学院唐红桃、陈亮、苏州托普信息职业技术学院罗佳乐担任副主编。具体编写分工为：项目一和项目三由缪华昌编写；项目二由邓高编写；项目四由唐红桃编写；项目五由陈亮编写；项目六由罗佳乐编写；项目七至项目十一由陈金章编写。在本书的编写过程中，借鉴和吸收了国内专家学者的研究成果，参考了大量相关领域的文献，在此向有关作者致以诚挚的谢意。

由于编者水平有限，加上时间仓促，不妥之处敬请读者批评指正。

编者

目 录

CONTENTS

项目一

经济学概述

知识目标

1. 掌握经济学的研究对象和研究内容
2. 理解学习经济学的意义
3. 理解经济学的研究方法

能力目标

能够运用相关经济学概念和基本原理，解释日常生活中的一些经济现象

案例导入

为什么要学点经济学

张维迎

经济学是经济学家提供给社会大众的一种改进生活、认识世界的武器。或许你并不想做一名经济学家，但即使如此，你仍然应该学点经济学。

首先，学习经济学有助于你做出更好的个人决策。在你的一生中，你需要做出各种各样的经济决策。比如说，在即将完成高中学业的时候，你需要决定是否去上大学或上什么样的大学？在大学毕业的时候，你需要决定是继续在国内读研究生，还是出国留学，或者去工作？在工作之后，你要决定如何花费你的收入：多少用于现在的消费？多少用于储蓄？如何投资你的储蓄？是买股票还是存在银行？或许有一天你成了一个企业的老板或经理，此时，你需要决定你的企业应该生产什么产品？卖什么样的价格？在什么媒体上做广告？招收什么样的人员？提拔谁当你的助手？如此等等，不一而举。为什么决策是重要的？因为你的资源是有限的——你的时间有限，收入也有限。如果你参加工作，就可能没有时间上大学；如果你把钱用于买房子，就可能没有钱再来买汽车。所以你必须在各种竞争性的需求之间分配你有限的资源。进一步，更为麻烦的是，你的决策常常是在不确定的情况下做出的。比如说，当你选择学无线电专业的时候，你并不知道当你毕业的时候，这个专业的就业前景如何。为了避免决策的失误，你需要一些理论的指导。经济学是有关个人选择的科学。学习经济学有助于你做

出更好的决策。明白了这一点，你就明白了为什么经济学是西方大学里听众最多的选修课。

其次，学习经济学有助于你理解你生活于其间的世界是如何运转的。你的生活状况不仅取决于你自己的决策，而且依赖于其他人的决策，以及周围环境的变化。理解你周围的世界如何运行，自然有助于改进你的决策。你可能为生活中的许多事情感到惊奇。比如说，当你想买一台电视机的时候，只要支付必要的价格，就可以把它从商场搬回家；当你在大街上走的饥肠辘辘的时候，走进一家饭馆就可以指挥别人给你上菜，而无须回家自己做饭。而事实上，你事前并没有告诉电视机的生产厂商为你生产一台电视机，也没有通知饭店的老板为你准备饭菜。那么，是什么因素使你得到你想要的东西？经济学是关于人们之间的决策如何相互作用的科学。学了经济学，你就可以明白市场这只"看不见的手"如何使自利的个人为大家服务；你也可以明白，为什么垄断行业的服务那么差，而收费却那么高；为什么北京的出租车提价了，司机反而不高兴；为什么一个流行歌手演出一晚上可以赚好几万，而一个建筑工人一个月也只能赚几百元；为什么利率一上升股票价格就下跌；为什么中国经济增长这么快，而下岗工人却越来越多；为什么国有企业设备那么好，而就是竞争不过民营企业；为什么那么多国有企业的厂长经理一生勤勤恳恳，一到59岁就犯贪污罪；……

再次，学习经济学有助于你理解政府政策的优与劣。每个社会都离不开政府，学习了经济学，你会明白我们为什么需要政府，什么是政府应该干的，什么是政府不应该干的。我们需要政府，是因为在存在诸如外部性、公共产品这样的场合，依靠市场不能达到资源的有效配置。比如说，如果没有政府的干预，自私自利的企业家也许会让你喝太多的污水；如果没有政府，私人部门也许不会提供给你诸如路灯这样的公共产品。特别地，我们需要政府来提供市场交易所需要的规则和秩序这样一类公共产品，需要政府保护我们的个人财产和人身安全。但政府对市场的过多干预常常导致供给不足、价格扭曲、资源浪费、垄断横行。政府的政策选择不仅影响整个社会的资源配置效率，而且影响包括你在内的每个公民的福利。所以当你希望政府制定某种政策的时候，你必须谨慎考虑这种政策的不利后果。经济学常识有助于你思考这样的问题。比如说，如果你是一个打工仔，你也许会认为政府应该制定一个"最低工资法"保护你的利益，或者向富人多征税来补贴你，而经济学原理会告诉你，这样做的后果也许是你根本就找不到工作。再比如，作为消费者，你也许会认为政府应该对商品的价格做出限制，而经济学会告诉你，这样做的后果是你也许再也买不到这种商品。常识可能会误导你，经济学会使你不过于迷信政府。

最后，学习经济学可以改进你的思考方式。经济学是一门科学。科学是什么？科学是一种思考问题的方式。如同天文学家通过观测天体现象来归纳天体运行的规律一样，经济学家通过观测现实经济现象归纳经济规律。经济学家有自己的语言和思维方式。诸如需求、供给、弹性、消费者剩余、机会成本、比较优势、外部性、信息不对称、均衡等，是经济学的基本语言。掌握了这些经济学语言，你就可以更好地思考你周围的世界是如何运行的。外行人常常批评经济学家看问题过于简单，而他们忘了，科学的力量就在于把复杂的现象简单化。经济学就像一张指路图，它舍弃了现实中的许多细节，却使你更清楚自己要去的地方。你没有必要成为一位经济学家，但知道经济学是如何思考问题是有益的，至少，你不大容易被蹩脚的经济学家和夸夸其谈的政治家所蒙蔽。无论你今后干什么，你不会后悔自己学过经济学。

启发思考：

（1）经济学研究哪些方面的问题？

（2）为什么要用经济学思维去分析问题、解决问题？

任务一　经济学的三个基本问题

经济学大师保罗·萨缪尔森指出，在人的一生中，从摇篮到坟墓，我们都会碰到无数的经济学原理。既然避不开，那我们就来看看经济学是什么，在研究什么问题。本节从西方经济学角度简单阐述经济学的三个基本问题。

一、经济学的两个基本假设

1. 欲望

人们进行经济活动就是为了满足相应的需要。欲望是人们为了满足生理或心理上的需要而产生的渴望。简言之，欲望是一种缺乏的感受与求得满足的愿望，也就是“求之不得”的感受。人们的需要具有无限性，是没有止境的。从需要的层次看，马克思把人的需要划分为生存需要、享受需要和发展需要三个层次，美国著名心理学家亚伯拉罕·马斯洛把人的需要划分为生理需要、安全需要、社交需要、尊重需要和自我实现需要五个层次，当低层次的需要得到满足后，人们才开始追求高层次的需要，如图1-1所示。从需要的内容来看，人们的需要具有多样性，当一个方面的需要得到满足后，便开始追求其他方面的需要。

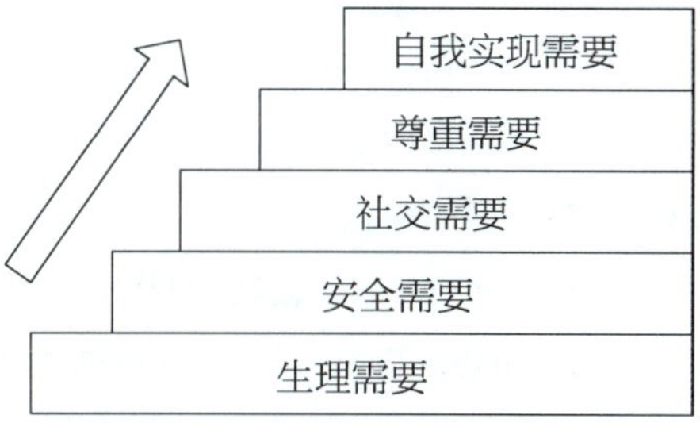

图 1-1　马斯洛需要的层次

人的欲望是无穷的，欲望的实现需要借助一定的物品。满足人们欲望的物品分为两类：自由取用的物品（免费物品）和经济物品（需要花钱购买的物品）。

自由取用的物品是指人类无须做出努力或付出任何代价便可随意得到的物品，比如：阳光、空气和水等。面对人类无限的欲望，用来满足人类需要的自由取用的物品将变得越来越少。比如水，在200年前是可以自由取用的，而在今天，水已经成为世界上稀缺的资源之一。

经济物品是指人类必须付出一定代价或者花费一定数量的金钱才能得到的物品。在进行经济活动时经济物品通常分为劳动、资本、土地与企业家才能四种类型。劳动是指劳动者所提供的劳务，包括体力劳动、脑力劳动；资本是指经济活动中所使用的资金，包括实物资本和货币资本，实物资本如机器设备、厂房、道路、原材料、动力材料等资本品，货币资本如现金、股票和债券等有价证券；土地泛指一切自然资源，既包括狭义的土地，也包括矿藏、森林、河流、湖泊、海洋等自然资源；企业家才能是指企业家的组织管理、创新和承担经营风险的能力。人类欲望的满足主要依赖于消费各种经济物品，经济物品在数量上常常是稀缺的。

2. 资源的稀缺性

稀缺性来自资源的有限性和欲望的无限性的矛盾。人的欲望是无限的，而用来满足人的欲望的资源又是有限的，这种矛盾就反映为资源的稀缺性。

一方面，资源的稀缺性具有决定性。稀缺性是人类社会的永恒问题，资源稀缺的绝对性存在于人类社会的各个时期和人们生存的所有区域。从历史上来看，稀缺性存在于人类社会的所有时期。从世界各地来看，稀缺性存在于人类活动的所有区域。现实生活中的每个人都面临着稀缺性的问题，只不过稀缺的内容各自不同而已。

另一方面，资源的稀缺性具有相对性。资源稀缺的相对性是指相对于人类无限的欲望而言，再多的资源也是稀缺的。

二、经济学的定义

“Economy”一词来源于希腊语，意为“管理一个家庭的人”。在中国古汉语中，“经济”一词是“经邦”和“济民”“经国”和“济世”，以及“经世济民”等词的综合和简化，含有“治国平天下”的意思，内容不仅包括国家如何理财，而且包括政治、法律、教育、军事等方面的问题。

西方经济学家对经济学的概念有多种定义。例如：经济学是研究国民财富的科学；经济学是研究生产关系的科学；经济学是研究如何把日子过得更好的科学；经济学是研究“快乐与痛苦”的微积分；经济学是研究如何“尽我们所有的，做我们做好的”……凡如此种种，从不同角度给出了经济学要研究的对象和内容。

目前，西方学者比较认同的经济学定义为：经济学是研究人和社会如何进行选择，来使用可以有其他用途的稀缺资源，以便生产各种商品，并在现在或将来把商品分配给社会的各个成员或集团以供消费之用的科学。即经济学是研究稀缺资源在可供选择的用途中进行有效配置和合理利用的科学。

从经济学定义中不难看出，经济学要解决的基本问题有两类，即资源配置与利用。

1．资源配置

具体包括三个方面的问题：

（1）生产什么，生产多少（what）。人们的需要具有多样性和层次性，在不同的条件下，每种需要的相对重要性不同。在资源稀缺，全部需要得不到完全满足时，为使有限的资源能提供的满足程度最大，就需要根据各种需要的相对重要性，合理选择应满足需要的种类及其满足程度。由于资源有限，用于生产某种产品的资源多一些，则用于生产另一种产品的资源就会少一些。

（2）怎样生产（how）。怎样生产是指用什么资源和生产方法来生产。资源具有多样性，同时每种资源的相对稀缺程度不同，同样的产品可以用能相互替代的不同资源或资源组合来生产，要选择生产成本最低或能带来最高收益的资源或资源组合。生产方法的实质是如何对资源进行组合，如劳动密集型方法或资本密集型方法。

（3）为谁生产（for whom）。也就是生产出来的产品如何分配。有限的资源给谁使用，为满足谁的需要和使用，这涉及的是产品分配问题。任何社会的生产都是周而复始的再生产过程，产品在社会成员的分配将影响生产要素的流向和配置。一般情况下，优质的劳动、资本、土地总会流向效率较高的部门。为了合理配置各种生产要素，人们就必须研究社会产品如何分配的问题。

2．资源利用

具体包括三个方面的问题：

（1）如何实现充分就业。研究为什么资源得不到充分利用，如何能够使稀缺的资源得到充分利用，如何使社会既定资源能够实现效用最大化而没有资源的闲置和浪费。

（2）如何实现经济增长。在资源既定的条件下，一个国家的生产能力不能始终保持最大，有时高有时低，这表现为一个国家经济的周期性波动。研究资源的充分利用，就是要考虑如何用既定的资源生产出更多的产品，从而实现经济增长。这就是一般所说的“经济周期和经济增长”问题。

（3）如何保持物价稳定。现代社会以货币为交换媒介，物价的变动会影响经济运行和增长。物价水平过低，会导致资源利用不足、失业增加，这就是通货紧缩；物价水平过高，则可能导致资源利用过度，形成通货膨胀问题。因此，经济学研究资源的充分利用，就必然涉及货币购买力的问题，即如何保持物价的稳定。

三、经济体制

经济体制就是一个社会做出选择的方式，是解决资源配置和资源利用的方式。任何一种社会经济制度都面临着如何把它既定的稀缺资源有效地分配使用的问题，但解决这个问题的原则和方式方法差别很大。当前世界，解决资源配置与资源利用的经济体制有三种。

1．完全自由市场经济制度

1776年，亚当·斯密在其经典著作《国富论》中，提出了通过市场“无形之手”调节来解决生产什么，如何生产和为谁生产。亚当·斯密深信价格信号和市场反映在资源配置方面比任何政府做得更好。完全自由市场经济，通常与纯粹的资本主义制度有关，在这种体制下，土地和资本归私人所有。所有的经济决策由家庭和企业做出。他们通过价格机制的激励来做出反应。但是，完全自由市场经济体制在保证充分竞争的同时却存在道德缺陷。那就是过于鼓励自利行为，从而导致自私、贪婪和物质至上主义。19世纪的英国接近于该模式。

2．完全计划经济制度

亚当·斯密所赞同的自由放任政策伴随着批评。马克思在其经典著作《资本论》（1867年）和《共产党宣言》（1848年）中认为，政府必须拥有所有生产资料并由计划来决定资源的充分利用，即通过政府的计划而不是市场来决定生产什么、生产多少和为谁生产。最终目的是建立“各取所需的共产主义社会”。计划经济也叫指令性经济。比如，苏联、改革开放前的中国就比较接近于该模式。该体制的优点是政府可以直接影响分配不公问题。能够说明该制度缺陷的例子也很多，这里只举两个例子就足够了。1989年，苏联当局做了一项调查：为什么生产机车发动机的某厂家没有完成计划规定的任务？调查结果是因为生产发动机的工厂没有足够的原材料来实现它的目标。但是为什么厂家不能得到足够的原材料？原因又恰恰在于铁路的落后和机车短缺。此例说明了计划经济体制缺乏市场经济体制那种“无形之手”的价格反馈机制。缺乏价格反馈机制，靠政府计划“有形之手”来命令经济的结果往往是短缺经济。再举一个例子，苏联政府允许农民拥有一小块自留地，虽然政府限制农民在自留地上的劳动时间，但是具有讽刺意义的是，占苏联耕地3%的自留地上所生产的农产品却达到苏联全部农产品的25%。

3．混合经济制度

现实世界中，纯粹的市场经济或纯粹的计划经济并不存在。许多国家的经济体制是通过市场与计划不同程度的集合来解决资源配置和利用的。把市场和计划的优缺点互补，更有利于经济的发展。正如邓小平同志所说：计划多一点还是市场多一点，不是社会主义与资本主义的本质区别。计划经济不等于社会主义，资本主义也有计划；市场经济不等于资本主义，社会主义也有市场经济。计划和市场都是经济手段。

以市场调节为基础，又有政府适当干涉的经济制度被经济学家称为混合经济。混合经济不是计划经济与市场经济的混合，而是对市场经济的改进。当今世界，绝大多数国家是混合经济，但是各种混合经济之间也有差别。有一些经济似乎更接近于计划经济（如朝鲜、古巴），而另一些更接近于市场经济（如美国、英国）。即便是同样采取市场经济制度的英国与美国，其市场化程度也不同。比如说，在英国，大多数企业是私有的，但国民保障（医疗卫生服务）却是由政府为主来承担的；在美国，医疗卫生服务的私有化程度则更高。

任务二　经济学的主要内容

西方经济学被分为微观经济学和宏观经济学两个分支。微观经济学研究家庭和企业如何做决策，以及它们在某个市场上的相互交易；宏观经济学研究整体经济现象，如通货膨胀、失业、经济周期性波动等。现实中，微观经济学和宏观经济学是密切联系的，不考虑微观经济主体的决策就无法理解宏观经济问题。

一、微观经济学

1．微观经济学的定义及要点

主要以单个经济单位为考察对象，研究单个经济单位的经济行为以及相应的经济变量的单项数值如何决定。主要包含以下四点：

（1）研究对象是某个经济单位的经济行为。单个经济单位是指在市场经济中具有自主经济活动能力的个人、家庭和厂商。个人、家庭是市场经济中的消费者，厂商是市场经济中的生产者。单个经济单位的经济行为是指追求自身利益最大化的行为，如个人、家庭追求效用最大化，厂商追求利润最大化。

（2）要解决的是资源配置问题。微观经济学以资源的充分利用为前提条件，将单个经济单位的经济行为与单个经济变量联系起来分析，阐明其内在联系，从而实现资源的最优配置。对于消费者来说，就是如何在以有限的收入购买各种商品和服务时实现满足程度的最大化；对于厂商而言，就是如何在将有限的资本用于各种物品的生产时实现利润的最大化。

（3）核心理论是价格理论。在市场经济中，引导和支配个人、家庭和厂商行为的是价格，生产什么、生产多少、如何生产、何时生产和为谁生产均由其决定。价格是一只“看不见的手”，它调节着整个社会的资源配置。微观经济学就是说明价格如何使资源配置达到最优化的，因此价格理论是微观经济学的核心理论。

（4）研究方法是个量分析。所谓个量，是指商品的供给量、需求量、价格、成本、利润等。微观经济学用边际分析法和均衡分析法作为基本方法，用以判断各种个量之间的关系，并研究个量之间相互决定的模型。

2．微观经济学的基本假设

（1）完全理性假设。在微观经济学中，最优化行为起到了关键作用。正因为每个消费者和厂商的行为都是最优的，所以，价格的调节才能使整个社会的资源配置实现最优化。这一最优化的基础就是完全理性假设。这一假设是指消费者和厂商都是以利己为目的的经济人，他们自觉地按利益最大化的原则行事，既能将最大化作为目标，又知道如何实现最大化。这就是说，他们具有完全的理性。只有在这一假设之下，价格调节实现资源配置最优化才是可能的。

（2）市场出清假设。市场出清假设是指价格能调节资源配置和利用，使整个社会实现充分就业的供求均衡状态。具体来说，物品价格的调节使商品市场均衡，利率（资本价格）的调节使金融市场均衡，工资（劳动价格）的调节使劳动市场均衡。这种均衡的状态下，资源可以得到充分利用，不存在资源闲置或浪费问题。因此，微观经济学是在假设资源充分利用的情况下，集中研究资源配置问题。

（3）完全信息假设。消费者和厂商只有具备完备而迅速的市场信息，才能及时对价格信号做出反应，以实现其行为的最优化。完全信息假设是指消费者和厂商可以免费而迅速、准确地获得各种市场信息。

只有在以上三个假设条件之下，价格调节才能实现资源配置最优化，并由此引出自由的经济政策。但事实上，这三个假设条件并不一定具备。

3．微观经济学的基本内容

微观经济学的基本内容主要包括以下几个方面：

（1）价格理论。价格理论又称均衡价格理论，主要研究商品的价格是如何决定的，价格对消费者需求和生产者供给的影响，以及价格如何调节整个经济的运行。

（2）消费者行为理论。消费者行为理论主要研究消费者如何将有限的收入分配于各种物品的消费上，以实现效用最大化。它是对决定价格的一个因素——需求的进一步解释。

（3）生产者行为理论。生产者行为理论主要研究生产者如何将有限的资源用于各种物品的生产上，以实现利润最大化。它具体包括研究生产要素与产量之间关系的生产理论，研究成本与收益之间关系的成本理论，以及研究不同市场条件下市场行为的生产理论。这一部分是对决定价格的另一个因素——供给的进一步解释，以及对如何生产的论述。

（4）分配理论。分配理论主要研究生产要素市场，即研究生产要素（包括劳动、资本、土地、企业家才能等）的价格和使用量与生产要素所有者收入（包括工资、利息、租金、利润等）的关系。

（5）市场失灵与微观经济政策。按照微观经济学的理论，市场机制能使社会资源得到有效配置。但实际上，市场机制并非万能的，其原因有三点：一是市场机制发挥作用的前提是完全竞争，但现实中不同程度垄断的存在是一种极为普遍的现象，这使得市场机制往往不能正常发挥作用；二是市场机制对经济的调节是自发的，其结果不一定符合社会的要求；三是市场机制不能解决经济中的某些问题，如不能提供公共产品，无法解决个体经济活动对社会的不利影响等。在上述市场失灵的情况下，就需要相应的微观经济政策，包括研究政府有关的价格管理，调节消费与生产，以及实现收入分配平等化的政策。

二、宏观经济学

1．宏观经济学的定义及要点

宏观经济学以整个国民经济活动为考察对象，研究社会总体经济问题和相应的经济变量的总量如何决定及其相互关系。其中，总体经济问题包括经济波动、经济增长、就业、通货膨胀、国家财政收支、进出口贸易与国际收支等。经济总量包括国民收入、就业量、消费、储蓄、投资、物价水平、利息率、汇率以及这些变量的变动率等。

宏观经济学的定义中包含以下几个要点：

（1）研究对象是整个国民经济。宏观经济学的研究对象不是个别经济单位，不是指单个消费者或单个生产者，而是指由这些个别经济单位所组成的整体，从整体上分析经济问题，研究整个国民经济的运行方式和规律。

（2）要解决的是资源利用问题。宏观经济学以资源的最优配置为前提条件，研究资源为什么没有得到充分利用，如何才能使资源得到充分利用，以及经济增长等有关问题。

（3）宏观经济学的核心理论是国民收入决定理论。宏观经济学将国民收入作为最基本的总量，以其决定为中心来研究资源利用问题，分析整个国民经济的运行，因而国民收入决定理论是宏观经济学的核心理论。

（4）宏观经济学的研究方法是总量分析。

2．宏观经济学的基本内容

宏观经济学的基本内容主要包括以下几个方面：

（1）国民收入决定理论。国民收入是衡量一国经济资源利用情况和整个国民经济状况的基本指标。国民收入决定理论从总供求关系来分析国民收入决定因素、国民收入决定过程、国民收入量及其变动规律。

（2）通货膨胀与失业理论。通货膨胀与失业是各国经济中的主要问题，宏观经济学将通货膨胀和失业与国民收入联系起来，分析其原因及相互关系，以便找出解决这两个问题的途径。

（3）经济增长与经济周期理论。一个国家的经济增长会出现正增长、零增长甚至负增长，经济增长理论就是要研究经济增长的影响因素、过程与结果及长期趋势。经济周期理论就是通过对有关经济波动统计资料的分析，探寻经济周期的特点、形成原因、影响后果，探讨政府反经济周期的应对措施，以实现经济的长期、稳定、均衡增长。

（4）开放经济理论。各国之间存在着日益密切的经济联系，每个国家的经济运行状况都会受到世界经济的影响。开放经济理论就是在世界经济的框架内研究国民收入决定、通货膨胀与失业、经济增长与经济周期等，进而说明一个国家的经济政策是如何对国民收入进行调整的。

（5）宏观经济政策。宏观经济政策为国家干预经济提供了具体的措施，它主要包括政策目标、政策工具和政策效应三个方面的内容。其中，政策目标表明通过宏观经济政策的调节所要达到的目的；政策工具是指为达到目的所要运用的具体方法；政策效应显示宏观经济政策对经济的作用。

三、微观经济学和宏观经济学的关系

微观经济学和宏观经济学不是两种经济学，而是经济学体系中的两个部分，两者互为补充、互为前提。虽然它们在研究对象、所要解决的问题、核心理论及研究方法上有所区别，但它们之间又存在着密切的联系。

（1）微观经济学与宏观经济学是相互补充的。经济学的目的是要实现社会经济福利的最大化。为了达到这一目的，既要实现资源的最优配置，又要实现资源的充分利用。微观经济学与宏观经济学分别解决资源配置与资源利用问题，正是从不同的角度来说明社会经济福利最大化的实现，所以它们之间是相互补充的，而不是相互排斥或互不相关的。

（2）微观经济学和宏观经济学都采用了实证分析法，都属于实证经济学。微观经济学和宏观经济学都要说明经济现象本身的内在规律，即解决客观经济现象是什么的问题，而不涉及应该是什么的问题。经济学的科学化也就是经济学的实证化，努力使所研究的问题摆脱价值判断、只分析经济学现象之间的联系，是微观经济学与宏观经济学共同的目的。所以，实证分析是微观经济学与宏观经济学的共同方法论。

（3）微观经济学和宏观经济学都以市场经济制度为背景。不同经济体制之下的经济运行有不同的规律，经济学总是以一定的经济制度为背景的。微观经济学与宏观经济学都是以市场经济制度为背景的，主要分析市场经济的运行规律与调控等问题。

（4）微观经济学是宏观经济学的基础。经济作为一个整体的行为是以构成经济的单个单位的行为作为基础的，整体经济状况是单个经济单位行为的总和。例如，总的失业率从某种角度来说是构成经济的数以万计的厂商的雇工决策造成的结果，经济增长率是数以万计的有关投资、研究和发展新产品的决策造成的结果。因此，分析单个经济单位行为的微观经济学是分析整体经济的宏观经济学的基础。

任务三　经济学的研究方法

一、实证分析与规范分析

经济学从研究方法的分类角度可分为实证经济学和规范经济学。实证经济学只研究经济现象“是什么”，不带价值判断，所表述的问题可以用事实、证据，或者从逻辑上加以证明或证伪。例如，分析“政府扩大多少财政支出可能会增加多少个就业机会”，就属于实证分析的问题。

规范分析法是以一定的价值判断为基础，提出分析问题的理论标准，并研究如何才能符合这些标准。规范经济学则研究经济活动“应该是什么”。它研究的内容没有客观性，其结果也无法通过事实来直接检验。例如，赤字财政会增加就业，但同时会出现通货膨胀。那么到底应该把消除失业摆在优先地位，还是应该把防止通货膨胀摆在优先地位呢？这就是一个规范问题。规范方法的结论以研究者的阶级地位和社会伦理观为基础，不同研究者对同样的事物会得出不同的结论。

二、最优化与均衡分析

微观经济学所采用的分析工具主要是最优化和均衡分析。这两个工具正好用来解决微观经济学的两类基本问题：经济个体的理性行为或决策行为，以及它们之间的相互作用和相互关系。前者是优化问题，后者是均衡问题。一个高中学生毕业后，是上大学还是直接参加工作?这是个体面临的决策问题，即从各种可能中选择达到某一目标的最佳行为，因此要借助于最优化理论。如果越来越多的高中毕业生想考大学，那么，录取分数线将提高还是降低？这是均衡问题。这里所要解决的问题是：经济个体各自在作最优决策时，他们之间是如何互相影响、互相约束而达到一定的均衡的。

例如，你去市场买鸡蛋，卖主的要价是10元/千克，你的出价是8元/千克，最后以9元/千克成交3千克，这一均衡价格实现的背后，意味着任何以高于或低于9元的价格成交的交易，买卖双方中总有一方会受损，因而难以达成交易，而9元的价格是双方都能接受的，这就是均衡。再譬如，一个企业为何选择A技术而不是更先进的B技术，同样也是由企业内外部综合因素决定的最佳选择，这是均衡的结果。

三、边际分析

边际的原意为边界、增量等。严格地说，边际是指自变量发生微小变动时，因变量的变化率。经济学引进边际分析，一般指增加最后一单位自变量时所带来的因变量的变动量。在日常生活中，人们习惯于计算总量和平均量，如利润总额、人均收入等，在早期的经济学分析中也是这样。但随着微积分分析方法的成熟，经济学家发现，运用增量分析，更能洞察经济事务变化的趋势。有了边际分析法，可以为上述的均衡分析提供有力的工具。

例如，一个人受教育的年限多长最合适呢？答案当然是因人而异的。精确的分析要借助于边际分析，接受教育要付出成本（包括显性成本和机会成本），并且随着年龄的增长，每增加一年，教育的成本一般是会上升的；与此同时，从小学、中学、大学乃至硕士、博士，每一个阶段的收益是不同的。只有当增加教育导致的新增收益大于等于新增的成本时，接受教育在经济上才是合算的，也是一个理性的决策者应该采取的行动。

如果上面的关于教育的例子有些难懂，那么我们再用边际量的思想来思考航空公司应该如何确定零散余票的售价。假设航空公司的一架200个座位的飞机在国内飞行一次的成本是10万元，则每个座位的平均成本是500元，但航空公司可以通过考虑边际量而增加利润。假设一架飞机即将起飞时仍有10个空位，在登机口等退票的乘客愿意支付300元买一张票，航空公司应该卖给他吗？当然应该。如果飞机有空位，对增加一位乘客的成本是微乎其微的。虽然一位乘客飞行的平均成本是500元，但边际成本仅仅是这位额外的乘客在飞机上消费的一包花生米和一罐汽水的成本而已。只要乘客支付的票价大于边际成本，卖给他机票就是有利可图的。

再比如，你为了明天早晨上课不迟到，打算把闹钟设定在几点？如果你必须在早上8:00上学，或许你应该把闹钟设到6:30，这使得你有充裕的时间起床和吃早餐，但这意味着晚上睡眠的时间减少了。也许你决定把闹钟设到7:30，这会使你的睡眠时间增加，可是早上起来你会忙得焦头烂额。那么，起床的闹钟应该设到几点呢？你实际上就需要估量多睡一会儿的成本和收益。在床上每多一分钟，你就多一分钟睡眠（边际收益），但你起床后会更加匆忙（边际成本）。

边际分析的应用，使经济理论精密化，推动了经济学的发展，因此被称为“边际革命”。

四、经济模型

经济模型用来描述所研究经济现象的有关变量之间依存关系的理论结果。它一般可以用语言文字、几何图形、数学符号三种方式表示。一个实证的经济模型主要包含定义、假设、假说和预测四部分。建立一个经济模型的步骤是：明确定义、做出假设、提出假说、进行预测。

“模型”在科学研究和日常生活中比比皆是。在物理学中，牛顿的力学三大定律是描述物质机械运动的模型，它建立在抽象的、无摩擦的理想状态之中，这种抽象便于人们理解和揭示机械运动的一般规律。地图是我们日常生活中的常用模型，地图上虽然没有标出每幢房屋、每棵树木，却不失为指路的好向导。经济模型对经济现实的概括，同样将有助于人们对经济规律的理解和认识。例如，利用经济模型我们可以预测，在其他条件不变的情况下，如原材料的价格上升10%，厂商的产量将会下降多大幅度。经济模型的分析离不开经济量，实证经济学所涉及的基本上是经济量之间的关系，在经济模型中，对经济量的特征作了若干规定。例如，把经济量分为常量与变量，内生变量与外生变量、存量与流量等。其中，存量是指某一点上观测或测量到的变量；流量是指一定时期内发生或产生的变量。别人问你“你家里有多少不动产”，不动产就是存量。别人问你“你收入多少”，你可以回答每月或是每年的收入，这就是流量。流量就像自来水管道里通过的水量。

五、微观分析和宏观分析

自1936年英国剑桥大学的约翰·梅纳德·凯恩斯教授发表了《就业、利息和货币通论》之后，经济学开始分为两个部分：微观经济学和宏观经济学。微观经济学研究对象是单个经济单位的经济行为。例如，单个企业如何把有限资源分配在各种商品的生产上以取得最大利润（利润最大化）；单个家庭或消费者如何把既定收入分配在各种商品的消费上以取得效用最大化。其核心理论就是价格理论，研究方法是个量分析。

宏观经济学研究则着眼于国民经济的总量分析，考察整个国民经济的活动情况，是以国民经济总体（整个社会活动）为研究对象的。例如，宏观经济学分析的是一般物价水平，而不是个别商品的价格；是国民生产总值和国民收入，而不是个别厂商的收入；是总的就业情况，而不是个别人的就业情况等。其核心理论是国民收入理论。

经济学的目的是要实现社会经济福利的最大化。为了达到这一目的，既要实现资源的最优配置，又要实现资源的充分利用。微观经济学和宏观经济学从不同的角度分析社会经济问题，从这一意义上说，二者是互相补充的，它们共同组成经济学的基本原理。

项目小结

经济学是研究经济资源配置与利用的科学。它有两个基本的前提条件，即经济资源的稀缺性和资源配置的选择性。经济资源的稀缺性是相对人们需要的无限性而言的，资源配置的选择性可用机会成本和生产可能性曲线来说明。

在现代社会中，人们采用计划和市场两种基本经济体制来解决资源配置与利用问题。当今世界绝大多数国家选择了以市场为基础，辅之以政府干预的混合经济体制。

经济学的基本理论由微观经济学和宏观经济学两部分构成。微观经济学研究单个经济单位的经济行为及相应经济变量单项数值的决定，以解决资源配置问题，其中心理论是均衡价格理论；宏观经济学研究整个国民经济各有关总量的决定及其变化，以解决资源利用问题，其中心理论是国民收入决定理论。

经济学的分析方法有实证分析方法与规范分析方法。均衡分析法、边际分析法与经济模型分析法是实证分析的重要工具。

习题与实训

一、名词解释

1．经济学　2．稀缺　3．自由物品　4．经济物品

二、选择题

1．经济学可以定义为（　　）。

A．政府如何干预市场　B．消费者如何获得收入

C．企业如何管理　D．研究如何有效地配置稀缺资源

2．微观经济学的基本假设前提是（　　）。

A．完全信息的假设　B．完全竞争的假设

C．合乎理性的人的假设　D．边际效用递减的假设

3．经济物品是指（　　）。

A．有用物品　B．有用且稀缺的物品

C．必须用货币购买的物品　D．稀有的物品

4．经济学研究的基本问题有（　　）。

A．生产什么　B．如何生产

C．为谁生产　D．A、B、C都正确

5．微观经济学的研究对象包括（　　）。

A．价格理论　B．单个厂商的行为

C．国民收入　D．资源配置

三、简答题

1．何谓经济学？其经济含义是什么？

2．如何理解资源是稀缺的？

3．简述规范分析与实证分析的特点。

四、思考讨论题

现在很多城市都流行“拼车”。对“拼车”这一方式，人们见仁见智。赞成者认为，拼车是一种精明消费，花很少的钱享受到了方便快捷，更有利于社会资源的节约，以及环境污染及交通拥挤问题的缓解。反对者认为，它会损害合法车辆经营者的利益，同时不利于国家税收。

思考讨论：

（1）拼车是在什么条件下产生的？拼车的人出于什么样的目的参与其中？

（2）参与拼车对拼车人的生活水平会有什么样的影响？

项目二

供给与需求理论

知识目标

1. 了解需求与供给的含义及影响因素
2. 掌握需求与供给的表示方法
3. 了解均衡价格的决定和变动
4. 掌握需求弹性和供给弹性

能力目标

掌握均衡分析方法，能熟练运用弹性理论、供求与价格理论解释和分析现实经济问题

案例导入

生猪价格坐上了“过山车”

在我国，生猪价格多年来一直存在着周期性的剧烈波动，犹如坐上了过山车，如图2-1所示。我国生猪价格波动周期一般为3年，每一轮生猪价格暴涨，都会吸引大批资金进入养猪业，造成供过于求而导致价格暴跌；每一轮价格暴跌，迫使养殖户大量宰杀母猪、缩减生猪饲养数量，造成供不应求而导致价格暴涨。

生猪价格的波动与其需求和供给有直接关系。在当今中国社会，猪肉已经成为人们生活中的一种主要肉食品，家庭、饭店、食堂以及肉食的深加工等市场需求使得生猪需求表现出极大的刚性。造成生猪价格大幅波动的主因是供给。目前我国生猪生产规模小，多为农户散养。散养户控疫防疫能力弱、抗风险能力低、产销信息不对称，一旦出现损失难以承担。行情好时一窝蜂补栏，导致供应量快速增加，价格下跌；行情不好时大量淘汰能繁母猪，致使生猪供应量快速下降，价格上涨。

为建立生猪生产稳定发展的长效机制，国务院出台了一系列扶持政策，包括能繁母猪补贴、奖励生猪调出大县、生猪政策性保险、建立健全生猪疫病防控体系和生猪良种繁育体系、扶持标准化规模养殖场（小区）粪污处理和沼气基础设施建设、增加政府储备投放、向城乡低保对象和家庭经济困难的大中专院校学生发放临时补贴等。

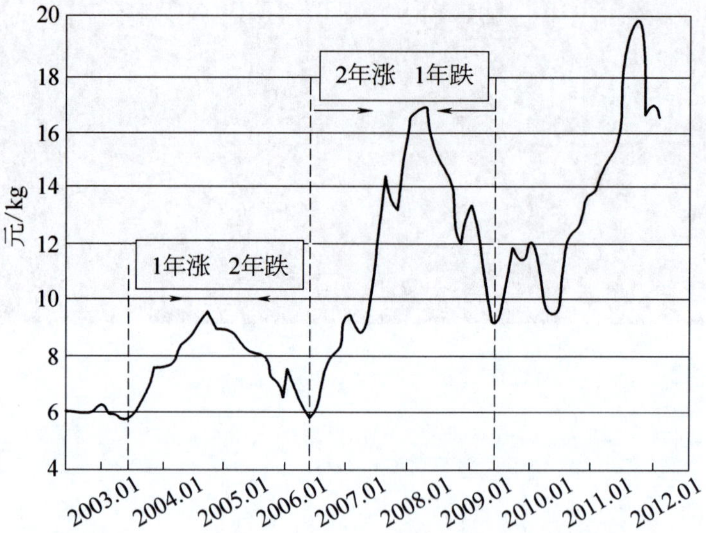

图 2-1 2003.01—2012.01 全国生猪均价变动图

启发思考：

（1）怎样看待生猪价格的暴涨暴跌？

（2）生猪价格剧烈波动的根本原因是什么？

（3）政府的扶持政策对生猪的需求、供给和价格有何影响？

（4）2012年，生猪价格暴跌的风险大吗？

任务一 需求理论

价格理论是微观经济学的中心理论，而需求和供给是决定价格的两种基本力量。本任务主要介绍需求、供给、均衡价格、需求的价格弹性等理论及其运用。

一、需求、需求表与需求曲线

需求是指消费者在某一特定的时期内，在每一价格水平下愿意而且能够购买的某种商品或劳务的数量。在理解这个概念时应该注意两点。

1．必须要有购买欲望

消费者要想购买某种商品，首先应该具有购买这种商品的欲望，也就是需要这种商品。否则，即使购买能力再强也不会购买这种商品。举例来说，对于视力非常好的学生来说，根本不需要佩戴近视眼镜。即使你的广告宣传做得很好，营销手段也很高明，但是就他本人来讲也不会买你的近视眼镜，道理很简单：因为他不需要佩戴近视眼镜，也就是说没有这方面的购买欲望。

2．必须有一定的购买能力

如前所述，消费者要真正实施某种商品的购买行为，要有购买的欲望。但是只有购买欲望是不够的，还必须有足够的购买能力。如《卖火柴的小女孩》中，小女孩在微弱的火光中看见“一只烧鹅突然从盘子里跳出来，背上插着刀叉，摇摇晃晃地向她走来”。这说明小姑娘需要这只鹅，也就是具有了购买欲望。但是她并没有足够的购买能力，并不能真正地实施购买行为以实现需求。

需求可用需求表和需求曲线来表达。某农贸市场五花肉的需求表，如表2-1所示。

表 2-1　某农贸市场五花肉的日需求表

	a	*b*	*c*	*d*	*e*
价格（元/kg）*P*	27.80	24.80	22.60	21.20	20.00
需求量（kg）*Q*	273	290	310	350	400

在平面坐标系中画出表2-1中的各组数据点，连接各点，即得需求曲线，如图2-2所示。

需求可分为个人需求和市场需求。个人需求是指单个消费者（个人或家庭）对某种商品的需求；市场需求是指全体消费者对某种商品的总需求。

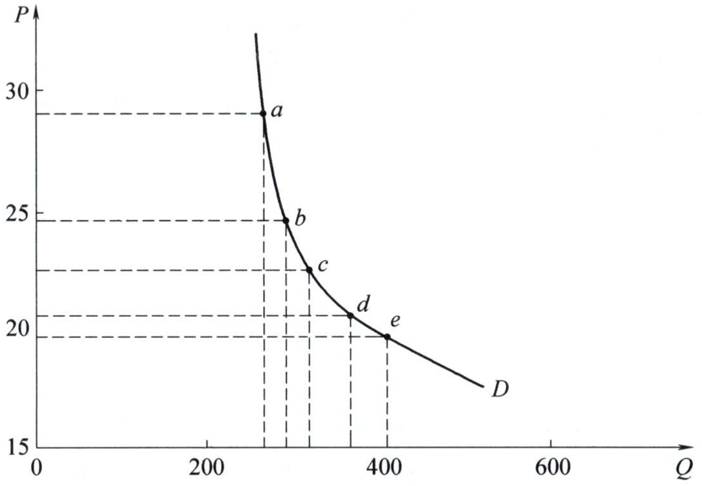

图 2-2　需求曲线

想一想

糖尿病患者对白糖有需求吗？低收入家庭对高档住房有需求吗？请说明理由。

问与答

问 怎样由个人需求得出市场需求？

答 将同一价格水平上所有个人需求量逐一相加，得出相应的市场需求量；每一价格水平与其对应的市场需求量组合的集合即市场需求。

二、影响需求的因素与需求函数

需求除了可用需求表、需求曲线表达外，还可用需求函数来表达。

1．影响需求的因素

影响需求的因素很多，主要有以下几种：

（1）商品自身的价格。价格越高，人们的购买量就越少，这几乎是人所共知的“真理”。一般而言，在其他因素不变的条件下，一种商品的价格越高，其需求量越小；价格越低，其需求量越大，即商品的需求量与自身价格呈反向变化。这就是经济学中的需求规律。其原因在于，价格上升对消费者的需求产生了两种效应：一种是替代效应。如果猪肉太贵，消费者就会转而购买鸡肉（或者其他肉类）来替代猪肉。这就降低了对猪肉的需求。另一种是收入效应。当商品价格上涨时，相对来说消费者的实际收入就会下降。由于收入的约束，消费者无法在较高的价格下购买与原先一样多的商品。在现实的商战中，厂家公开降价销售可能会导致竞争对手的报复性价格战，同时会降低产品在消费者心目中的形象。所以，很多厂家经常采取“买一送一”的促销活动。这种促销活动看似价格没有变，但事实上的变相降价促进了消费需求，增加了销售额，扩大了市场份额。

（2）消费者的收入水平及社会收入分配的平等程度。一般而言，收入水平及社会收入分配平等程度的提高会导致对商品需求的增加。例如，对文化娱乐方面的消费，从横向看，高收入家庭的文化娱乐活动多于低收入的家庭；从纵向看，随着消费者财富的不断积累，人类社会对文化娱乐的需求在质和量两方面都越来越高。需求随收入增加而增加的商品叫作正常品。另一些商品，当人们的收入增加时，对这些商品的需求反而下降了，这种商品叫作低劣品。

想一想

私家车为何在中国越来越多？我国政府为何要废除农业税？

（3）消费者偏好。偏好是指消费者对某种商品的喜欢和偏爱。消费者越偏好某种商品，对这种商品的需求就越大；当偏好减弱时，对这种商品的需求就会减少。人们的偏好可能来自个人爱好，也可能是由于社会习俗或宗教信仰，如主食，我国南方人爱米饭，北方人喜面食；年轻人结婚，中国新娘喜欢红色旗袍，西方新娘偏爱白色婚纱等。

案例

消费者对颜色的偏好，你知道吗？

据搜狐网2017年2月13日文章（元典商学院）除了工作之外，我们每天接触最多的产品就是手机。观察一下你会发现，各类手机品牌商的手机颜色基本以黑色、白色为主；如果经常去快餐店吃饭，你可以看到大多数店铺的装饰以红色为主……其实这并不是巧合，任何产品外观颜色的选择都是经过分析研究的。

不同色彩会使顾客产生不同的心理状态和感觉。例如，红色会给人以兴奋、快乐的感受，令人产生温暖、喜庆的联想；蓝色会给人以宁静、理智的感受，使人产生对万里晴空、碧波海洋的联想；黄色会给人以一种阳光、活力、明亮的心理感受；白色能够使人联想到纯洁、神圣、品质优良。

色彩营销，就是要在了解和分析消费者心理的基础上，给产品本身、产品包装、环境设置、店面装饰等配以恰当的色彩，使商品高情感化，成为与消费者沟通的桥梁，实现“人心—色彩—商品”的统一，将商品的思想传达给消费者，提高营销的效率，并减少营销成本。

营销学中有个理论叫“7秒定律”，即消费者会在7秒内决定是否购买商品。有很多消费者根据第一印象做出购买选择，而色彩是第一印象中的首要关键因素。商品留给消费者的第一印象可能引起消费者对商品的兴趣，使消费者希望在功能、质量等其他方面对商品有进一步的了解。如果企业对商品的视觉设计敷衍了事，则失去的不仅仅是一份关注，更将失去一次商机。通过合适的色彩营销，可以给企业带来巨大的经济价值。国际流行色彩协会的调查结果表明，在不增加成本的基础上，通过改变颜色可以给产品带来10%～25%的附加值，为企业和商家带来更多的利润。

比如，雀巢咖啡曾经做过一个有趣的试验，把同样的咖啡分装在绿色、红色和白色的杯子中让消费者品尝，得到的结果是大多数消费者认为红色杯中的咖啡味道最棒，而绿色杯中的咖啡感觉偏酸，白色杯中的咖啡则偏淡。于是雀巢选择了将红色作为包装设计的主要色彩，结果一推出即在市场上大受欢迎。

苹果公司经典的白色iPod播放器，既是设计的胜利，也是色彩的胜利。白色意味着极度简约，而iPod就胜在简约。

无论是品牌、产品，还是企业外观，都离不开各种颜色，所以企业可以结合颜色对消费者心理的影响和企业定位，选择最合适的颜色，让消费者第一眼看到企业产品时便选择它。

（4）相关商品的价格。当一种商品本身的价格保持不变，而和它相关的其他商品的价格发生变化时，这种商品的需求会发生变化。商品之间的相关关系有两种：其一是互补关系，其二是替代关系。互补关系是指两种商品互相补充配合使用共同满足人们的某一需要，具有互补关系的两种商品互称为互补品，如家用电器与接线板、钢笔与墨水、香烟与打火机等。互补品之间，一种商品的需求与其互补品价格呈反向变化。替代关系是两种商品都能独立满足人们的同一需要，具有替代关系的两种商品互称为替代品，如空调与风扇、面粉与大米、电话和手机等。根据商品间可替代的程度不同，替代品可分为完全替代品和部分替代品。替代品之间，一种商品的需求与其替代品的价格呈同向变化。

案例

汽油价格与小型节能汽车的需求

1973年，爆发了世界第一次石油危机，美国原油价格上涨了4倍，最高达到每桶12美元；1979年又经历了第二次石油危机，当时原油价格上涨了2倍，最高达到每桶37美元。石油是汽油的生产原料，石油危机使得汽油价格大幅上涨，美国汽车销量急剧下降，25万产业工人失业，福特、通用、克莱斯勒等大汽车公司面临生存危机，汽车业遭受重创，由此陷入萧条。

与此同时，在能源日渐紧缺的20世纪70年代，日本汽车厂商的能源危机感使他们在节能方面不断探索，日本小型轿车开始大行其道，出口量剧增。丰田、本田、日产等公司迅速成为世界级的汽车商。1980年，日本汽车总产量达到1104万辆，超过美国成为世界上最大的汽车生产出口国。

既然公司和住宅之间的距离不可能缩短，人们只能放弃自己的大中型旧车，在购置新车的时候选择较小型的节能车，这样每加仑汽油就可以多跑一段距离。于是小型节能汽车的销售持续攀升，而大中型汽车的市场竞争力明显下降。

启发思考：

（1）汽油与汽车之间有何关系？

（2）小型节能汽车与大中型汽车之间有何关系？

（3）汽油价格上涨，大中型汽车需求会怎样变化？小型节能汽车需求怎样变化？

（4）你从案例中得到的启示是什么？

（5）消费者对未来的预期。消费者对未来的预期包括对商品价格水平和自身收入水平的预期。消费者预期商品涨价，会增加当前购买，现期需求增加；消费者预期商品跌价，会减少当前购买，现期需求减少，这就是人们常说的“买涨杀跌”。消费者预期自身未来收入水平提高，会增加现期需求；反之，则会减少现期需求。

案例

食盐抢购风波

2011年3月11日，日本东北部海域发生里氏9.0级地震并引发海啸。地震造成日本福岛第一核电站1～4号机组发生核泄漏事故，地震引发的海啸影响到太平洋沿岸的大部分地区。有人预期海域受核泄漏污染将导致食盐涨价，一时间在我国各地形成了食盐抢购风潮，武汉市场上也出现部分超市门店食盐断货、各大中型超市出现排队抢购食盐的现象，据2011年3月23日武汉晚报记者成熔兴报道，一位武汉的兰州籍男子一次性抢购食盐6.5吨，一些商店趁机将食盐提价出售。

食盐是人们日常生活中的必需品，人人不可缺少，且无其他替代品。在我国，食盐是国家垄断专营产品，实行政府定价。面对抢购风潮，政府各级职能部门紧急组织专门人员，严查盐价，严打哄抬物价、囤积居奇等价格违法行为，一场波及全国的食盐抢购风潮迅速得以平息。

启发思考：

（1）人们的预期对商品需求的影响大吗？

（2）食盐涨价预期判断失误在哪里？

（6）人口数量及结构变动。商品的需求与人口数量同向变动。如大城市人口数量多，其对各种商品的需求会明显高于小城市；另外，每年新增减的人口也会使商品的需求发生相应的变化。人口结构的变动会影响需求的结果，从而影响某些商品的需求，如我国已进入老龄化社会，随着老年人的比重增加，对药品、保健、陪护服务等的需求增加，而对少儿用品的需求相对减少。

（7）广告规模。一般来说，商品需求随广告规模同向变化。广告是一种促销手段，可影响人们的偏好而使需求发生变化。

（8）政府的经济政策。政府的经济政策会影响需求，如减免个人所得税、增加政府转移支付和降低利率等政策会刺激消费者需求增加；限购限贷、开展房地产税和提高利率等政策会减少限购房需求。

此外，需求还受一些特殊因素如气候、自然灾害、流行瘟疫及战争等的影响。

2．需求函数

需求函数是某种商品的需求量与影响因素之间的相互关系。在上述诸多影响需求的因素中，最直接、最重要的因素是商品自身的价格，以P表示商品自身的价格（price，自变量），Q_d表示商品需求数量（quantity of demand，因变量），在假定其他因素不变的条件下，需求函数可以表达为：

$$Q_d = f(P)$$

三、需求定理

1．需求定理

从需求表和需求曲线可以看出，在其他条件不变的情况下，某种商品的需求量与其价格是呈反向变动的，这种现象被称为需求定理，即需求量随着商品本身价格的上升而减少，随商品本身价格的下降而增加。

影响需求的其他因素，是指除商品本身价格之外的各种影响因素。需求定理以“影响需求的其他因素不变”为前提条件，离开这一前提，需求定理就不成立。例如，冷饮在夏天的需求量比较大，而同一种冷饮到了冬天后即使价格下降需求量可能还是会减少。

2．需求定理例外

需求定理反映一般商品的需求规律，对特殊商品例外，主要有以下几类：

（1）炫耀性商品。炫耀性商品是用来显示消费者地位和身份的商品，如珠宝、文物、名画、名车和名表等。这类商品只有在高价时才有炫耀作用，因此，其价格越高，越能显示拥有者的地位，需求量也就越大；这类商品价格下降时需求反而减少。

（2）“吉芬商品”。吉芬商品是指在其他因素不变的情况下，价格上升，需求量反而增加的商品。英国经济学家吉芬在1845年发现，爱尔兰发生大饥荒，出现了一件奇怪的事，马铃薯价格在上升，但需求量也在持续增加。英国经济学家吉芬研究了当时马铃薯价格与人们的马铃薯消费量之间的关系，这是因为马铃薯价格上升，意味着人们的实际收入减少，而同时又不存在更廉价的可替代品的必需品，导致马铃薯的需求量增大。

（3）投机性商品。一些投机性强的商品，价格小幅度变化，该商品的需求符合常规；但当价格大幅度变化时，需求量与价格之间的关系将完全不符合需求规律。如股票、证券、黄金等商品，投机性很强，人们有一种“买涨不买跌”的心理，即价格上涨时反而抢购，价格下跌时反而抛出。

四、需求量变化和需求变化

1．需求量和需求概念区分

首先我们来看需求量与需求的区别。需求量是指在某一特定价格水平时消费者计划购买的量，而需求是在不同价格水平时不同需求量的总称。

要区分需求量的变动与需求的变动，就要考虑影响需求量与需求的各种因素。我们把商品本身价格变动所引起的消费者计划购买量的变动称为需求量的变动，把商品本身价格之外其他因素变动所引起的消费者计划购买量的变动称为需求的变动。例如，鸡蛋价格上涨了，消费者计划购买的鸡蛋量减少了，这就是需求量的减少；但如果鸡蛋价格不变，消费者收入减少，则消费者计划购买的鸡蛋量也会减少，这就是需求在减少。

2．图形表现的区分

在需求曲线图中，需求量是需求曲线上的一个点，需求是指整个曲线。

需求量的变动表现为需求量在同一条需求曲线上的一个点的移动，可用图2-3来说明这一点。在图2-3中，当价格由P_2上升为P_1时，需求量从Q_2减少到Q_1，在需求曲线D上则是从b点向左上方移动到a点。当价格由P_1下降到P_2，需求量从Q_1增加到Q_2，在需求曲线D上则是从a点向右下方移动到b点。可见，在同一条需求曲线上，向左上方移动是需求量减少，向右下方移动是需求量增加。

需求的变动表现为需求曲线的整体平移，可以用图2-4来说明这一点。在图2-4中，价格是P_0，由于其他因素变动（例如，收入变动）而引起的需求曲线的移动是需求的变动。例如，收入减少了，在同样的价格水平下，需求从Q_0减少到Q_1，则需求曲线由D_0移动到D_1。收入增加了，在同样的价格水平下，需求从Q_0增加到Q_2，则需求曲线由D_0移动到D_2。可见，需求曲线向左下方移动是需求减少，需求曲线向右上方移动是需求增加。

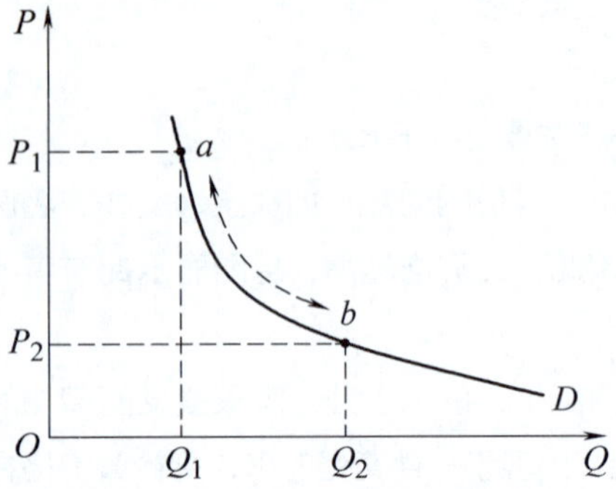

图 2-3 需求量的变动

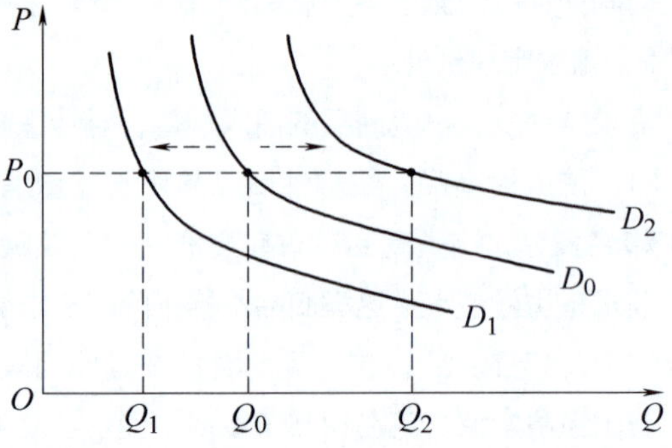

图 2-4 需求的变动

任务二 供给理论

一、供给的定义与供给函数

（一）供给的定义

供给（supply）是指厂商在某一特定时期内，在每一价格水平下愿意而且能够提供生产的某种商品的数量。

这就说明，要形成“供给”，必须同时具备两个必要条件：第一，厂商有提供的主观意愿，也就是说厂商有生产的欲望；第二，厂商有提供生产的客观能力，光有生产欲望没有足够的生产能力也不能算作供给。因此，供给是生产欲望和生产能力的统一，两者缺一不可。

此外，在其他条件不变的情况下，供给的大小与商品的价格高低相关，即一种商品价格发生变动会使厂商愿意提供的商品数量也发生变动。

（二）供给函数

案例

萝卜快了不洗泥

在某个周末的早上，阳光很灿烂。你和父母到市场上去买菜。发现很多卖萝卜的摊位，每个摊位前都挤满了购买萝卜的消费者。你听到有的消费者抱怨萝卜个头不够大，有些很干瘪，更有的萝卜上还带了很多泥土没有被洗掉。这时候卖家往往不会理会这些抱怨。因为他们知道，在萝卜需求的旺季，即使萝卜有点小问题，也照样卖得出去，而且价格也不会太低。你不明白地问父母："大家不是一直说买东西要质优价廉吗？为什么不好的萝卜也可以卖得出去？而且价格还很低?"父母告诉你："萝卜快了不洗泥!"

让我们来仔细分析一下这个萝卜市场。虽然萝卜的生长周期比较长，从播种到上市销售需要较长的时间。但是为了能更清楚地说明问题，我们假定萝卜的供给量会随着萝卜价格的波动而及时地发生变化（图2–5）。当萝卜价格在0.2元/千克时，市场上几乎见不到萝卜的影子！因为萝卜太便宜了，种萝卜不仅赚不到钱，还亏本，就像图中说的亏本生意没人做。没人种萝卜，市场上萝卜的供给量自然就少得可怜。当市场行情发生变化，萝卜价格上涨到1.5元/千克时，销售所得基本可以弥补生产成本，这时候有少量的萝卜销售。当价格再上涨到8.5 元/千克时，原本很多从事别的职业的人都加入到种植萝卜的大军中！当然，大规模种植的后果也许会很严重，我们将在后面继续讨论。

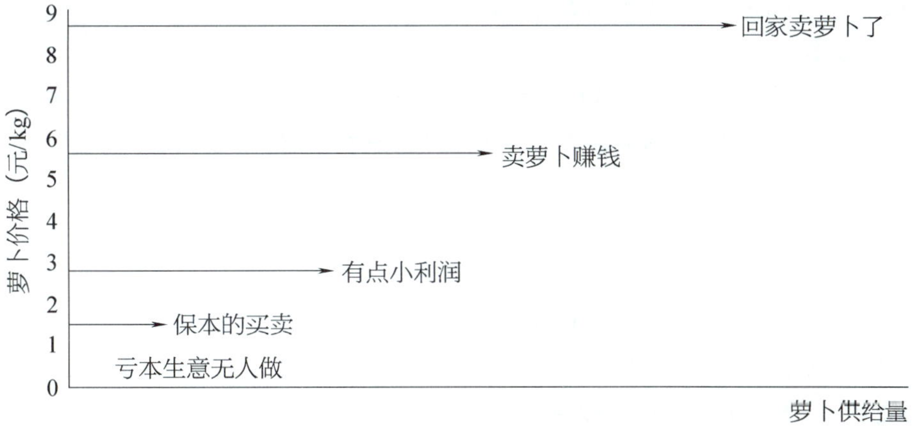

图 2–5　萝卜的供给量和价格的关系

现在我们根据图2–5中萝卜的供给量与价格变动之间的关系来进行分析。在其他条件不变的前提下，当价格上升时，萝卜的供给量就会增加，当价格下降时，萝卜的供给量就会减少。根据这个很明显的关系，我们就可以轻松地得出一般商品的供给曲线了（图2-6）。

从供给曲线中，我们可以很清楚地看出，在其他条件不变的情况下，当商品价格较低（P_1）时，商品的供给量也较低（Q_1）。随着价格的不断提高（P_1—P_2—P_3），商品的供给量也在不断增加（Q_1—Q_2—Q_3）。于是就形成了由左下角向右上角倾斜的供给曲线S。供给曲线所描述的情况和我们日常生活中的经济现象基本是一致的。当某种商品的价格上升时，其供应量会在较短的时间内出现较大的增长。当价格回落时，有些生产商（或供应商）退出，商品的供给量又会减少，这种波动存在于经济生活的方方面面。

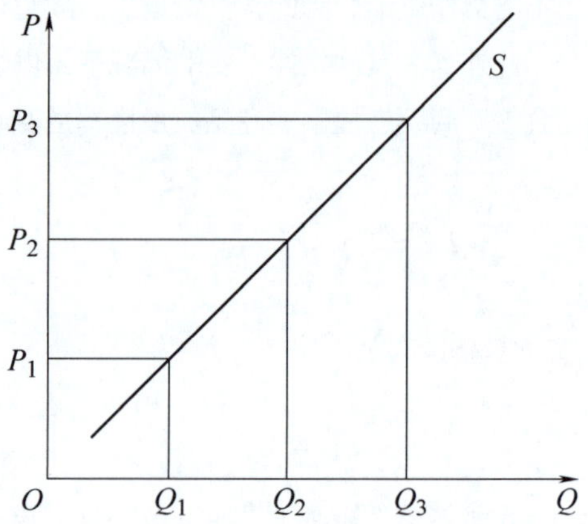

图 2-6　商品的供给曲线

供给函数是某种商品的供给数量与其影响因素之间的相互关系。在上述诸多影响供给的因素中，最直接、最重要的因素是商品自身的价格，以P表示商品自身的价格（自变量），Q_s表示商品供给数量（quantity of supply，因变量），在假定其他因素保持不变的条件下，供给函数可表达为：

$$Q_s = f(P)$$

二、影响供给的因素

影响供给的因素很多，主要有以下几种。

1．商品本身的价格

一般而言，在其他因素不变的条件下，一种商品的价格越高，其供给量越大；价格越低，其供给量越小，即商品的供给量与自身价格呈同向变化。例如，当市场上冰激凌价格上涨，制造冰激凌的厂商就会加班加点生产以增加冰激凌的供给。

2．生产技术

在资源既定的条件下，生产技术的提高会提高生产效率，使资源得到更充分的利用，从而降低生产成本，增加利润，使商品的供给增加。如杂交水稻技术的进步，使得农田亩产量大幅提高。

案例

技术进步与计算机供给

在供给理论中，我们的分析以供给量和价格的关系为中心，但应该看到，在今天，决定供给的关键因素是技术。计算机的供给充分说明了这一点。

在中国，由于计算机的价格昂贵，加上汉字输入计算机的方案长期以来没有得到很好地解决，因此到了20世纪80年代，计算机在中国内地还是“稀罕物”，许多人连见都没有见过，更谈不上“普及”。到20世纪90年代后期，由于计算机价格的急剧下降，甚至父子各拥有一台计算机，也已经是很常见的事情了。计算机价格下降了很多，但供给量却大幅度增加了。现在个人计算机的普及程度是许多未来学家未曾预测到的。

计算机供给的这种增加不是由于价格的变动引起的，而是由于技术进步变动引起的。从20世纪80年代开始，计算机行业的生产技术发生了根本性变化。集成电路技术的发展、硬件与软件技术标准的统一、规模经济的实现与高度专业化分工使计算机的生产成本迅速下降，而质量日益提高。这种技术变化引起计算机供给曲线向右移动，而且，移动幅度相当大。这样，尽管计算机价格下降，供给还是大大增加了。

技术是决定某种商品供给的决定因素。正因为如此，经济学家越来越关注技术进步。

3. 生产要素的价格

生产要素的价格上升，产品的生产成本上升，在产品销售价格不变的情况下，利润减少，商品的供给量减少；反之，商品的供给量增加。

4. 相关商品的价格

当一种商品本身的价格保持不变，而其他相关商品的价格发生变化时，这种商品的供给会发生变化。

一种商品的供给与其互补品价格呈同向变化。一般而言，在其他条件不变的情况下，互补品中一种商品的价格上升，该商品利润增加，供给增加，配套使用的另一种商品的供给随之增加；反之，配套使用的另一种商品的供给随之减少。如茶叶与茶具为互补品，茶叶价格上升，茶叶供给增加，配套使用的茶具的供给随之增加；新房与新房装修为互补品，受楼市降温的影响，新房因价格下降而供给减少，与之匹配的新房装修的供给也会随之减少。

一种商品的供给与其替代品价格呈反向变化。一般而言，在其他条件不变的情况下，替代品中的一种商品价格上升，该商品利润增加，供给增加，替代品中的另一种商品的供给减少；反之，替代品中的另一种商品的供给增加。如某电脑生产商既可生产台式电脑，也可生产笔记本电脑，在其他条件不变的情况下，当笔记本电脑价格上升时，笔记本电脑利润增加，供给增加，台式电脑供给减少；某年国产大豆价格下降，农民纷纷放弃种植大豆，选择种植收益相对较高的玉米。

案例

药品“降价死”的尴尬

近年来，为了让百姓得到更多的实惠，国家多次实行统一药品降价，涉及的药品种类十分丰富，价格降幅明显。

2007年1月26日，354种药品的最高零售价平均降幅20%，最大降幅85%；2007年4月16日，188种中成药最高零售价降价，幅度最大的为52%；2009年10月22日，1058种药品价格平均降幅12%左右；2011年3月28日，162个品种药品价格平均降低21%；2011年9月1日，82个品种药品价格平均降低14%。

然而细心的消费者不难发现，那些价廉物美的“老药”渐渐地难觅踪影，遭遇了降价后下架，即“降价死”的尴尬，取而代之的同类药品价格要比“老药”贵出7～8倍。（资料来源：国家发展和改革委员会网站相关文件）

启发思考：

（1）那些价廉物美的“老药”为何遭遇“降价死”？试用经济学理论解释这一现象。

（2）怎样才能让百姓得到真正的实惠？

5．厂商对未来的预期

厂商对未来预期乐观，如预期商品的价格上涨，会增加供给；对未来预期悲观，如预期商品的价格下跌，会减少供给。

6．厂商的数量

一个行业进入的厂商越多，供给越多；反之，供给越少。

7．政府的经济政策

扶持性的经济政策如降低进入壁垒、减少税收、财政补贴、低息甚至无息贷款等，可刺激生产，增加供给；而限制性的经济政策如提高进入壁垒、增税、提高贷款利率等，则抑制生产，减少供给。

此外，供给还受一些特殊因素如气候、自然灾害、流行瘟疫、战争及市场结构的影响。

案例

影响原油变动四大因素

原油价格究竟有哪些因素在背后起作用?下面就为大家介绍一下油价变动的一些主要影响因素。

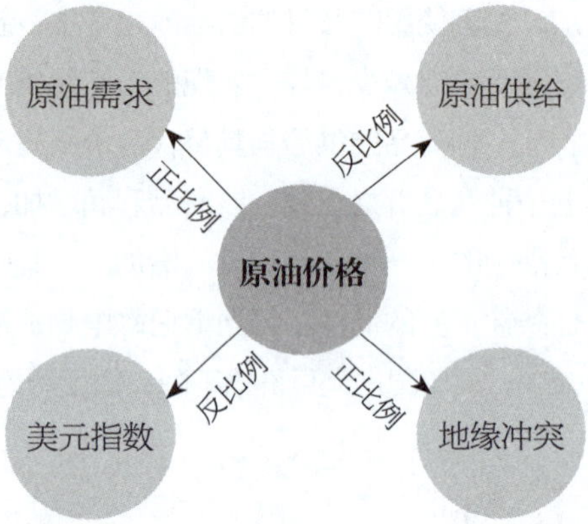

原油需求　与　原油价格　成正比例关系；

原油供给　与　原油价格　成反比例关系；

美元指数　与　原油价格　成反比例关系；

地缘冲突　与　原油价格　成正比例关系。

因素一：原油需求

原油的需求主要由世界经济发展水平及经济结构变化，替代能源的发展和节能技术的应用决定。

（1）全球石油消费与全球经济增长速度明显正相关。全球经济增长或超预期增长都会牵动国际原油市场价格出现上涨。而反过来，异常高的油价势必会阻碍世界经济的发展，全球经济增长速度放缓又会影响石油需求的增加。

（2）替代能源的成本将决定石油价格的上限。当石油价格高于替代能源成本时，消费者将倾向于使用替代能源，而节能将使世界石油市场的供需矛盾趋于缓和。目前各国都在大力发展可再生能源和节能技术，这势必将对石油价格的长期走势产生影响。

目前原油需求方面的数据主要看美国等大型工业国的用油需求量，如工业产出月率、制造业PMI值等。

因素二：原油供给

影响供给的因素主要包括世界石油储量，石油供给结构以及石油生产成本。

（1）石油供给必须以石油储量为基础。过去的几十年中，世界石油资源探明的储量一直在持续增加，但是，由于石油资源的不可再生性，国际能源机构预测世界石油产量将在2015年以前达到顶峰，全球石油供给逐步进入滑坡阶段。

（2）世界石油市场的供给特点也对石油供给具有重大影响。目前世界石油市场的供给方主要包括石油输出国组织（OPEC）和非OPEC国家。OPEC拥有世界上绝大部分探明石油储量，其产量和价格政策对世界石油供给和价格具有重大影响。而非OPEC国家主要是作为价格接受者存在，根据价格调整产量。

（3）石油生产成本也将对石油供给产生影响。石油作为一种不可再生能源，其生产成本会影响生产者跨时期的产量配置决策，进而影响到市场供给量，间接地引起石油价格波动。

目前供给上的影响主要通过美国EIA原油库存量、API原油库存量及一些国际大型的石油输出国的产量来进行数据上的量化影响。

因素三：美元指数

原油价格历来都是和美元紧密挂钩的，其交割和计价都是用美元来结算，所以美元指数也会对原油价格产生影响。

石油价格变动和美元指数变动成一定的反相关关系。比如美元若持续贬值，以美元标价的石油产品的实际收入下降，导致石油输出国组织就需要通过提升原油价格作为应对措施来保持其价值的相对稳定。同理，若美元升值，则油价会有所下调。

因素四：地缘冲突

在影响油价的因素中，地缘政治是不可忽视的重要因素之一。在地缘政治中，世界主要产油国的国内外发生革命或者暴乱，中东地区爆发战争，包括恐怖分子在世界范围内的暴动等，都会对油价产生重大的影响。这些在历史油价图中反映的一清二楚。

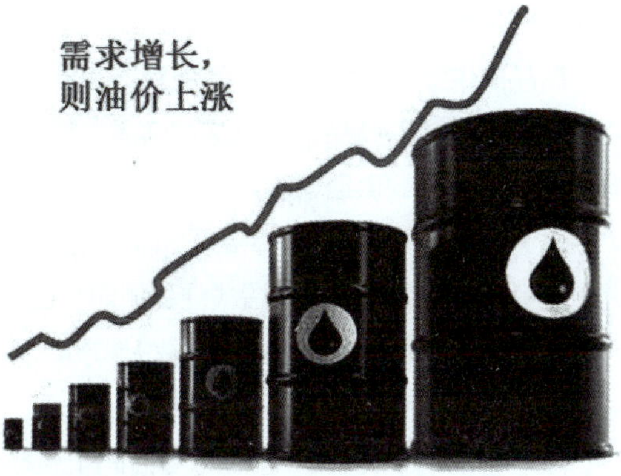

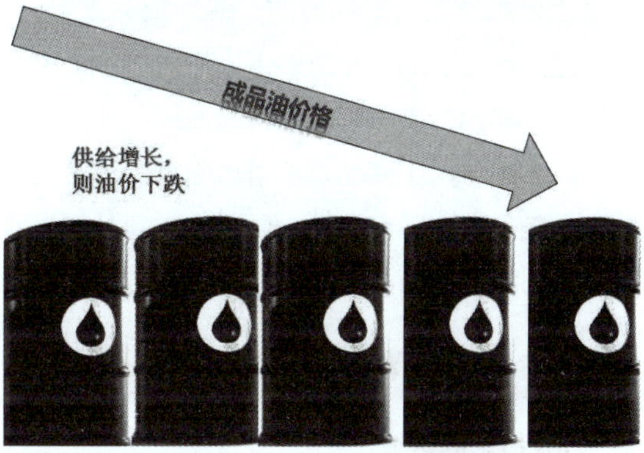

自1971年到2018年以来，可以清晰地看到，只要有地缘战事发生，必会引发油价的大波动。

三、供给定理

1. 供给定理

通过前面的分析可知，通常情况下，商品的供给量与其本身价格是呈同方向变动的。我们把这种普遍存在的规律称为供给定理：在其他条件不变的情况下，某商品的供给量与价格之间呈同方向变动，即供给量随商品本身价格的上升而增加，随商品本身价格的下降而减少。

商品的供给量与价格同方向变动的主要原因，一是某种商品价格上升后，现有的厂商愿意生产和出售更多的这种商品；二是这种商品价格上升后，会吸引新的厂商进入该商品的生产行列，这样就必然会使商品的供给增加。

供给定理是在假定影响供给的其他因素不变的前提下，研究商品本身价格与供给量之间的关系，离开这一前提，供给定理无法成立。例如，在抗震救灾时，厂商生产救灾物资的目的不是实现利润最大化，而是为了人道主义。那么，救灾物资的价格与供给量就不一定呈同方向变动。

2．供给定理的例外

（1）劳动的供给。在劳动的价格即工资较低的情况下，随着工资的上升，劳动的供给增加，但当工资提高到一定程度时，继续提高工资，劳动者不仅不会增加劳动供给，反而会减少劳动供给。这是因为在高工资条件下人们更加珍惜闲暇。因此，供给曲线先向右上方倾斜，而后又向左上方倾斜，称为“向后弯曲的供给曲线”。

（2）不可再生商品。不可再生商品不遵循供给规律。例如，土地、文物、艺术品的供给是固定的，不随价格变动而变动，所以这类商品的供给曲线是一条垂线。

（3）投机性商品。股票、证券、黄金等投机性商品则可能出现不规则的变化。

四、供给量变化和供给变化

1．概念的区分

我们首先区分供给量与供给。在经济分析中，供给量是指在某一特定价格水平时厂商愿意或计划供给的商品量。供给是指不同价格水平时不同供给量的总称。

在经济分析中，影响供给的各种因素，既影响供给量，又影响供给。为方便起见，我们把商品本身价格变动所引起的厂商计划的供给量变动称为供给量的变动，把商品本身价格之外其他因素变动引起的厂商计划供给量的变动称为供给的变动。例如，鸡蛋价格上升了，厂商计划供给的鸡蛋量多了，这就是供给量增加了；但如果生产技术提高了，同样价格的原材料能生产更多的汽车，这就是供给增加了。

2．图形表现的区分

在供给曲线图中，供给量是供给曲线上的一个点，供给是指整个供给曲线。

供给量的变动表现为同一条供给曲线上点的移动。可以用图2-7来说明。在图2-7中，当价格由P_0上升为P_1时，供给量从Q_0增加到Q_1，在供给曲线S上则是从b点向右上方移动到a点。当价格由P_0下降为P_2时，供给量从Q_0减少到Q_2，在供给曲线S上则是从b点向左上方移动到c点。可见，在同一条供给曲线上，向左下方移动是供给量减少，向右上方移动是供给量增加。

供给的变动表现为供给曲线的平行移动。可以用图2-8来说明。在图2-8中，价格是P_0，由于其他因素变动（如生产要素价格的变动）而引起的供给曲线的移动，是供给的变动。例如，生产要素价格下降，厂商所得到的利润增加，从而产量增加，供给从Q_0增加到Q_1，则供给曲线由S_0移动到S_1；生产要素价格上升，厂商所得到的利润减少，从而产量减少，供给从Q_0减少到Q_2，则供给曲线由S_0移动到S_2。可见，供给曲线向左上方移动时供给减少，供给曲线向右下方移动时供给增加。

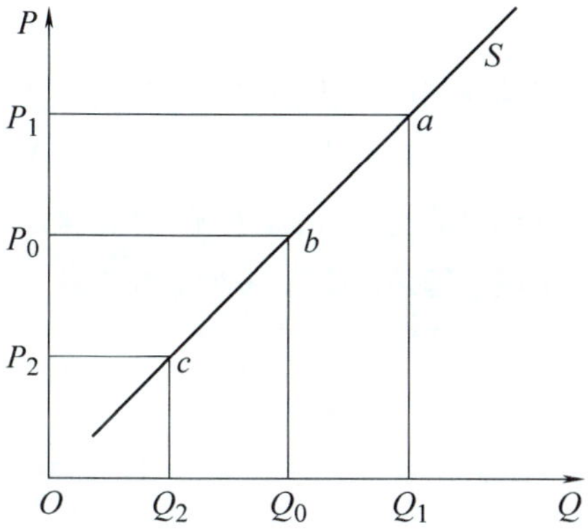

图 2-7　供给量的变动

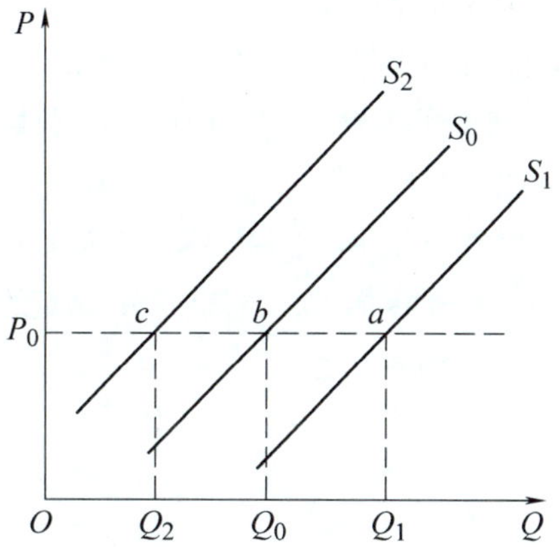

图 2-8　供给的变动

任务三　均衡价格理论

在市场上，需求与供给是两种相互对立的经济力量，买者希望商品物美价廉，卖者希望商品利大价高，两种经济力量相互作用使市场达到均衡状态。在均衡状态下，各种经济力量相互制约和相互抵消，各方愿望得以满足。处于均衡状态时的价格即为均衡价格。

一、均衡价格的决定

均衡价格是指需求曲线与供给曲线的交点对应的价格，此时需求价格等于供给价格，需求数量等于供给数量。如图2-9所示，横轴Q表示数量，纵轴P表示价格，D是需求曲线，S是供给曲线，需求曲线与供给曲线相交于E_e点，由E_e点决定的价格P_e是均衡价格，数量Q_e是均衡数量。

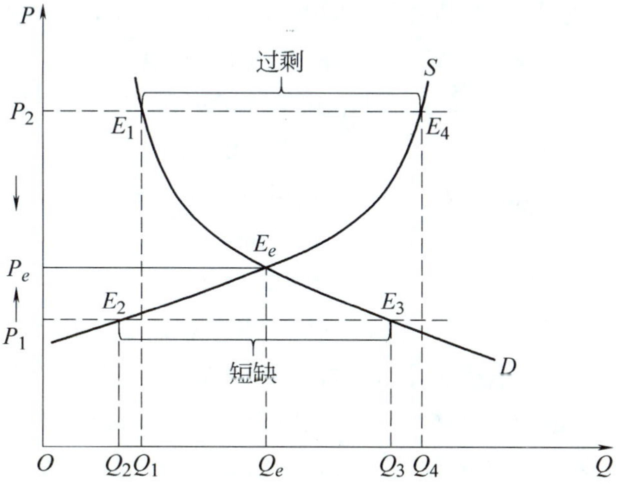

图 2-9　商品的均衡价格

1．对均衡价格的理解

对均衡价格的理解，应注意以下三点：

（1）均衡价格的含义。均衡价格就是价格在需求与供给这两种相反力量作用下处于相对静止、不再变动的稳定状态。

（2）决定均衡价格的因素是需求与供给。因此，需求和供给的变动都会影响均衡价格。

（3）市场上各种商品的均衡价格是最后的结果，其形成过程是在市场中动态进行的。

2．均衡价格的形成

案例

暑假中你决定到电脑城购买一台笔记本电脑回来。通过之前需求和供给知识的学习，了解商品的供求和价格的关系。于是你就在商场上留意各种品牌、各种型号的笔记本电脑。你发现很多电脑厂家在卖力地做宣传，促销活动不断。通过降价促销、礼品赠送、积分兑换等各种手段，消费者就会增加对笔记本的需求。那么商家就会抓住这个机会，加大产品的生产和市场投放，保证商品的供应量。

根据所学经济学知识，在暑假期间，电脑城会展开降价、打折等促销活动，就意味着电脑的价格下降，根据需求曲线，消费者会增加对电脑的需求。但是根据供给曲线，如果价格下降，厂商应该减少商品的供给量，但是为什么假期商家却加大生产和市场投放量呢？道理很简单，电脑和大米、油盐等生活必需品不同，属于对价格变动比较敏感的商品，即使略微降低一点价格，由于需求量大幅度上升，不但不会给商家造成损失，还会大大增加其利润。因此，商家自然会加大电脑的生产和销售。

当然，如果商品价格下降较多，商家赚取的利润空间进一步压缩，商家就会考虑是否会增加产品的供应了。如果价格出现了加大幅度的下降，商家毫无疑问会减少商品的供应，这和供给曲线是一致的。

根据上面的分析，我们把电脑的需求曲线和供给曲线画在一起，如图2–9所示。在图2–9中，横轴为电脑的需求量和供给量，纵轴为电脑的价格。图中D为需求曲线，S为供给曲线。在需求曲线D上，有E_1、E_e、E_3三个点，当电脑处于非常高的价格P_2时，对应D曲线上的E_1，此时电脑需求量只有Q_1。随着电脑价格不断下降至P_e和P_1时，对应的点依次为E_e、E_3，需求量明显增加至Q_e和Q_3。再看供给曲线S，曲线上有E_2、E_e、E_4三个点，当电脑价格在P_1时，由于没有太多的利润可赚，只有少部分厂商生产电脑，此时处于S曲线上的E_2点，即仅有Q_2的供给量。当价格提高至P_e和P_2时，分别对应S曲线上的E_e和E_4，厂商的供给量就会增加至Q_e和Q_4。

现在，我们综合分析两条曲线。当电脑价格处于较低的P_1时，分别对应需求曲线的E_3和供给曲线的E_2，需求量和供给量分别为Q_3和Q_2，此时需求量大于供给量，即供不应求。在供不应求的市场环境下，提价和加大产量是必然的选择，于是价格上升，电脑的产量增加。但是当价格上升到较高的P_2时，需求量下降至Q_1，而供给量却达到了Q_4，出现了严重的供大于求。此时，降价促销和缩减产量就成为各路商家赢得竞争的常用手段。

当价格过低时出现供不应求，当价格过高时又出现供大于求，那么在什么价格时，市场既不会出现供大于求又不会出现供小于求的理想状态呢？通过图2–9我们很清楚地看到了答案，那就是P_e。当电脑价格处于这一水平时，需求曲线D和供给曲线S相交于E_e点，市场需求量和供给量都为Q_e。此时，实现了市场的供求平衡，而价格P_e即为均衡价格，Q_e为均衡数量。

二、需求与供给变动对均衡价格的影响

均衡价格及均衡数量是由需求与供给共同决定的，因此，需求或供给任何一方的变动或者同时变动，都会引起均衡价格和均衡数量的变动。

1．需求变动对均衡价格的影响

如前所述，需求变动是指价格不变的情况下，影响需求的其他因素变动所引起的变动，这种变动在图形上表现为需求曲线的平行移动。我们可以用图2–10来说明需求变动对均衡价格（以及均衡数量）的影响。在图2–10中，既定的供给曲线S与最初的需求曲线D_1相交于E_1，均衡价格为P_1，均衡数量为Q_1。需求增加后，需求曲线由D_1平移到D_2，均衡价格和均衡数量分别提高到P_2和Q_2；需求下降后，需求曲线由D_1平移到D_3，均衡价格和均衡数量分别降低到P_3和Q_3。由此可见，在供给不变的条件下，需求增加会使均衡价格和均衡数量都增加，需求减少会使均衡价格和均衡数量都减少。

因此，需求的变动会引起均衡价格与均衡数量同方向的变动。

2．供给变动对均衡价格的影响

供给变动是指价格不变的情况下，影响供给的其他因素变动所引起的变动，这种变动在图形上表现为供给曲线的平行移动。我们可以用图2–11来说明供给变动对均衡价格（以及均衡数量）的影响。在图2–11中在既定需求不变的条件下，均衡价格和均衡数量分别为P_0和Q_0。供给减少后，均衡数量由Q_0减少为Q_1，但均衡价格由P_0上升为P_1；供给增加后，均衡数量由Q_0增加到Q_2，但均衡价格由P_0下降为P_2。显然，当需求既定时，供给增加会使均衡数量增加而均衡价格下降，供给减少会使均衡数量减少而均衡价格上升。

因此，供给的变动会引起均衡价格的反方向变动，引起均衡数量的同方向变动。

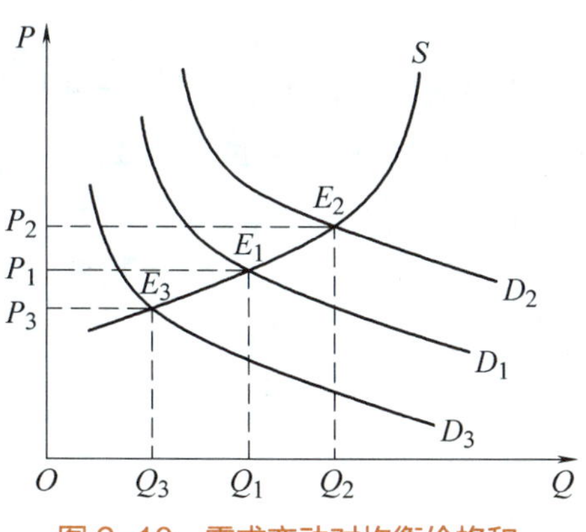

图 2–10　需求变动对均衡价格和均衡数量的影响

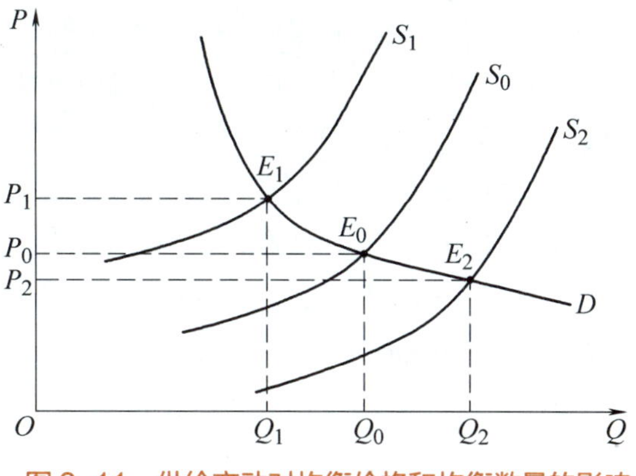

图 2–11　供给变动对均衡价格和均衡数量的影响

3．供求定理

运用以上关于需求与供给变动对均衡价格影响的知识，分析供求定理：

（1）需求的增加引起均衡价格的上升，需求的减少引起均衡价格的下降。

（2）需求的增加引起均衡数量的增加，需求的减少引起均衡数量的减少。

（3）供给的增加引起均衡价格的下降，供给的减少引起均衡价格的上升。

（4）供给的增加引起均衡数量的增加，供给的减少引起均衡数量的减少。

任务四　均衡价格理论的应用

在自由市场经济条件下，需求、供给两种力量的对比决定了市场的均衡价格，而均衡价格又影响着供求的变化。因此，在现实生活中，运用均衡价格理论来调整社会的供求关系，将对经济活动起到积极作用。

一、价格对经济的调节

在市场经济中，经济的运行、资源的配置都是由价格这只“看不见的手”来调节的。美国经济学家M. 弗里德曼把价格在经济中的作用归纳为三种：第一，传递情报；第二，提供一种刺激，促使人们采用最节省成本的生产方式把可得到的资源用于最有价值的目的；第三，决定谁可以得到多少产品，即决定收入的分配。这三种作用实际上解决了资源配置所包括的三个问题：生产什么、如何生产和为谁生产。

从价格调节经济即决定“生产什么”的角度来看，价格的作用可以具体化为以下几种：

（1）价格作为指示器反映市场的供求状况。人们可以通过价格的变动来及时、准确地了解市场中的供求变化：某商品价格上升，表示此商品供不应求；价格下降，表示供过于求。价格作为供求状况指示器的作用，是任何其他指标不能代替的。

（2）价格变动可以调节需求。在市场经济中，消费者享有完全的消费自由，消费决策受价格的影响。当商品价格下降时，消费者会增加购买；而当商品价格上升时，消费者则减少购买。价格对需求的调节作用也是任何其他指标不能代替的。

（3）价格变动可以调节供给。在市场经济中，生产者也享有完全的生产自由，其生产、销售行为受价格影响。当商品价格上升时，生产者会增加产量；而当商品价格下跌时，生产者则会减少产量。价格对供给的调节作用，也是任何其他指标都不能代替的。

（4）价格的调节可以使资源配置达到最优。通过价格对需求和供给的调节，最终会使需求等于供给。此时，消费者的欲望得到满足，生产者的资源得到充分利用。社会资源通过价格分配于各种用途，这种分配使消费者的效用最大化和生产者的利润最大化得到实现，从而实现资源配置的最优化状态。

二、价格政策

根据价格理论，市场价格应该是供求平衡时的均衡价格，它是自由市场上的供求关系自发调节而成的。因为市场调节具有一定程度的盲目性，所以在现实中由价格机制进行调节得出的结果并不一定完全符合社会的长远利益。

基于以上的认识，国家制定一些价格政策来适当地控制商品价格很有必要了。价格政策的形式有很多，以下主要介绍两种。

1．支持价格

也称为最低限价，是政府为了扶持某行业的发展而规定的该行业产品高于均衡价格的最低价格。可用图2-12来分析、说明支持价格。从图2-12中可以看出，该行业产品由供求关系所决定的均衡价格为P_e，均衡数量为Q_e。政府为支持该行业生产而规定的支持价格为P_1，这时需求量为Q_d，相对应的供给量为Q_s，Q_s明显大于Q_d，实行这一价格的结果就是供过于求，必然产生部分剩余产品。

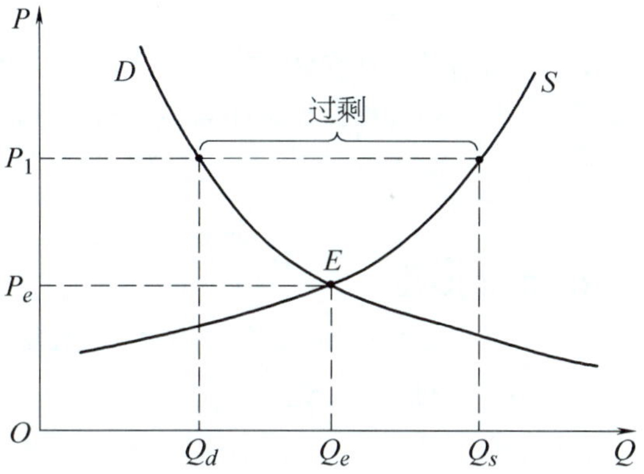

图 2-12　支持价格

为了维持支持价格，政府可采取以下措施：一是政府购买过剩产品，用于国家储蓄或用于出口，但政府收购过剩商品会增加财政开支；二是给消费者补贴，如减免税收等，从而降低产品的销售价格，或者由政府按照P_1价格收购，却用P_e的价格售出，差额由政府补贴；三是给厂商补贴，为了销售商品，厂商按低于其成本价出售，政府为了支持该行业的生产，给予差额补贴，从而促进生产。支持价格一旦取消，商品的市场价格将会迅速下降，恢复到原有的均衡水平。

许多国家实行的农产品最低限价和最低工资，都属于支持价格政策。在美国，采用支持价格的一个重要部门是农业部门。就农产品支持价格而言，其目的是稳定农业生产和农民收入，这有积极意义，但也使得农产品过剩，不利于市场调节下的农业结构调整，同时收购过剩的农产品也增加了财政负担。

案例

农产品支持价格的利弊

各国对农产品实行最低限价通常有两种做法：一种是缓冲库存法，即政府按照某种保护价收购农产品，在供大于求时政府增加对农产品的收购，在供小于求时抛售农产品，以保护价进行买卖，从而使农产品价格由于政府的支持而维持在某一水平上；另一种是稳定基金法，也由政府按某种保护价收购全部农产品，但并不是按保护价出售，而是在供大于求时低价出售，供小于求时高价出售。

支持价格稳定了农业生产，保证了农业生产，保证了农民收入，促进了农业投资，也有利于调整农业结构，从整体上看对农业发展起到了促进作用。但支持价格也引起了一些问题。首先，使政府背上了沉重的财政包袱。政府为收购过剩农产品而支付的费用、出口补贴及为限产而向农户支付的财政补贴等，都是政府必须为支持价格政策付出的代价。其次，形成农产品的长期过剩。过剩的农产品主要由政府收购，政府解决农产品过剩的重要方法之一就是扩大出口，这就有可能引起国家为争夺农产品市场而进行贸易战。最后，受保护的农业竞争力受到削弱。因此，农产品自由贸易问题成为国际贸易争论的中心。

我国实行的“保护价敞开收购”，也是一种支持价格，但是治标不治本，要从根本上改变我国农业落后的状况和农民收入低的现状，并使我国农业进入世界市场与发达国家农业竞争，必须提高我国农业自身的竞争力。

2. 限制价格

限制价格又称价格上限、最高限价、天花板价，是政府为限制某些商品的价格而对它们规定低于市场均衡价格的最高价格，其目的是稳定经济生活，如稳定生活必需品的价格，保护消费者的利益，有利于安定民心。

限制价格政策一般是在战争或自然灾害等特殊时期使用，但也有许多国家对某些生活必需品或劳务，长期实行限制价格政策。例如，法国在第二次世界大战后对关系民生的煤炭、电力、煤气、交通与邮电服务等，都实行了限制价格政策。在英国、瑞典、澳大利亚等国，则对房租实行限制价格政策。还有一些国家，对粮食等生活必需品实行限制价格政策。此外，规定利率上限等做法也属于限制价格的一种形式。

如果说最低限价政策是保护生产者的利益，那么，最高限价政策则是保护消费者的利益。如图2-13所示，由需求和供给决定的均衡价格是P_e，均衡数量是Q_e。由于政府不想让商品的价格达到这个水平，就规定一个低于均衡价格的最高限价P_2，在此价格下，需求量为Q_d，供给量Q_s，$Q_d > Q_s$。

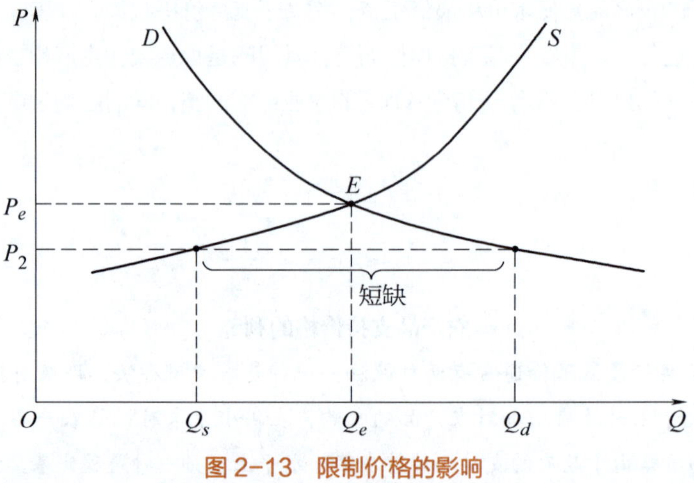

图 2-13　限制价格的影响

实行了限制价格的结果是造成供不应求，必然产生商品的短缺。价格管制的主要影响是：

（1）非价格配给。例如，发放购物券。新中国成立之初，因生产力水平低，5.7亿人口只有1600亿千克粮食，只能实行统购统销，搞票证制，其结果只能是卖方市场。

（2）排队购买。由于商品短缺，定量配给数量必然不足，因此，不得不采取“先到先供应”即排队的办法来取得消费品。排队是以到达指定地点的次序（或以提出要求的次序）作为唯一的标准，因为先来的人比后来的人有利。从表面上来看是很公平的，但也因为如此，它又是不公平的，毕竟，对于不同的人来说，时间的边际效用是不一样的。

（3）黑市交易。黑市交易是价格超过法律规定的价格上限的非法市场。在价格受控制时出现了黑市，如活跃在体育场和音乐厅门口的票贩子。

限制价格会挫伤厂商的生产积极性，使短缺变得更加严重，一旦放弃价格控制，价格上涨就会变得更加厉害。所以，经济学者一般反对长期采用限制价格政策，否则不利于经济的发展。

案例

春运的难题

春节是我国传统的团圆节日，自20世纪80年代以来，伴随着改革开放的进程，民工潮兴起及高校扩招，春节期间运输部门压力骤增，为应对一年一度的客运高峰，运输部门出台了专门的春节运输安排，即春运。它的时间是以春节为界，节前15天，节后25天，共计40天。

在我国，约98%的民众选择乘坐火车与汽车的出行方式。而在长途运输中，铁路运输因票价低、运行平稳、安全性强而更具优越性。面对巨大的市场需求，有限的运力使得春运期间的火车票"一票难求"，"黄牛党"即"票贩子"应运而生。为缓解春运的压力，铁道部又推出了火车票实名制，重招整治"黄牛党"，春运铁路"一票难求"的局面仍未得到明显的缓解。

启发思考：

（1）春运期间，人们对火车票的需求弹性是怎样的？

（2）为何会出现火车票黑市交易？

（3）应如何破解春运的难题？

任务五　弹性理论

案例

从前，有一匹小马驹驮着一袋食盐吃力地行走在乡间小道上，它想休养一下，又怕被主人鞭打，只能继续前进。走着走着，前面出现一座桥，小马驹在上桥的时候实在走不动了，腿一软就从桥上掉进了河里。幸好河水比较浅，小马驹没有被淹死。当主人费九牛二虎之力将小马驹拉上岸时，小马驹的第一感觉是轻松，前所未有的轻松，背上的麻袋不再是那么沉重了。它轻松地走在乡间小道上，边走边想："这河水有这么大的魔力，能神奇地减轻我的负担，我一定要记住。"

没过几天，主人又叫小马驹驮麻袋，不过这次驮的是一袋棉花。小马驹又感到不堪重负，艰难地行走着。好不容易来到桥边，想起上次的经历，这次小马驹主动掉进河里。不料，在被主人拉上岸后，小马驹不但没感到轻松反而感觉出奇的沉重。小马驹步履踉跄地行走着，主人不时地鞭打它，催它快点。小马驹这次可是吃大亏了。

讨论：为什么小马驹两次掉进河里的感觉差异如此之大？

小马驹第一次驮了一袋盐，在不小心掉进河里后，盐被水溶化后，重量减少，所以它上岸后感觉无比轻松。但小马驹第二次驮了一袋棉花，它主动掉进河里，棉花吸水，重量增大，所以它上岸后感觉更加沉重。小马驹将第一次成功的经验当作绝对真理，而不管客观情况、现实条件的变化，当然吃大亏了。

事实上，小马驹过河的例子在经济生活中时常出现。例如，一些商家喜欢采用薄利多销的手段推销商品，但如果不分商品一律薄利多销，则会在市场经济中吃大亏。那么，什么是薄利多销？为什么会薄利多销？是不是所有的商品都适合薄利多销？学完本项目的内容，就能找到上述问题的答案了。

一、弹性的概念

弹性描述的是因变量对自变量变化的反应程度，也就是说，要计算自变量变化1%，因变量要变化百分之几。我们首先必须对所谓的“剧烈变动”“微小变动”作严格定义。大白菜每斤涨价1元是“剧烈变动”，而小汽车涨价100元却微不足道。因此，在描述需求弹性时，比较合理的表达方式就是相对量变化的大小。

二、需求价格弹性

（一）需求价格弹性的含义及计算

需求价格弹性也称需求弹性，表示在一定时期内一种商品的需求量对于其价格变动的反应程度，是商品需求量变动率与价格变动率之比，其基本计算公式为：

$$E_d=-\frac{\text{商品需求量变动率}}{\text{商品价格变动率}}=-\frac{\frac{\Delta Q}{Q}}{\frac{\Delta P}{P}}=-\frac{\Delta Q}{\Delta P}\cdot\frac{P}{Q}$$

公式中，E_d为需求的价格弹性，ΔP、ΔQ分别为价格与需求量的变动量，P、Q分别为变动前的价格与需求量。

通常情况下，由于商品的需求量与价格呈反向变化，所以E_d为负数，为方便比较，公式前加负号，使计算结果为正值。值越大，弹性越大，表示商品的需求量对价格变动越敏感。

如果某品牌彩电的价格从4000元上涨至5000元，则会使其需求量下降一半，从100万台下降到50万台，则：

$$E_d=-\frac{\text{商品需求量变动率}}{\text{商品价格变动率}}=-\frac{\frac{\Delta Q}{Q}}{\frac{\Delta P}{P}}=-\frac{\Delta Q}{\Delta P}\cdot\frac{P}{Q}=-\frac{\frac{50-100}{100}}{\frac{5000-4000}{4000}}=2$$

（二）需求价格弹性的类型

1．富有弹性

当｜E_d｜>1，称为富有弹性——消费者对价格变化反应很强烈。这类商品在价格变化时，引起需求量变动幅度比较大，即价格相对变动1%，需求量相对变动超过1%，其需求曲线相对比较平缓，图2-14所示的黄金的需求价格弹性就属于此种弹性类型。

当黄金降价10%，购买黄金的人数增加了很多，也就是说，黄金价格的小幅下降，就会导致黄金需求量的大幅增加。图2-14的纵轴为黄金的价格，横轴为黄金的需求量，D为黄金的需求曲线。当黄金价格为较高的P_1时，黄金的需求量处于较少的Q_1。当黄金的价格出现小幅度的下降，达到P_2时，黄金的需求量就会出现明显的增加，需求量由原来的Q_1增长到Q_2。从图2-14可以看出，P_1、P_2之间的距离表示价格下降的幅度，Q_1、Q_2之间的距离表示黄金需求量增加的幅度。可以明显地看出来，线段Q_1Q_2的长度明显大于P_1P_2的长度。我们可以看到，需求曲线D比较平坦，那么我们就说黄金的需求富有弹性，即黄金需求量的变动受价格变动的影响比较大。

2．缺乏弹性

当$|E_d|<1$时，称为缺乏弹性——消费者对价格变化的反应很小。这类商品在价格变化时，引起需求量变动幅度比较小，即价格相对变动1%，需求量相对变动不到1%，其需求曲线相对比较陡峭，图2-15所示的马铃薯的需求价格弹性就小于1。

当马铃薯降价幅度超过30%，但是需求量依然不大，也就说马铃薯价格的大幅下降并不能带来马铃薯需求的明显增加。现在看图2-15马铃薯的需求曲线，横轴和纵轴分别表示马铃薯的需求量和价格。当价格处于较高的P_3时，需求量位于Q_3。当价格出现了大幅度下降，达到P_4时，我们会发现需求量并没有像黄金那样出现明显的增加，而是由Q_3稍微增加至Q_4。P_3、P_4之间的距离表示土豆价格下降的幅度，Q_3、Q_4之间的距离表示其需求量增加的幅度。可以看出，需求曲线D比较陡峭，线段Q_3Q_4的长度要明显小于P_3P_4的长度。此时我们就说马铃薯的需求缺乏弹性，即马铃薯需求量的变动受价格变动的影响比较小。

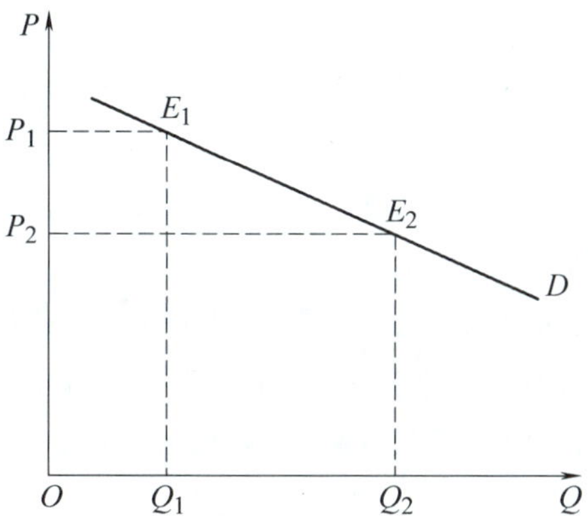

图 2-14　黄金的需求曲线

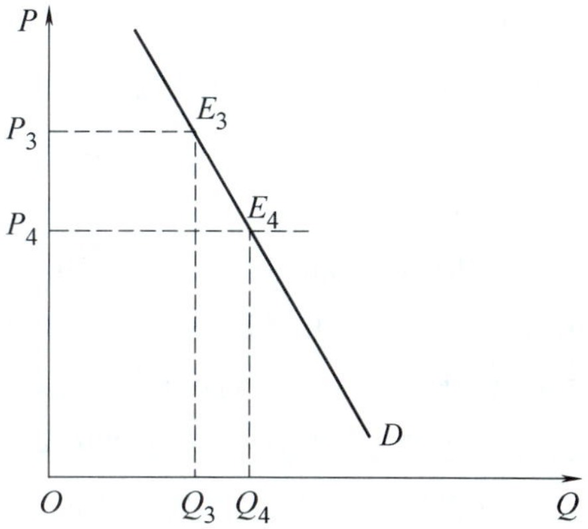

图 2-15　马铃薯的需求曲线

3．单位弹性

当$|E_d|=1$时，称为单位弹性。这类商品在价格变化时，正好引起需求量相同程度的反向变动，即价格上升1%，需求量也正好下降1%，即需求量变动的百分比等于价格变动的百分比。

4．完全有弹性

在需求完全有弹性，即当$|E_d|=\infty$的情况下，商品价格的微小变动就会导致需求量无限增加或减少。理论上在完全竞争市场上有此情形，商品价格若低于市场价格，立刻销售一空；若略高于市场价格出售，则一点儿也卖不出去。

5．完全无弹性

如果某种商品的弹性为0，即完全无弹性。当 $|E_d|=0$，则表明不管商品价格上升或下降多少，需求量总是固定不变的，特效药、骨灰盒等可以近似地看作完全无弹性商品。

表2-2列出来部分商品及服务的需求价格弹性。当然，随着经济的发展以及科学技术的进步，人们的消费能力不断提升，同种商品在不同时期的需求价格弹性也会不同。

表 2-2 部分商品及服务的需求价格弹性

产品	价格弹性
番茄	4.6
青豆	2.8
出租车服务	1.2
家具	1.0
电影	0.87
鞋子	0.7
香烟	0.51
医疗保险	0.31
客车旅行	0.20
居民用电	0.13

（三）影响需求价格弹性的因素

1．商品的必需程度

我们把食物、日用家电、医疗服务、学生教材称为必需品，把出国旅行、新款高档轿车、贵重首饰称为奢侈品。因为必需品的替代品很少，所以必需品需求缺乏弹性；奢侈品则具有很多替代品，因此奢侈品需求弹性大，比如说“十一”长假不是非得要出国旅游，国内旅游也是不错的选择。

2．用于购买该商品的支出在总支出中所占的比例

商品的花费占总支出的比例越大，价格变动对需求的影响越大，需求弹性就越大；商品的花费占总支出的比例小，价格变动对需求的影响越小，需求弹性就越小。例如，住房价格变动10%，对于人们的家庭预算冲击很大，住房的需求弹性大。相反的例子是食盐、牛奶支出占年收入的比重微乎其微，可以预料它们的价格弹性很小。

3．商品定义的宽窄

对定义很窄的商品的需求是有弹性的。例如，“饮料”包罗万象内容广泛，需求弹性小；而“可口可乐”因为其范围单一，替代品很多，需求弹性很大。

4．时间的长短

一种商品的需求常常存在于某个时期，可以是一天、一周、一月、一季、一年或几年期限。需求弹性随时间的长短而不同。一般来说，时间越长，需求越有弹性。因为时间越长，消费者和厂商越容易找到替代品。只要有足够的时间，进行调整总是比较容易的。经济学家区分了长期和短期。所谓长期，是指在这个时期内可以进行所有的调整；所谓短期，是指在这个时期内至少有些调整是无法进行的。因此，需求在短期中由于缺乏调整时间，大多缺乏弹性。

5．替代品

商品可替代程度的大小以及替代品是否容易得到和需求弹性直接相关。比如，香烟对于特定消费群体来说是缺乏弹性的，烟民很少因为香烟涨价而去戒烟；但是移动手机市场，假如某品牌手机降价将会给该手机的市场需求带来快速增长。

案例

为什么石油输出国组织不能保持石油的价格

在20世纪70年代，石油输出国组织（OPEC）的成员国决定结成联盟提高世界石油价格，以增加其收入。它们联合采用减少石油产量的办法来实现这个目标。1973—1974年石油价格上升了50%，1979年上升了4%，1980年上升了34%，1981年上升了34%。

但石油输出国组织发现，维持高价格是困难的。1982—1985年，石油价格连续每年下降10%。1986年石油输出国组织国家之间的合作关系完全破裂，石油猛跌45%。1990年石油价格又回到了1970年的水平，而且20世纪90年代的大部分时间都保持在这个水平。

这个事件说明，供给和需求在短期与长期的弹性是不一样的。在短期内，供给与需求是比较缺乏弹性的。供给缺乏弹性是因为已知的石油储藏量开采能力不能改变；需求缺乏弹性是因为购买习惯不会立即对价格变动做出反应。这就表明了为什么石油输出国组织只能在短期内保持着石油的高价格。而在长期内，当供给和需求较富有弹性时，石油输出国组织共同减少供给则使得它们在长期中无利可图。进入21世纪，石油输出国组织国家在控制石油价格上的合作越来越少，这主要是因为该组织过去在保持高价格策略上的失败。

三、需求收入弹性

1．需求收入弹性定义

需求收入弹性简称收入弹性，表示在一定时期内消费者的某种商品需求量对于其收入变动的反应程度，是商品需求量变动率与消费者收入变动率之比，其计算公式为：

$$E_I=\frac{\text{商品需求量变动率}}{\text{消费者收入变动率}}=\frac{\frac{\Delta Q}{Q}}{\frac{\Delta I}{I}}=\frac{\Delta Q}{\Delta I}\cdot\frac{I}{Q}$$

2．需求收入弹性的分类

在其他条件不变的情况下，消费者对各种商品的需求量随收入的增加而增加，但是对不同商品来说，其需求增加的多少并不相同，因此各种商品的需求收入弹性大小也就不同。需求收入弹性一般分为五类。

（1）$E_I=0$，即需求收入无弹性。在这种情况下，无论收入如何变动，需求量都不会变化。这时收入—需求曲线是一条垂线，如图2-16中的A线所示。

（2）$E_I>0$，即需求富有收入弹性。在这种情况下，需求量变动的百分比大于收入变动的百分比。这时收入—需求曲线是一条向右上方倾斜而比较平坦的线，如图2-16中的B线所示。

（3）$0<E_I<1$，即需求缺乏收入弹性。在这种情况下，需求量变动的百分比小于收入变动的百分比。这时收入—需求曲线是一条向右上方倾斜而比较陡峭的线，如图2-16中的C线所示。

（4）$E_I=1$，即需求单位收入弹性。在这种情况下，需求量变动与收入变动的百分比相同，这时收入—需求曲线是一条向右上方倾斜而与横坐标轴呈45° 角的线，如图2-16中的D线所示。

（5）$E_I<0$，即需求负收入弹性。在这种情况下，需求量的变动与收入的变动呈反方向变化。这时收入—需求曲线是一条向右下方倾斜的线，如图2-16中的E线所示。

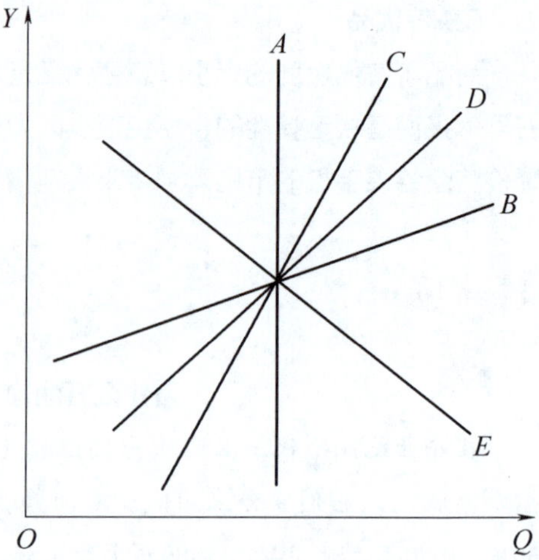

图 2-16　需求收入弹性

一般来说，消费者的收入与需求量是同方向变动的，但各种商品的需求收入弹性大小并不相同，依据需求收入弹性数值，可将商品分为正常品和劣等品。正常品的需求收入弹性系数为正值，这种商品的需求量将随收入的增加而增加。其中，$0<E_I<1$的称为生活必需品，如粮食、服装等；$E_I>1$的称为奢侈品，如珠宝、高档服装等。劣等品的需求收入弹性系数为负值，这类商品的需求量将随收入的增加而减少。

3．需求收入弹性与恩格尔定理

经济学家根据长期统计资料分析得出：生活必需品的收入弹性小，而奢侈品和耐用品的收入弹性大。19世纪德国统计学家恩格尔对德国某些地区的消费统计资料进行研究，提出了恩格尔定理，该定理正是这个结论的证明。

恩格尔系数是用于食物的支出与全部支出之比。恩格尔系数可以反映一国或一个家庭的富裕程度与生活水平。一般来说，恩格尔系数越高，富裕程度和生活水平越低；恩格尔系数越低，富裕程度和生活水平越高。恩格尔系数的计算公式为：

$$\text{恩格尔系数}=\frac{\text{食物支出}}{\text{全部支出}}\times 100\%$$

恩格尔定理：随着收入水平的提高，食物支出在全部支出中所占的比例越来越小。

案例

国际上常用恩格尔系数来衡量一个国家和地区人民生活水平的状况。

根据联合国粮农组织提出的标准，恩格尔系数在59%以上为贫困，50%～59%为温饱，40%～50%为小康，30%～40%为富裕，低于30%为富裕。

在我国，运用这一标准进行国际和城乡对比时要考虑到那些不可比因素，如消费品价格比价的不同、居民生活习惯的差异，以及由社会经济制度不同所产生的特殊因素等。我国恩格尔系数可在国家数据库“年度数据”页面“指数—人民生活-城镇居民家庭人均收入和恩格尔系数”中查询。

四、需求交叉价格弹性

需求交叉价格弹性指一种商品需求量变动对另一商品价格变动反应的敏感程度。也就是说，如果A产品的价格变化1%，B产品需求量将变化百分之几。这两种相关产品X和Y，计算Y产品交叉价格弹性（E_{YX}）的一般公式为：

$$E_{YX}=\frac{Y\text{商品需求量变动的比例}}{X\text{商品价格变动的比例}}$$

需求交叉价格弹性与商品间的关系如表3-2所示。

表 2-3　需求交叉价格弹性与商品间的关系

需求交叉价格弹性系数	X、Y商品间的关系	X、Y商品间的特征
$E_{YX}>0$	替代关系	Y商品的价格P上升（下降）引起X商品的需求量Q上升（下降）
$E_{YX}<0$	互补关系	Y商品的价格P上升（下降）引起X商品的需求量Q下降（上升）
$E_{YX}=0$	互相独立	Y商品的价格变动不会引起X商品的需求量的变化

以上三种关系中，替代品是竞争关系，需要密切关注对手变化从而制定应对策略；互补品是战略同盟关系，相关利益群体要统筹定价，追求共赢下的利益最大化；而互相独立商品间则基本没有关系，或关系非常微小，企业间可单独订立策略方案。

普通行业间的需求交叉价格弹性一般都比较固定，如运输与娱乐业需求交叉价格弹性为-0.05；食品与娱乐业需求交叉价格弹性为0.15；衣着与商品需求交叉价格弹性为-0.18。

五、供给价格弹性

1．供给弹性的含义

供给价格弹性又称供给弹性，指价格变动的百分比所引起的供给量变动的百分比。它反映供给量变动对价格变动的反应程度。供给弹性的大小可用供给弹性系数来表示，供给弹性系数是供给量变动的百分比与价格变动百分比的比值。用公式表示为：

$$E_s=\frac{\frac{\Delta Q_s}{Q_s}}{\frac{\Delta P}{P}}=\frac{\Delta Q_s}{\Delta P}\cdot\frac{P}{Q_s}$$

式中，E_S表示供给弹性系数；$\Delta Q_S/Q_S$表示供给量变动的百分比；$\Delta P/P$表示价格变动的百分比。因为供给曲线通常是向右上方倾斜的，供给量与价格一般呈同方向变动，所以供给弹性系数一般为正值。

2．供给价格弹性的分类

根据弹性系数的大小，供给价格弹性可分为以下五类，如图2-17所示。

（1）$E_S=0$，即供给完全无弹性，表示无论价格如何变动，供给量始终不变，如土地、文物、某些艺术品的供给。这时的供给曲线是一条与横坐标轴垂直的线，如图2–17（a）所示。

（2）$E_S \to \infty$，即供给完全弹性。在这种情况下，价格既定而供给量无限。如在劳动力严重过剩的情况下，劳动力的价格（工资）即使不发生变化，劳动力的供给也会源源不断地增加。这时的供给曲线是一条与横坐标轴平行的线，如图2–17（b）所示。

（3）$E_S = 1$，即供给单位弹性。在这种情况下，价格变动的百分比与供给量变动的百分比相同。例如，某些机械产品的供给量变动幅度接近于它们的价格变动幅度。这时的供给曲线是一条与横轴呈45° 角并向右上方倾斜的线，如图2–17（c）所示。

（4）$0 < E_S < 1$，即供给缺乏弹性。在这种情况下，供给量变动百分比小于价格变动的百分比。一般来讲，资本密集型产品的供给多属于此类情况，因为这类生产不容易很快增加或减少，所以价格变动后供给量的增减不会太大。这时的供给曲线是一条向右上方倾斜且较为陡峭的线，如图2–17（d）所示。

（5）$E_S > 1$，即供给富有弹性。在这种情况下，供给量变动百分比大于价格变动的百分比。一般来说，劳动密集型产品的供给多属于此类情况，因为这种产品的生产增加或减少相对容易些，所以价格变动后供给量能较大幅度地改变。这时的供给曲线是一条向右上方倾斜且较为平坦的线，如图2–17（e）所示。

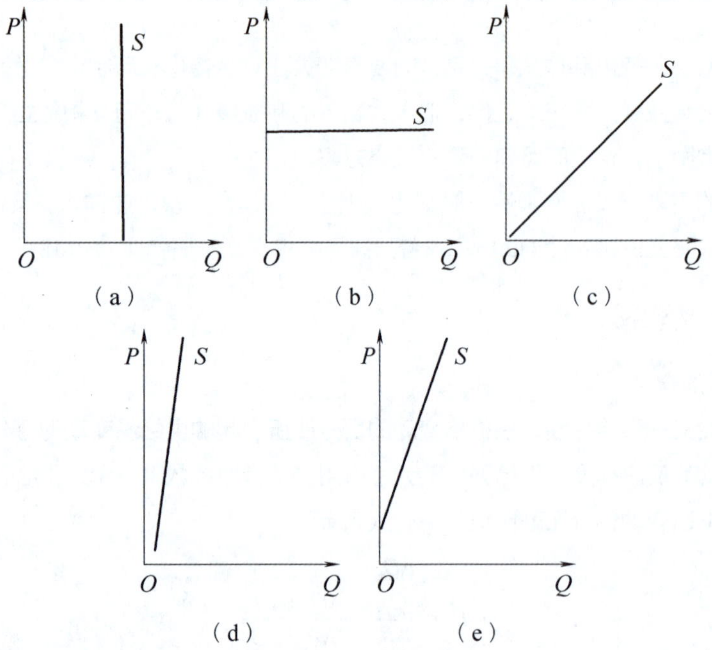

图 2–17　供给价格弹性的类型

3. 影响供给价格弹性的因素

供给弹性的大小主要受下列因素影响。

（1）生产周期的长短。市场上价格发生变化要影响到供给量的增减必须经过一段时间，调整生产要素，改变生产规模，从价格变化到供给量的变化有一个过程，存在一个时滞。时间越短，供给弹性越小；时间越长，供给弹性越大。

（2）生产的难易程度。一般而言，容易生产而且生产周期短的产品对价格变动的反应快，其供给弹性大；反之，生产不易且生产周期长的产品对价格变动的反应慢，其供给弹性小。

（3）生产要素的供给弹性。从一般理论来讲，产品供给取决于生产要素的供给。因此，生产要素的供给弹性大，产品供给弹性也大；反之，生产要素的供给弹性小，产品的供给弹性也小。

（4）生产所采用的技术类型。一般来讲，技术水平高、生产过程复杂的产品，其供给弹性小；而技术水平低、生产过程简单的产品，其供给弹性大。

在分析某种产品的供给弹性时，要把以上因素综合起来考虑。一般而言，重工业产品一般是资本密集型的，生产较为困难，并且生产周期长，所以供给弹性小；轻工业产品，尤其是食品、服装这类产品，一般采用劳动密集型技术，生产较为容易，并且生产周期短，所以供给弹性大。农产品的生产尽管也多采用劳动密集型技术，但因为生产周期长，所以供给仍然缺乏弹性。

六、价格弹性理论的应用

（一）需求价格弹性与厂商价格决策

不同行业商品的需求价格弹性是不同的，到底价格如何变化，变化多大才是最合理的呢？假如你是一个大型艺术博物馆的馆长，你的财务经理告诉你，博物馆缺乏资金，并建议你提高门票价格以增加总收入。你是要提高门票价格，还是降低门票价格呢？回答取决于需求弹性。运用需求价格弹性我们可以把商品和服务简单地分为两种。

1．宜降价促销的商品

降价促销也称作“薄利多销”，通过降价实现总收入的增加。这时企业合理借用需求价格弹性实现营销战略。其根本的运作原理是，价格下降，虽然单个产品的利润是递减的，但需求量的变化远远大于价格下降的变化幅度，这样产品的总利润是增加的。反之，当价格提高1%，将导致需求量减少超过1%，使销售总收入下降。对这类商品企业应该适当降价，扩大销售量来增加总收入。此类产品较多，如汽车、电视机等。

2．宜涨价增利的商品

这类商品是缺乏弹性的，宜采用“提价销售”的营销策略。当降低价格时，需求量增加而使总收入增加的幅度小于由于价格较低而使总收入减少的幅度。而价格上调时，总收益增加，对生产者有利；价格下调，总收益减少，对生产者不利。此类商品如食品（大米、面包、蔬菜价格上升，还是会有人购买）等。不同弹性对企业价格策略的影响如表2-4所示。

表 2-4　不同弹性对企业价格策略的影响

需求价格弹性	$E_d>1$	$E_d=1$	$E_d<1$
降价的影响	增加销售收入	销售收入不变	减少销售收入
涨价的影响	减少销售收入	销售收入不变	增加销售收入
企业价格策略	适当降价	视情况涨价或降价	适当涨价

企业的管理部门似乎常常认为需求是缺乏弹性的。一般的经验认为，价格增加，随之而来的一定是收益增加，而价格降低，总收益减少。这是因为企业常常是在需求增加（需求曲线向

右移动）的时候提高价格，而当需求减少（需求曲线向左移动）时降低价格，这使得人们容易误解，把需求曲线的移动误以为是价格在一条需求曲线上位置的移动，做出需求是缺乏弹性的错误判断。

如果一家企业生产并销售多种不同的产品，就会经常发现不同产品在需求价格弹性方面有明显的差别。各种产品在不同的市场上出售，每种产品都面对着不同的替代品，如以三种钢材：钢轨、不锈钢和马口铁为例。钢轨没有相近的替代品，因此它的需求是缺乏弹性的，但它不是完全无弹性，因为对高价的一种反应可能会让旧钢轨维持得更久些。不锈钢在某些用途上有相近的替代品。马口铁则面对着来自塑料、玻璃、铝和其他包装材料的竞争，还包括用作罐装啤酒、油脂、油漆和某些食物产品容器的竞争。

前几年，我国铁路部门实行浮动票价，即在“春运”高峰时期将客运票价上浮15%～20%。这种做法对铁路部门来说好处是显而易见的：在现有运力的条件下，调节高峰时期的客流量。此外，利用“春运”期间的客运需求缺乏弹性，提高价格可以增加收入。试想，如果铁路部门在几次提速之后降低平时的客运票价，情况会怎样？铁路部门总收益是减少还是增加呢？这同样取决于需求价格弹性和现有的需求是否已经饱和。如果需求是饱和的，降价并不能扩大需求而只能使总收益减少，铁路部门就没有降价的必要，而现实情况也正是如此；如果运力过剩，铁路部门就有降价的压力，通过降价可以达到扩大需求、增加总收益的目的。

（二）需求收入弹性与企业经营

一般来说，当经济繁荣、社会收入增加时，企业就应努力增加需求收入弹性大的商品（高档商品、汽车、旅游服务等）的生产，减少“低劣品”的生产以取得更大的销售收入；对于需求收入弹性较小的生活必需品，可大体上维持产量，因为即使社会收入有较大增长，生活必需品销量也不会增加很多；对于低档需求品需求量会下降，企业则应及时减少产量。对个人而言，如果预期经济快速发展，可以考虑购买产品需求收入弹性大的企业的股票。

当经济萧条、社会收入减少时，高档品需求量会迅速下降，则应及时减产；生活必需品（食品、日用百货、教育医药）则不太受经济景气的影响，经营比较平稳；低档品需求量会迅速上升，则应及时增产。对个人而言，如果感觉经济萧条，可以考虑资金从收入弹性大的企业股票中抽出，转投到产品需求收入弹性小的企业，如日用百货的生产和销售。

基于现代企业自身的特性，在运用需求收入弹性（E_I）时，应切记以下三个原则：①需求收入弹性大的商品，利润大、风险也大；②需求收入弹性小的商品，利润小、风险也小；③不同收入弹性的组合，可降低风险，保证一定的利润。

（三）需求交叉价格弹性与产品差别化策略

企业在经营过程中，如果拥有相当的经营管理能力、丰富的产品组合策略，那么就应该合理利用需求交叉价格弹性，使自己在市场中分得更大一份蛋糕。企业在产品组合中，其中一部分产品之间存在着替代关系或者互补关系，那么在制定价格时就要充分考虑到在替代品或互补品之间的相互影响。如果就某一种单独产品而论，提高价格可能会对企业有利，但如果把它放在相关产品群中考虑，即考虑企业综合利益时，可能会导致企业总利润的减少。

企业对产品组合中的两种产品，如果其交叉弹性为负值，说明这两种产品互补。互补产品往往可以通过综合定价策略来实现市场的突破。互补产品可以分为基本产品和配套产品两种，通常的定价策略是对基本产品定低价，让大量的消费者来购买该产品，而对配套产品定高价，这样成功的案例非常多。如吉利手动剃须刀架的免费赠送，即不失为营销策划的经典。

如果两种产品的交叉弹性为正值，说明这两种产品为替代产品。替代产品分为两种情况：一种是如果两种产品同是本企业生产的，那么企业应该合理按照产品的生命周期、市场饱和程度、产品技术含量等因素进行综合决策，使企业达到最高利益。假设可口可乐公司正在考虑是否降低“雪碧”的价格，它不仅要知道雪碧的价格弹性，还要了解雪碧销售量增加后对可口可乐造成多大的损失，即雪碧销量增加的收入会“吃掉”多少可口可乐的收入。另一种是如果两种产品不在同一个企业生产，那么说明两家企业是竞争关系，我们可以用交叉弹性来分析产品之间的竞争关系。交叉弹性越大，说明两家企业产品之间的竞争越激烈，必须密切注意对方企业采取的策略变化，时刻准备应对措施。我国家电企业之间、国内外手机厂家之间的竞争就充分体现了这一点。

交叉弹性的概念可以用于反垄断。根据反垄断法，垄断（包括想要垄断）一种产品的生产和销售是非法的。那么如何判断一个厂商的产品是垄断性产品呢？这就要看购买者在选择上是否被限制只能购买这个企业的产品而别无他法。一般来说，对于任何产品，都会有一种或几种替代品。可是，如果它们是蹩脚的替代品，那么它们和这个产品的需求交叉弹性就是低的。所以，通过需求交叉弹性的高低来判断是否是垄断产品是一个可行的办法。类似的应用是，一个被指控为违反反垄断法的厂商将会设法证明：它的产品和其他类似的产品之间的交叉弹性是高的，存在相近的替代品，购买者确实能有效地进行选择。

美国联邦法院1953年通过的对杜邦公司玻璃纸的裁决就是一个很好的例证。1947年，司法部对杜邦公司非法垄断玻璃纸的产销提出诉讼。法律程序十分冗长，最后，法院坚持认为，司法部的指控不能成立。法院裁决，在销售玻璃纸方面杜邦公司不是一个垄断者。理由是：玻璃纸是“柔性的包装材料”中的一种，其他还有蜡纸、铝箔、聚乙烯以及许多别的包装材料。换句话说，法院接受了这样的论点：即玻璃纸和别的柔性包装材料的需求交叉弹性是高的，它们都是相近的替代品，所以杜邦公司没有垄断市场。司法部则争辩说在某些重要的用途上，玻璃纸与其替代品之间的需求交叉弹性是低的，它们是蹩脚的或不受欢迎的替代品，所以杜邦公司确实是垄断。但从判决结果看，司法部的争辩是徒劳的。

项目小结

需求理论阐述需求的影响因素及变动规律。影响需求的因素有商品自身价格和其他因素。商品自身价格是影响需求的最重要的因素，在其他条件不变的情况下，商品的需求量与其自身价格反向变动，由商品自身价格变化所引起的需求量沿同一条需求曲线移动，称为需求量的变动；其他因素主要包括消费者的收入、偏好、对未来的预期、相关商品的价格、人口数量及结构变动、广告规模及政府的经济政策等，其他因素变化引起整条需求曲线平行移动，称为需求的变动。

供给理论阐述供给的影响因素及变动规律。影响供给的因素有商品自身价格和其他因素。商品自身价格是影响供给的最重要的因素，在其他条件不变的情况下，商品的供给量与其自身价格同向变动，由商品自身价格变化所引起的供给量沿同一条供给曲线移动，称为供给量的变动；其他因素主要包括生产技术、生产要素的价格、相关商品的价格、厂商对未来的预期、厂商的数量及政府的经济政策等，其他因素变化引起整条供给曲线平行移动，称为供给的变动。

需求与供给两种力量相互作用使市场达到均衡，均衡点是需求曲线与供给曲线的交点。均衡状态下的价格是均衡价格，此时，商品的需求量与供给量相等，称为均衡数量。当供求失衡时价格波动。影响供求的因素发生变动，供求随之变动，均衡价格与均衡数量亦随之变动。当供给不变时，需求变动引起均衡价格和均衡数量同向变动；当需求不变时，供给变动引起均衡价格反向变动，均衡数量同向变动。

弹性理论阐述存在函数关系的经济变量之间，因变量对自变量变化的反应程度。主要有需求的价格弹性和供给的价格弹性等。如果弹性系数小于1，则缺乏弹性；如果弹性系数大于1，则富有弹性。需求缺乏弹性的商品，总收益与价格同向变动；需求富有弹性的商品，总收益与价格反向变动。

均衡分析方法是进行供求分析的重要工具，可用于研究各影响因素对商品供求的影响，进而分析供求变动所引起的均衡价格和均衡数量的变动趋势。

习题与实训

一、名词解释

1. 需求　2. 需求规律　3. 供给规律
4. 均衡价格　5. 供需定理　6. 需求价格弹性
7. 需求交叉价格弹性　8. 需求收入弹性　9. 供给弹性

二、选择题

1. 在下列所列举的因素中，哪一种因素不会使需求曲线移动（　　）。
   A. 消费者收入变化　B. 消费者偏好变化
   C. 其他商品价格下降　D. 商品价格下降
2. 需求规律表明（　　）。
   A. 随着汽油的价格提高，对小汽车的需求量将下降
   B. 药品的价格上涨会使药品的质量得到提高
   C. 计算机的价格下降会引起其需求量增加
   D. 随着乒乓球价格下降，对球拍的需求量会增加
3. 价格上升会引起消费者对该种商品消费的减少是因为（　　）。
   A. 价格上升引起消费者实际收入减少
   B. 价格上升引起消费者实际收入增加
   C. 这种商品的价格相对于其他商品变得便宜了
   D. 这种商品价格相对于其他商品变得贵了
4. 蔬菜的供给量增加是指供给量由于（　　）。
   A. 蔬菜的需求量增加而引起的增加
   B. 人们对蔬菜偏好的增加
   C. 蔬菜的价格提高而引起的增加
   D. 由于收入的增加而引起的增加
5. 如果某种商品供给曲线的斜率为正，在其他条件不变的情况下，该商品价格上升将导致（　　）。
   A. 供给量增加　B. 供给量减少
   C. 供给增加　D. 供给减少
6. 在其他条件不变的情况下，建筑工人工资提高将导致新建房屋（　　）。
   A. 供给曲线左移并使房子价格下降
   B. 供给曲线左移并使房子价格上升
   C. 供给曲线右移并使房子价格下降

D. 供给曲线右移并使房子价格上升

7. 在其他条件不变的情况下，生产某种商品所需原材料的价格上升，则该商品（　　）。

A. 需求曲线向左方移动　　B. 需求曲线向右方移动

C. 供给曲线向左方移动　　D. 供给曲线向右方移动

8. 下列有关供给规律的说法中正确的是（　　）。

A. 消费者不再喜欢消费某商品，使该商品的价格下降

B. 政策鼓励某商品的生产，因而该商品的供给量增加

C. 生产技术提高会使商品的供给量增加

D. 商品价格上升将导致对该商品的供给量增加

9. 以下关于均衡价格的正确说法是（　　）。

A. 均衡价格是需求等于供给时的价格

B. 供给量等于需求量时的价格

C. 供给曲线与需求曲线交点上的价格

D. 供给价格等于需求价格时的价格

10. 一般情况下，均衡价格随着（　　）。

A. 供给和需求的增加而上升

B. 供给和需求的减少而上升

C. 需求的减少和供给的增加而上升

D. 需求的增加和供给的减少而上升

11. 在下列价格弹性的表述中，正确的是（　　）。

A. 需求量相对变动对价格相对变动的反应程度

B. 价格变动的绝对值对需求量变动的绝对值的影响

C. 价格的变动量除以需求的变动量

D. 需求的变动量除以价格的变动量

12. 线性需求曲线中点的点弹性为单一弹性，中点以下部分任何一点的点弹性为（　　）。

A. 富有弹性　　B. 缺乏弹性

C. 完全弹性　　D. 完全无弹性

13. 如果一条线性需求曲线与一条曲线型的需求曲线相切，则在切点处两条需求曲线的价格弹性系数（　　）

A. 不相同　　B. 相同

C. 可能相同，也可能不相同　　D. 根据切点位置而定

14. 当消费者的收入增加80%时，某商品的需求量增加40%，则该商品极可能是（　　）。

A. 低档商品　　B. 奢侈品

C. 必需品　　D. 吉芬商品

15. 当出租车租金上涨后，对公共汽车服务的（　　）。

A. 需求下降　B. 需求量增加　C. 需求量下降　D. 需求增加

16. 对大白菜供给的减少，不可能是由于（　　）。

A. 气候异常严寒　B. 政策限制大白菜的种植

C. 大白菜的价格下降　D. 化肥价格上涨

17. 如果某商品价格变化引起厂商销售收入反方向变化，则该商品是（　　）。

A. 富有弹性　B. 缺乏弹性

C. 完全弹性　D. 完全无弹性

18. 土地的供给的价格弹性（　　）。

A. 无穷大　B. 等于零　C. 小于1　D. 等于1

19. 假定某商品的价格从10美元下降到9美元，需求量从70增加到75，则需求为（　　）。

A. 缺乏弹性　B. 富有弹性　C. 单一弹性　D. 难以确定

20. 假定商品X和商品Y的需求交叉弹性是-2，则（　　）。

A. X和Y是替代品　B. X和Y是互补品

C. X和Y是正常商品　D. X和Y是劣质品

三、简答题

1. 影响需求量的因素有哪些?
2. 影响供给的因素有哪些?
3. 说明需求量变动和需求变动的区别及供给量变动和供给变动的区别。
4. 需求价格弹性的类型有哪些?
5. 影响需求价格弹性的因素有哪些?
6. 简述不同弹性对企业价格策略的影响。

四、思考讨论题

中国汽车工业信息网公布的数据显示，2018年一季度，我国汽车产销量为702.22万辆和718.27万辆，产量同比下降1.4%，销量同比增长2.8%，分别低于上年同期9.4个和4.2个百分点。数据显示，2009年，我国汽车产销量分别为1379.10万辆和1364.48万辆，同比分别增长48%和46%，总销量首次超越美国，成为世界第一。

讨论：

请运用本章学习的知识，分析我国汽车产量销量增速下降的原因?

五、综合实训

课后时间里，走上街头，用你的双眼和智慧去发现生活中隐藏的弹性，并与你的朋友分享。

项目三

消费者行为理论

知识目标

1. 了解效用、总效用和边际效用的含义及相互关系
2. 掌握边际效用递减规律
3. 掌握基数效用理论
4. 掌握序数效用理论

能力目标

能够运用消费者行为理论解释和分析现实经济问题

案例导入

阶梯式水价和电价

据新华网消息，我国人均水资源占有量仅相当于世界人均水资源的1/4，位列世界第121位，是联合国认定的水资源紧缺国家。以城市供水为例，全国约670个城市，其中有400多个城市供水不足，110多个城市严重缺水。自2002年以来，我国陆续在多个城市推行阶梯式水价改革，所谓阶梯式水价是指对使用自来水实行分类计量收费和超定额累计加价制度。阶梯式水价的实行，不但有效提高了人们的节水意识，而且在推动污水再生利用及推广更新节水器具等方面发挥了不可低估的作用。

继实行阶梯式水价之后，根据国家发改委《关于居民生活用电试行阶梯电价的指导意见》，2012年上半年，我国开始推行居民阶梯电价，所谓居民阶梯电价是指按照用户消费的电量分段定价，用电价格随着用电量增加呈阶梯状逐级递增的一种电价定价制度。目前中国居民消费的用量只占社会总电量的12%，其中5%的高收入家庭的用电量占到居民用电量的24%，10%的高用电量家庭消费了33%的居民用电。阶梯电价改革法方案提出：80%的居民家庭，电价保持稳定，困难群体还可以享受一定的免费电量，高于地区平均水平一定幅度的二三挡电力消费要多缴费，第二挡每度电提价5分钱左右；第三挡每度电调高2毛钱左右。方案的总体思路是：第一挡电价不提高，其覆盖居民家庭比例由中央统一确定；因为各省市的家庭用量水平有差距，地方可以根据国家确定的原则确

定各挡次的用电标准，具体方案经过听证会后出台实施。

启发思考：

（1）阶梯式水价与阶梯式电价制度设计所依据的经济学理论是什么？

（2）实行阶梯式水价与阶梯式电价对消费者剩余有何影响？

（3）实行阶梯式水价与阶梯式电价对水电资源配置有何影响？

任务一　偏好

一、偏好的含义和种类

所谓偏好，就是指人们在产生某种欲望后，通过购买某一种或多种商品或服务而表现出来的一种内在的心理倾向，具有一定的趋向性和规律性。偏好存在于个体自身内部，是难以直接观察到的。例如，周末，大学几个朋友相约一起聚会，大家坐定后开始点菜，小艳不看菜单就对着服务员说："来一个水煮鱼，这是我和小红同学的最爱！"小强紧随其后："再来一个红烧排骨，这是我和韩兄的必点菜。"大家纷纷点了自己喜欢的菜肴。随后点酒水时，小艳和小红点了冰红茶，小强则点了冰爽啤酒，韩兄自己来了一小瓶二锅头。酒菜上齐后，大家吃着、喝着、聊着，好生痛快！在点菜过程中，小艳和小红点了水煮鱼，而小强点了红烧排骨，点酒水时，小艳和小红要喝冰红茶，小强要喝冰爽啤酒，而韩兄则要了二锅头，这就是由于他们的偏好不同。购买商品能够满足充饥的欲望、多穿衣服能够满足御寒的欲望、看电影能够满足享受的欲望。到底最后是购买红薯还是汉堡、棉衣还是羊绒衫，这就要取决于不同消费者的偏好。偏好是主观的，也是相对的概念，有明显的个体差异，也呈现出群体特征。

消费偏好是指消费者对于所购买或消费的商品和劳务爱好胜过其他商品或劳务，又称"消费者嗜好"。它是对商品或劳务优劣性所产生的主观的感觉或评价。消费偏好主要受以下因素影响：

（1）生活方式。一个地地道道的足球球迷可能会为一张精彩的足球入场券而不惜代价；而一个对卡拉OK有着特殊爱好的歌迷，可能天天晚上都泡在卡拉OK厅，并每天都点他最喜欢的那首歌，当然，自己还会上台一展歌喉。上面的例子中，大家吃饭之后的娱乐活动可能会出现分歧：小艳几个姐妹想去唱歌，小强想去打桌球，而韩兄的二锅头下肚，只想回家睡觉。生活方式可能会随着时间的推移而变化。一个曾经一看到动画片就手舞足蹈的孩童，待他长大成年后，可能会感到嗲声嗲气的儿童剧平淡无奇，而对那种悲欢离合的爱情连续剧却不嫌其长、一集不落，还不时地为剧中男女主人公悲伤的爱情和坎坷的命运流下串串泪珠。

（2）生产者的"劝说"。也许某些消费者原本没有把某种商品放在眼里，或者说对某种新产品一无所知，但制造者和经销商却不厌其烦地大做广告，极力进行"购买劝说"的推销活动，不知不觉就打动了消费者的心弦，使消费者产生了某种偏好，并"跟着广告走"，去购买广告上的产品。

（3）消费风气。在现代社会里，一些人的消费行为不是根据本身是否需要，而是看别人购买什么，自己也购买什么，这种现象被称为"示范效应"。例如，有个公司女职员购买了一条漂亮的裙子，她的同事看到后觉得自己也要购买一条同样的裙子，或者更好的裙子，甚至再配一双精致的鞋子，这样才能显示出自己的曼妙身姿和优雅气质。当然，这种“示范效应”在有些时候也是失效的。例如，当看到满大街跑的小汽车都是黑色或红色时，你可能为了显示与众不同，就买了紫色或者白色汽车。当紫色或者白色汽车又多起来时，有人可能会选择黄色或绿色汽车。

二、效用的含义和特征

效用是由丹尼尔·伯努利提出的，是对消费者通过消费或者享受闲暇等使自己的需求、欲望得到满足的一个度量。消费某种商品或者服务能够满足欲望的程度高，就是效用大；反之就是效用小。如果消费中没有任何满足感，则为零效用；如果不仅得不到满足感，反而感到痛苦，就是负效用。有无效用和效用的大小，决定于消费者的主观感受。

效用是对欲望的满足。效用和欲望一样，是一种心理感觉。某种商品效用的大小没有客观评价标准，完全取决于消费者在消费这种商品时的主观感受。效用具有如下特征：

（1）主观性。徐悲鸿的“八骏图”可以给艺术鉴赏家提供很大的主观效用，但在不懂画的人看来，除了可以用来遮挡墙上的裂纹外没有什么用处，而且一种特定产品的效用在不同的人之间可能变化很大。一辆越野卡车可能对于崎岖路上驾驶的人来说效用很大，但对于一个老得连车都爬不上去的人来说则没有什么效用。一支香烟对于吸烟者来说，有很大的效用，而对于不吸烟者来说则毫无效用，尽管同一支烟的使用价值是客观存在的。那么对于吸烟者来说，抽一支烟有多大的效用呢？几乎没有人能够回答。由此看来，效用的大小取决于每个人的主观评价，而且效用很难量化。

（2）相对性。效用的相对性是满足感的产生是因人、因时、因地而异的。譬如，当你还是小学生的时候，市场上的零食远没有现在的种类多，可能只有冰糖葫芦、果脯等简单的几种。那时候你能吃到一串冰糖葫芦就已经非常满足了。但是，现在市场上的零食品种繁多，各种口味都有，你却仍然回忆小时候吃冰糖葫芦的幸福时光，这就是效用的相对性。

案例

中外网购PK

2007年后，网络购物对我国普通百姓而言已经不是新鲜事。2017年，全国网上零售增长32.2%，增速较2016年提高了6个百分点。其中，实物商品的网上零售额达到5.48万亿元，增长28%，占社会消费品零售总额的比例为15%，比2016年提升了2.4个百分点；对社会消费品零售总额增长的贡献率为37.9%，比2016年提升了7.6个百分点。网络零售对消费的拉动作用进一步增强。网络购物呈现出以下特点：市场规模不断扩大、区域结构逐步优化、业态多元化、示范体系引领作用进一步增强、农村电商促进精准扶贫、“丝路电商”助力企业走出去。

试着思考：为何网络购物在中国保持高速增长？网络购物给消费者带来了哪些好处？

三、基数效用理论与序数效用理论

消费者行为理论研究的是效用最大化问题。那么，如何来研究效用呢？一些经济学家认为效用可以用具体的数字来表示；另一些经济学家则认为效用作为一种心理现象，是不能用具体数字来表示的，但是可以按照效用的大小进行排序。由此就产生了两种不同的消费行为理论：基数效用理论与序数效用理论。

（1）基数效用理论。基数效用理论认为效用大小是可以测量的，其计数单位就是效用单位。基数效用理论观点：效用是可以计量的，可以用基数（1，2，3，…）来表示人们对某种事物满足程度的大小，并且效用可以加总求和。例如，消费者消费一块面包的效用为3单位，消费一杯牛奶的效用为5单位，这样，消费者消费这两种商品所得到的总效用就是8单位。根据此理论，可以用具体数字来研究消费者效用最大化问题。

基数效用理论采用边际效用分析法分析消费者均衡问题。

（2）序数效用理论。序数效用理论的基本观点：效用是不可以计量的，只能用序数（第一、第二、第三等）来表示人们对某种事物满足程度的高低顺序，因为效用的不可计量，所以效用是不能加总求和的。例如，消费者认为消费牛奶的效用大于消费面包的效用，那么牛奶的效用排序就是第一，面包的效用排序就是第二。

序数效用理论采用无差异曲线分析法分析消费者均衡问题。

（3）两种效用理论比较。两种效用分析的方法不同，但分析目的、分析对象和分析结论是一致的。两者在分析方法上最主要的区别：基数效用分析采用了效用可计量的假定；而序数效用分析采用了大小不可计量，只能分为高低、排顺序的假定，序数效用避免了使用基数效用所存在的计算上的困难。

在19世纪末20世纪初期，西方经济学家普遍使用基数效用理论。基数效用理论认为效用如同长度、质量等概念，是可以具体衡量并加以比较的。到了20世纪30年代，序数理论逐渐为西方经济学家使用。序数理论认为，效用是一个有点儿类似于香、美这样的概念，效用的大小是无法具体衡量的，效用之间的比较只能通过顺序等级来表示。序数效用理论还认为，就消费者行为来说，以序数来度量效用的假定比用基数来度量效用的假定所受到的限制少，并且可以减少一些被认为是值得怀疑的心理假设。

任务二　基数效用理论

一、效用的衡量

基数效用理论把效用分为总效用和边际效用。

1. 总效用

总效用是指从消费一定量某种商品中所得到的总满足程度。总效用一般用*TU*表示，其取决于消费者在一定时间内消费商品的数量。总效用函数可以表示为：

$$TU=F(Q)$$

2. 边际效用

边际效用是指消费者对某种商品的消费量每增加一单位所增加的满足程度。边际效用用*MU*表示，ΔQ表示增加的商品量，ΔTU表示增加的总效用量，则边际效用可以表示为：

$$MU=\frac{\Delta TU}{\Delta Q}$$

3．总效用和边际效用的关系

边际的含义是增量，指自变量所引起的因变量的增加量。在边际效用中，自变量是某商品的消费量，因变量则是满足程度或效用。消费量变动所引起的效用的变动，即边际效用。

我们可以用表3-1来说明某消费者早餐吃小笼包的总效用和边际效用的关系。

表 3-1　总效用与边际效用表

商品消费数量Q	总效用TU	边际效用MU	客观状态
0	0	—	饥饿状态
1	12	12	饥饿状态
2	18	6	饥饿状态减轻
3	21	3	饥饿状态进一步减轻
4	22	1	接近吃饱
5	22	0	正好吃饱
6	20	-2	过饱

根据表3-1可以画出总效用曲线和边际效用曲线图，如图3-1所示。

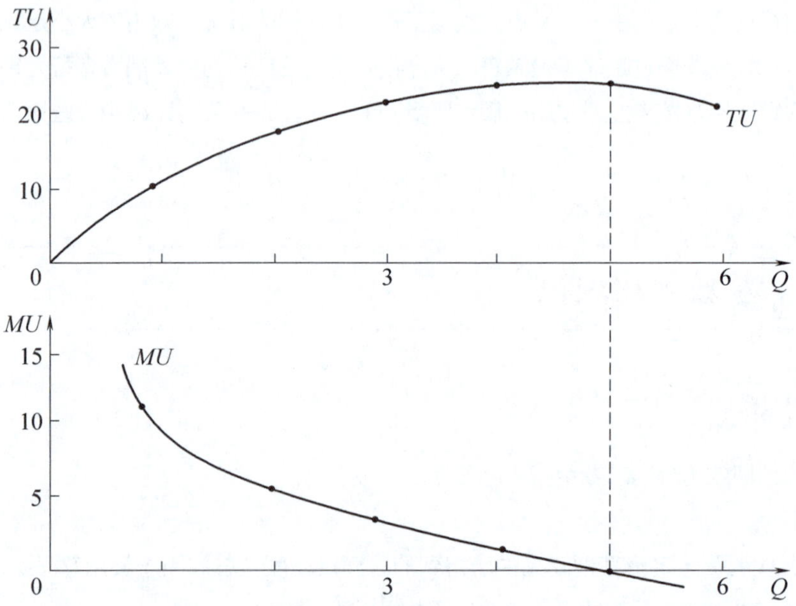

图 3-1　效用曲线

从表3-1和图3-1我们可以看出，当某人消费一个小笼包时，总效用为12效用单位。从没有消费小笼包到消费一个小笼包，消费量增加一个单位，效用增加了12效用单位，因此，边际效用为12

效用单位。消费第二个小笼包时，总效用为18效用单位，由消费一个小笼包到消费两个小笼包，消费量增加一个单位，总效用从12效用单位增加到18效用单位，所以边际效用为6效用单位。依此类推，当消费到第六个小笼包时，总效用为20效用单位，而边际效用为–2效用单位，即增加第六个小笼包时的消费所带来的是负效用。由此可以看出，随着商品消费数量的增加，总效用起初是增加的，随着商品消费数量的继续增加，总效用达到最大值，之后开始下降；而边际效用则呈现递减趋势。总效用与边际效用之间存在的关系是：当$MU>0$时，TU上升；当$MU=0$时，TU达最大值；当$MU<0$时，TU下降。

二、边际效用递减规律

边际效用递减规律，指在一定时间内，在其他商品消费数量保持不变的条件下，随着消费者对商品消费量的增加，消费者从该商品连续增加的每一消费单位中所得到的效用增量即边际效用是递减的。

利用边际效用递减规律，我们能够解释生活中的很多现象。例如，我们吃得越来越好，我们的胃口却越来越差；我们的房子越换越大，我们的心情却越来越差；我们的钱越来越多，我们的满足感却越来越少。今天的山珍海味也吃不出当年饺子的香味，这就是边际效用递减规律。

根据西方学者的解释，边际效用递减有以下两个原因：

（1）生理和心理的原因。效用是消费者的心理感受，消费某种物品实际上就是提供一种刺激，使人有一种满足的感受，或心理上有某种反应。消费某种物品时，开始的刺激大，从而使人的满足程度高。但不断消费同一物品，即同一种刺激不断重复时，人在心理上的兴奋程度或满足程度就必然减少。或者说，随着消费数量的增加，效用不断累积，新增加的消费所带来的效用增加就会变得越来越微不足道。

（2）物品用途的多样性。每种物品都有几种用途，可按重要性将其分成不同等级。消费者在使用物品时，首先会把它用在最重要的用途上，然后会将其逐次用到不重要的用途上。这本身就说明边际效用是递减的。例如，水，按重要程度递减的顺序，分别有饮用、洗浴、洗衣、浇花等多种用途。当水很少时，它被用在最重要的用途上，如饮用；用水量很充足的情况下，则它会被逐次用到洗浴、洗衣、浇花等相对不那么重要的用途上。这也说明边际效用是递减的。

边际效用递减规律是西方经济学在研究消费者行为时用来解释需求定理的一种理论观点。它是在考察、总结人们日常生活中得出的一个理论命题。当然，它的有效性要以假定人们消费行为的决策是符合理性的为必要前提。

三、消费者均衡

所谓消费者均衡，是指消费者花费既定代价使自己得到的效用最大化，或者说消费者为达到一定的效用量而使自己所花费的代价最小的一种状态。

（一）消费者均衡的假设

1．消费者的收入既定

由于收入有限，需要用货币购买的物品很多，但不可能全部都买，只能买自己认为最重要的几种。因为每一元货币的功能都是一样的，在购买各种商品时最后多花的每一元钱都要应该为自己增加同样的满足程度，否则消费者就会放弃不符合这一条件的购买量组合，而选择自己认为更合适的购买量组合。

2．消费者的偏好既定

由于效用的主观性，同一消费者对同一商品组合的效用评价会因时间、地点或其他条件不同而发生变化。只有消费者的消费行为发生在一个既定的时间、地点和环境，也就是消费者的偏好既定的条件下才是有意义的。否则，最佳消费决策，即消费者均衡会随着消费者的偏好的变化而变化。

3．物品的价格既定

假设物品价格既定，消费者就要考虑如何将有限的收入分配于各种物品的购买与消费上，以获得最大效用。由于收入固定，物品价格相对不变，消费者用有限的收入能够购买的商品所带来的最大的满足程度也是可以计量的。因为满足程度可以比较，所以对于商品的不同购买量组合所带来的总效用可以进行主观上的分析评价。

4．每一单位货币的边际效用对消费者都是相同的

在西方经济学中，货币和普通商品一样也具有效用和边际效用，并且商品的边际效用递减规律同样适用于货币。对于一位消费者来说，随着货币收入的不断增加，货币的边际效用是递减的。人们用货币购买商品，实际上就是用货币的效用去衡量其他商品的效用。

（二）消费者均衡的条件

在上述假设条件下，西方经济学家指出，消费者均衡的条件是：消费者用单位货币所购买的各种商品的边际效用都相等，即消费者所购买的各种商品的边际效用之比等于它们的价格之比。

假定消费者用一定的收入I购买X、Y两种物品，两种物品的价格分别为P_X和P_Y，购买数量分别为Q_X和Q_Y，两种物品所带来的边际效用分别为MU_X和MU_Y，每一单位货币的边际效用为MU_I，则消费者均衡的条件可用以下的公式来表示：

$$I = P_X Q_X + P_Y Q_Y$$

$$MU_I = \frac{MU_X}{P_X} = \frac{MU_Y}{P_Y}$$

案例

把每一分钱都用在刀刃上

消费者均衡就是消费者购买商品的边际效用与货币的边际效用相等。这就是说，消费者每一元钱的边际效用与用一元钱买到的商品的边际效用相等。假定一元钱的边际效用是5个效用单位，一件上衣的边际效用是50个效用单位，消费者愿意用10元钱购买这件上衣，因为这时一元钱的边际效用与用在一件上衣上的一元钱的边际效用相等。此时，消费者实现了消费者均衡，也可以说实现了消费（满足）的最大化。低于或大于10元钱，都不能实现消费者均衡。我们可以简单地说，在收入和商品价格既定的情况下，花钱最少得到的满足程度最大就实现了消费者均衡。

商品的边际效用递减，其实货币的边际效用也是递减的。在收入既定的情况下，储蓄越多，购买的物品就越少，这时货币的边际效用就下降，而物品的边际效用在增加。明智的消费者应该把一部分货币用在购物上，以增加它的总效用；相反，消费者减少商品的购买量，增加货币的持有，也能提高它的总效用。通俗地说，假定你有稳定的职业收入，银行存款有50万元，但非常节俭，吃、穿、住都处于温饱水平。但实际上这50万元足以让你实现小康生活。要想实现消费者均衡，那你就应该用这50万元的一部分去购房，一部分去买一些档次高的服装，银行也要有一些积蓄。相反，如果你没有积蓄，而购物欲望又非常强，见到新的服装款式甚至借钱也要去买，买的服装很多，其效用降低，如果遇到一些家庭风险，没有一点积蓄，就会使生活陷入困境。

消费者均衡理论看似难懂，但其实一个理性的消费者其消费行为已经遵循了消费者均衡理论。例如，你在现有的收入和储蓄水平下是买房还是买车，会做出合理的选择。再如，你走进超市，见到琳琅满目的物品，你会选择最需要的。所以说，经济学是选择的经济学，而选择就是在你资源（货币）有限的情况下实现消费满足最大化，使每一分钱都花在刀刃上，这就实现了消费者均衡。

四、消费者剩余

消费者剩余是消费者在购买一定数量的某种商品时愿意支付的最高价格和实际支付的价格之间的差额。

消费者购买商品时，消费者对每一单位商品所愿意支付的最高价格，取决于这一单位商品的边际效用。因为商品的边际效用是递减的，所以消费者对某种商品所愿意支付的最高价格并不等于该商品在市场上的实际价格。事实上，消费者在购买商品时是按实际的市场价格支付的。于是，在消费者愿意支付的最高价格和实际的市场价格之间就产生了一个差额，这个差额便构成了消费者剩余。

例如，某种汉堡包的市场价格为3元，某消费者在购买第一个汉堡包时根据这个汉堡包的边际效用，他认为值得付5元去购买这个汉堡包，即他愿意支付的最高价格为5元。于是，当这个消费者以市场价格3元购买到这个汉堡包时，就创造了额外的2元剩余。在以后的购买过程中，随着汉堡包边际效用的递减，他为购买第二、第三、第四个汉堡包所愿意支付的最高价格也分别递减为4.50元、4.00元和3.50元，这样，他为购买4个汉堡包所愿意支付的最高总金额=5.00+4.50+4.00+3.50=17.00元，但他实际按市场价格支付的总金额=3.00×4=12元。两者的差额=17−12=5元，这个差额就是消费者剩余。也正是从这种感觉上，他认为购买4个汉堡包是值得的，是能使自己的状况得到改善的。

任务三　序数效用理论

序数效用论者运用无差异曲线分析方法来考察消费者行为，并在此基础上推导出消费者的需求曲线，深入阐述了需求曲线的经济含义。

一、无差异曲线的定义

无差异曲线是对于消费者来说能带来同等满足程度的各种不同商品的组合。它是用来表示至少两种商品的不同数量的组合给消费者所带来的效用完全相同的一条曲线。无差异曲线上的每一点代表一种消费组合，任意一点所代表的组合给消费者带来的效用是没有差异的。

假设消费者购买*X*和*Y*两种商品，这两种商品可以用*A*、*B*、*C*、*D*、*E* 5种不同的组合方式。这5种不同的组合能给消费者带来相同的效用，如表3-2所示。

表 3-2 消费者商品组合无差异表

组合方式	*X*商品	*Y*商品
A	5	30
B	10	18
C	15	13
D	20	10
E	25	8

根据表3-2可以绘制无差异曲线，如图3-2所示。在图3-2中，横轴代表商品*X*的数量，纵轴代表商品*Y*的数量，*A*、*B*、*C*、*D*、*E*各点代表5种不同商品*X*和*Y*的数量组合，将5个点连起来所形成的曲线就是无差异曲线。一条无差异曲线上有无数个点，也就是无数个商品组合，但它们可以给消费者带来相同的效用水平。

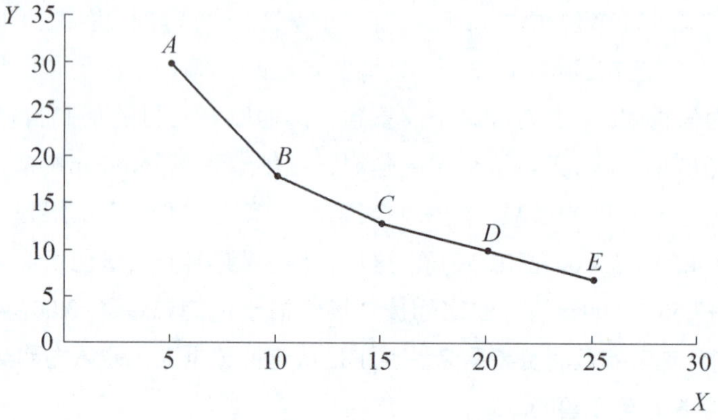

图 3-2 无差异曲线

二、无差异曲线的特征

无差异曲线具有以下四个方面的特征：

（1）无差异曲线向右下方倾斜，其斜率为负值，它表明在收入和价格既定的条件下，为获得同样的满足程度，对一种商品消费的增加必然伴随着对另一种商品消费的减少。无差异曲线上各点所代表的效用组合，对消费者来说都是相同的。在两种商品都是正的边际效用的情况下，*X*商品消费的增加必然要求*Y*商品消费的减少。

（2）无差异曲线有无数条，每一条都代表着消费者消费商品组合可以获得的一个效用水平，并且离原点越远的无差异曲线代表的效用越大；离原点越近的无差异曲线所代表的效用越小。例如，在图3-3中，I_1，I_2，I_3是三条不同的无差异曲线，它们分别代表不同的效用水平，其效用大小依次为$I_1 < I_2 < I_3$。

（3）同一平面上的不同无差异曲线不能相交。如图3-4所示，若两条无差异曲线I_1和I_2相交于B点，根据无差异曲线的定义，商品组合A和B具有相同的效用水平，同理，商品组合B和C具有相同的效用水平，由此可以得出，A和C具有相同的效用水平。由无差异曲线的特征（2）可知，商品组合C的效用水平要大于商品组合A的效用水平，这就出现了矛盾。因此，任意两条不同的无差异曲线都不可能相交，除非重合。

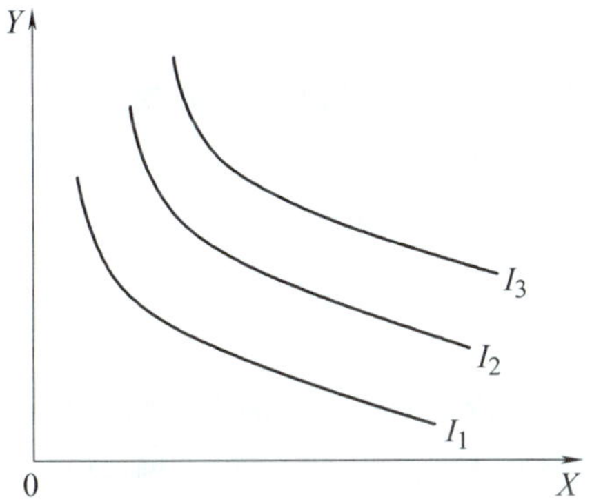

图 3-3　无差异曲线

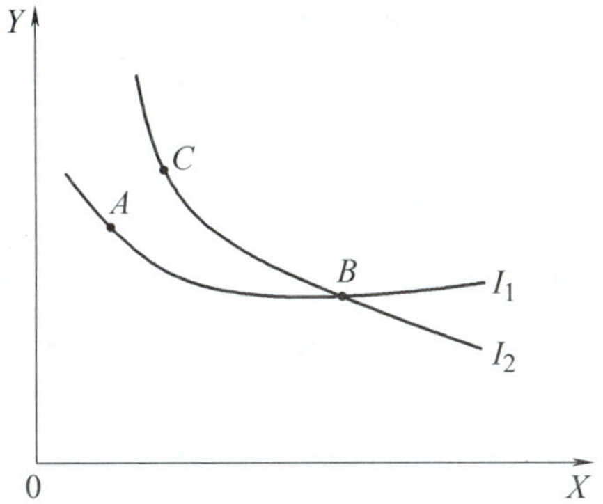

图 3-4　任意两条无差异曲线不相交

（4）无差异曲线凸向原点。这一特点是由商品的边际替代率递减规律所决定的。从几何意义上看，无差异曲线凸向原点，表明其倾斜程度越来越平缓。从无差异曲线所代表的经济学意义上来看，凸向原点意味着随着一种商品数量的增加另外一种商品减少的数量越来越小，即一种商品对另外一种商品的替代能力越来越弱。为了刻画一种商品对另外一种商品的替代程度，经济学中经常采用边际替代率这一概念。

三、边际替代率及其递减规律

商品的边际替代率，是指在维持效用水平不变的前提下消费者增加一单位某种商品的消费数量与所需要放弃的另一种商品的消费数量。商品X对商品Y的边际替代率的定义公式为：

$$MRS_{XY} = -\frac{\Delta y}{\Delta x}$$

式中，Δx和Δy分别为商品X和商品Y的变化量。因为Δx是增加量，Δy是减少量，两者的符号肯定是相反的，所以为了使MRS_{XY}的计算结果是正值便于比较，就在公式中加了一个负号。当商品数量的变化趋于无穷小时，则商品的边际替代率为：

$$MRS_{XY} = \lim_{\Delta x \to 0}\left(-\frac{\Delta y}{\Delta x}\right) = -\frac{dy}{dx}$$

显然，无差异曲线上某一点的边际替代率就是无差异曲线在该点的斜率的绝对值。

边际替代率递减规律，是指在维持效用水平不变的前提下，随着一种商品的消费数量的连续增加，消费者为得到每一单位的这种商品所需要放弃的另一种商品的消费数量是递减的。之所以会普遍发生商品的边际替代率递减的现象，是因为当消费者拥有越来越多的某种商品时，该商品对他的相对重要性越来越小，增加一单位该商品使他获得的满足程度越来越低。

从几何意义上来讲，因为商品的边际替代率就是无差异曲线的斜率的绝对值，所以边际替代率递减规律决定了无差异曲线的斜率的绝对值是递减的，即说明无差异曲线是凸向原点的。

四、无差异曲线的特例

无差异曲线的形状表明在维持效用水平不变的前提下一种商品对另一种商品的替代程度。由边际替代率递减规律决定的无差异曲线的形状是凸向原点的，这是无差异曲线的一般形状。无差异曲线还可能存在以下两种特殊情况：

（1）完全替代品的情况。完全替代品指两种商品之间的替代比例是固定不变的情况。因此，在完全替代的情况下，两商品之间的边际替代率是一个常数，相应的无差异曲线是一条斜率不变的直线。瓶装可乐与听装可乐或许可以视为这一情况的例子：对于不注重包装而只注重内容的消费者而言，2500mL瓶装可乐与355mL听装可乐之间的边际替代率约为7（2500/355）。完全替代品的无差异曲线如图3-5（a）所示。

（2）完全互补品的情况。完全互补品指两种商品必须按固定不变的比例同时被使用的情况。因此，在完全互补的情况下，相应的无差异曲线为直角形状。例如，一双鞋子的左脚鞋和右脚鞋就属于这种情况，因为单纯增加一只鞋子并没有意义。完全互补品的无差异曲线如图3-5（b）所示。

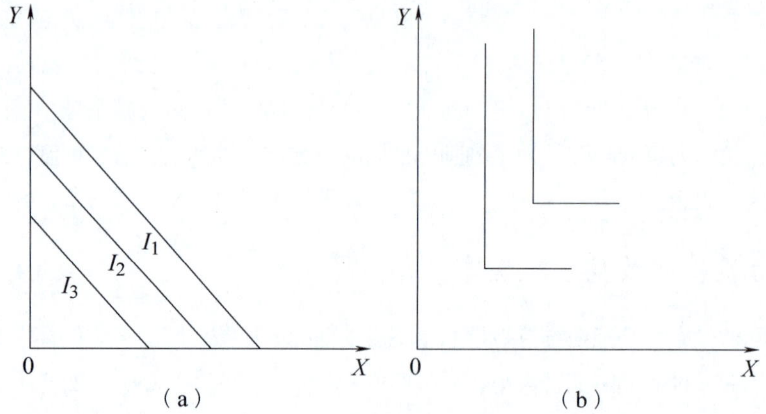

图 3-5 无差异曲线的特例

任务四 效用理论的应用

一、消费者行为与需求定理

某种物品的需求量取决于价格，并与价格反方向变动，这就是我们前面讲过的需求定理。但那时我们并没有解释决定需求定理的原因。现在学了消费者行为理论，我们就可以用这一理论来解释需求定理了。

消费者愿意支付的价格取决于他以这种价格所获得的物品能带来的效用的大小。这也就是说，消费者所愿意付出的货币表示了他用货币所购买的物品的效用。在研究消费者行为时，有一个很重要的假设，就是货币的边际效用是不变的。只有货币的边际效用是不变的，才能用货币的边际效用去衡量其他物品的效用。

消费者为购买一定量某物品所愿意付出的货币价格取决于他从这一定量物品中所获得的效用。效用大，愿意付出的价格高；效用小，愿意付出的价格低。随着消费者购买的某物品数量的增加，该物品给消费者所带来的边际效用是递减的，而货币的边际效用是不变的。这样，随着物品的增加，消费者所愿意付出的价格也在下降。因此，需求量与价格必然呈反方向变动。

二、消费者行为与企业决策

在市场经济中，企业要根据消费者的需求进行生产。消费者行为理论告诉我们，消费者购买物品是为了效用最大化，而且，物品的效用越大，消费者愿意支付的价格越高。

根据消费者行为理论，企业在决定生产什么时首先要考虑商品能给消费者带来多大效用。效用是一种心理感觉，取决于消费者的偏好。因此，企业要想把商品卖出去，而且能卖高价，就要分析消费者的心理，能满足消费者的偏好。消费者偏好需要企业能够合理运用传播策略、广告等手段引导消费时尚，培养并形成消费者的偏好。

企业在开发一种新产品时一定要知道是为谁服务的，这个服务对象的特定消费者偏好是什么。不同消费者的收入、教育及文化等不同，偏好也不相同。不可能全社会所有人都有共同偏好，也不能希望某一种产品能满足不同消费者的偏好。所以，企业在开发产品时要定位于某一群体消费者，根据特定群体的爱好来开发产品。这就是现代市场营销理论中所说的市场细分与市场定位。

消费者行为理论还告诉我们，一种产品的边际效用是递减的。如果一种产品仅仅是数量增加，它带给消费者的边际效用递减，则消费者愿意支付的价格降低。因此，企业要不断创新，产品要多样化，才不会引起边际效用递减。例如，把巧克力做成不同形状、加入不同的作料或者改变其包装方式，均能够成为不同的产品，不会引起边际效用的递减。

三、消费者的其他决策

1. 消费与储蓄决策

家庭在获得收入之后，要把收入分为消费和储蓄两部分。把多少收入用于消费，多少用于储蓄，取决于目标效用最大化。

如果家庭把收入用于现在购买物品以获得效用，则是现期消费。如果家庭把收入用于储蓄，以便将来再消费，这是未来消费，这种未来消费就是储蓄。未来消费是为了将来获得效用，所以消费与储蓄决策取决于消费者一生的效用最大化。

决定消费者储蓄决策的是利率。消费者面对消费1元钱还是储蓄1元钱的决策时，他要考虑的一个问题是，现在消费1元钱带来的效用与现在储蓄1元钱加上利息在未来所带来的效用孰大？若后者大，即会放弃消费，进行储蓄，因此，其最终取决于利率的大小。

2．投资决策

如果消费者把收入中用于消费之后剩下的钱存入银行，称为储蓄，如果用于购买股票或债券则称为投资。家庭的投资可以采取多种形式，包括购买股票与债券的金融资产投资，购买房地产、艺术品等的实物资产投资，以及用于教育等支出的人力资本投资。消费者决定以什么形式进行投资也是消费者的重要决策之一。

决定人们采取什么投资形式的是每种投资形式的未来收益率。在现实中，由于风险的不确定性，人们不会只投资于某一种形式，即不把所有的鸡蛋放在一个篮子里。这就是说要对风险与收益不同的资产进行组合，以使投资的预期未来收益率最大。

3．劳动供给决策

劳动供给决策就是决定把其中的多少时间用于劳动。一个人把多少时间用于工作，多少时间用于闲暇取决于工资，工资的变动通过替代效应和收入效应来影响劳动供给。替代效应指工资增加引起的工作对闲暇的替代。因此，随着工资的增加，替代效应使劳动供给增加。另一方面，随着工资增加，人们的收入增加，收入增加引起人们对闲暇的需求量。增加闲暇必定减少劳动时间，这就是工资增加引起的收入效应，收入效应使劳动供给随工资增加而减少。

工资增加引起的替代效应和收入效应对劳动供给起着相反的作用。如果替代效应大于收入效应，则随着工资增加，劳动供给增加。如果收入效应大于替代效应，则随着工资增加，劳动供给减少。工资作为劳动的价格决定了劳动供给决策。

4．犯罪行为

虽然经济分析并不特别关注对某些暴力和谋杀等恶性犯罪进行解释，但理性消费者行为理论经过扩展，确实为诸如抢劫、盗窃财产犯罪提供了有趣的视角。

守法的消费者和罪犯都在努力使他们的总效用最大化。例如，你既可以通过购买也可以通过偷窃，从校园的书店里拿走一本教科书。如果你是购买的这本书，那么你的行为是合法的，你已经为这一产品向书店作了充分的补偿。如果你是偷的这本书，那么你就违反了法律。偷窃之所以被宣布为非法，是因为它对其他人强制施加了未得到补偿的成本。这种情况下，你的行为减少了书店的收入和利润。

某些人为什么会从事像偷窃这样的犯罪行为呢？正如在商品的边际效用与价格之间进行比较的消费者一样，潜在的罪犯也在他们行动的边际收益与“价格”或者成本之间进行比较。如果比较收益（对罪犯来说）超过了价格或者比较成本（也是对于罪犯而言的），那么这个人会采取犯罪的行动。

然而，绝大多数人并不从事偷窃或者欺诈。为什么呢？答案在于他们认识到从事这些非法行动的个人价格相对于边际收益来说太高了。对于潜在罪犯，其价格或者边际成本包括很多方面。首先，存在着“内疚成本”，这对于许多人来说都是实质性的，这样的人即使在偷盗不会遭到惩罚的情况下也不愿意偷窃别人，相对于从偷窃商品中获得的收益而言，他们关于对与错的道德感会给他们施加太高的内疚成本。其他类型的成本包括犯罪行动的直接成本（补给品和工具），以及放弃合法行动的收入（犯罪的机会成本）。

然而，内疚成本、直接成本和放弃的收入还不足以阻止某些人从事偷窃。因此，社会对违法者施加了其他的成本，其中主要是罚款和监禁。被罚款的潜在可能性增加了罪犯的边际成本，被监禁的潜在可能性更是大大提高了边际成本。绝大多数人都对自己的人身自由估价很高，而且被关进监狱的时候会损失相当多的合法收入。

在给定这些类型成本的条件下，潜在的罪犯会估计从事犯罪的边际成本和收益。举一个简单的例子，假定偷窃一本80元的教科书的直接成本和机会成本是零。被抓住的概率是10%，而且一旦被抓住，将被罚款500元。潜在的罪犯将会估计偷窃这本书的边际成本为50元（即500元罚款×被抓住的概率10%）。内疚成本为零的那些人会选择偷窃这本书，因为其边际收益80元超过了边际成本50元。相反，那些内疚成本是40元的人就不会去偷这本书。因为边际收益80元比不上边际成本90元（即50元的惩罚成本+40元的内疚成本）。

这种解释非法行为的视角包含了一些有趣的含义，如在其他条件相同的情况下，当犯罪的价格下降的时候，犯罪现象将会增加。这解释了为什么某些在正常情况下不会去商店偷窃的人会在发生骚乱的时候参与对商店的抢劫，因为在这个时候可能被逮捕的边际成本显著下降了。因此，社会可以通过增加"犯罪的价格"来减少非法行为。

5．现金与非现金的礼物

为什么人们普遍偏好现金的礼物，而不是花费同样金额的非现金礼物？理由很简单，非现金的礼物可能并不符合接受者的偏好，因此它增加的总效用可能没有现金那么多。考虑到这些不同，接受者要比送礼者更清楚他们自己的偏好，而500元的现金礼物可以提供更多的选择。

生活中送非现金礼物的情形很普遍，但礼物其实并不完全符合接受者的偏好，所以这些礼物的相当一部分价值潜在地损失了。假如小明的妈妈花500元购买了一个学习机作为生日礼物送给小明，但小明也许只愿意花450元来买它，这样就产生了50元或者说10%的价值损失。

6．闲暇与时间的最优配置

我们必须合理做好自己的时间预算，正如对货币要进行预算一样。假定在完成所有的学业和工作之后，你一天有3个小时的自由时间，那么，你分配时间的最佳方法应该是什么呢？消费者选择一般的法则是：如果你花费在每一种活动上的最后一分钟的边际效用相等，你就能最佳地利用你的时间。

再举个例子，假设你想要在有限的时间内最大限度地提高你各门功课的成绩。你应该在每一门功课上花费相同的学习时间吗？当然不是。如果花费在英语上的最后一分钟产生的边际知识量要大于经济学，那么，把学习时间从经济学转移到英语上面，直到花费在每门功课上的最后一分钟所产生的知识增量相等为止，那么，你就会提高你的知识总量。

7．价值悖论

什么决定一种商品的市场价值？我们已经知道了这个答案，那就是供给和需求。马克思和李嘉图主要关注供给方面。在他们看来，价值取决于商品包含的必要劳动时间。"劳动价值论"本质上是"成本决定论"，即以供给为中心。而200多年前，亚当·斯密在《国富论》中提出了钻石与水的悖论：人生存需要水，没有什么比水更有价值了，但是我们很难用水购买或交换什么东西；反之，钻石虽无使用价值可言，可是它的市场价值为什么这么高呢？

直到19世纪70年代发生了边际效用革命我们才明白，商品的价值或价格是由边际效用而不是总效用决定的。水，非常必要，具有很高的总效用，即"使用价值"很大。但在世界上大部分地方，水都是容易得到的，巨额数量的水使其边际效用大大减少，因而可以在很低的价格上大量供给，因而降低了水——生命之源的价格。相反，钻石虽然具有很低的总效用，但具有很高的边际效用。如果我们发明某种技术可以大量生产钻石，那么钻石的市场价值会很快下降。因为人们可以拥有很多钻石，其边际效用会很快递减。

项目小结

消费者行为理论研究消费者在一定预算约束下，如何进行消费选择，实现效用最大化。

基数效用论用边际效用分析方法研究消费者如何实现效用最大化。边际效用是指消费者在一定时间内增加一单位商品的消费所得到的效用的增加量，在其他商品的消费数量保持不变的条件下，消费者从该商品连续增加的每一消费单位中所得到的边际效用呈现递减规律。消费者均衡条件是在收入既定的条件下，使所购买的各种商品的边际效用与价格之比相等，或使花费在各种商品购买上的每一元钱所带来的边际效用都相等，且等于货币的边际效用。在消费者均衡条件下，消费者实现了最大效用。

序数效用论用无差异曲线分析方法研究消费者如何实现效用最大化。消费者均衡条件是在既定的收入约束下，两种商品的边际替代率等于这两种商品的价格之比。在无差异曲线和预算线的切点上，消费者实现了最大效用。

消费者行为理论以消费者具有完全理性和完全自由为假设前提，但在现实生活中，消费者因受多种因素的影响，很难做到完全理性和自觉地追求满足程度的最大化。个人消费对社会是有影响的。为保护消费者利益，引导消费行为，需要有相应的消费政策。

习题与实训

一、名词解释

1. 偏好
2. 消费者剩余
3. 总效用
4. 边际替代率

二、选择题

1. 总效用达到最大时（　　）。

A. 边际效用为正　　B. 边际效用为负

C. 边际效用为零　　D. 边际效用为最大

2. 同一条无差异曲线上的不同点表示（　　）。

A. 效用水平相同，商品组合相同

B. 效用水平不同，商品组合不同

C. 效用水平不同，商品组合相同

D. 效用水平相同，商品组合不同

3. 消费者剩余是消费者的（　　）。

A. 价值剩余　　B. 商品剩余

C. 实际所得　　D. 主观感受

4. 当总效用增加时，边际效用应该（　　）。

A. 为正值，且不断增加　　B. 为正值，但不断减少

C. 为负值，且不断增加　　D. 为负值，且不断减少

5. 若某条无差异曲线是水平直线，这表明该消费者对（　　）的消费已达饱和（设横轴表示X，纵轴表示Y）。

A. 商品Y　　B. 商品X和商品Y

C. 商品X　　D. 商品X或商品Y

6. 基数效用与序数效用的主要差异在于两种商品的（　　）。

A. 边际替代率是否递增　　B. 边际替代率是否递减

C. 效用是否可加　　D. 边际替代率是否不变

7. 某消费者偏好X商品甚于Y商品，是因为（　　）。

A. 商品X的效用大　　B. 商品X价格低

C. 商品X稀缺　　D. 商品X是满足精神需要的

8. 序数效用论认为，效用的大小（　　）。

A. 取决于它的价值　　B. 取决于它的价格

C. 不可比较　　D. 可以比较

9. 无差异曲线为斜率不变的直线时，表示相结合的两种商品是（　　）。

A. 可以替代的　　B. 完全替代的

C. 互补的　　D. 互不相关的

10. 同一条无差异曲线上的不同点表示（　　）。

A. 不同的效用水平，但所消费的两种商品组合比例相同

B. 相同的效用水平，但所消费的两种商品组合比例不同

C. 不同的效用水平，两种商品的组合比例不同

D. 相同的效用水平，两种商品的组合比例相同

三、简答题

1. 简述边际效用递减规律。
2. 简析西方经济学中边际效用与价值的关系。
3. 简述标准无差异曲线的特征。

四、思考讨论题

有一对夫妻，花了3个月的时间才找到一只他们非常喜爱的古玩钟，他们商定只要售价不超过600美元就买下来。但是，当他们看到上面的标价时，丈夫犹豫了。“哎哟”，丈夫低声说：“上面的标价是800美元。你还记得吗？我们说好不超过600美元，我们还是回去吧。”妻子说：“不过我们可以试一试，让店主卖便宜点。毕竟我们已经寻找了这么久才找到的。”

夫妻俩私下商量了一会儿，由妻子出面，试着与店方讨价还价，尽管她认定600美元买到这只钟的希望非常小。妻子鼓起勇气，对钟表售货员说：“我看到你们有只小钟要卖。我看了上面的标价，而且标价上有一层土，这给小钟增添了几分古董的色彩。”停顿了一下，她接着说：“我告诉你我想干什么吧，我想给你的钟出个价。我肯定会使你震惊的，你准备好了吗？”她停下来看了一下售货员的反应，又接着说：“唉，我只能给你300美元。”钟表售货员听了这个价后，连眼睛也没眨一下就爽快地说：“好！给你，卖啦！”

你猜妻子的反应怎样？夫妻俩欣喜若狂了吗？不，事实的结果正好相反。

“我真是太傻了，这钟本来恐怕值不了几个钱……或者肯定是里面缺少了零件，要不为什么那么轻呢？再要么就是质量低劣……”妻子越想越懊恼。尽管后来夫妻俩还是把钟摆到了家中的客厅里，而且看上去效果很好，美极了，似乎走得也不错，但是她和丈夫总觉得不放心，而且他们一直有一种被欺骗的感觉。

思考讨论：

（1）用消费者效用理论解释出现这种现象的原因。

（2）如果钟表店的售货员坚持不降价或只稍微降价，你认为这对夫妻还有可能购买这只钟表吗？为什么？

（3）此时消费者剩余是多少？如果这对夫妻经过艰难的讨价还价后以550美元成交，消费者剩余是多少？

项目四

生产者行为理论

知识目标

1. 了解厂商、生产要素和生产函数
2. 理解总产量、平均产量和边际产量以及它们之间的关系
3. 掌握边际报酬递减规律
4. 掌握生产要素的合理投入区域
5. 掌握等产量线和等成本线的含义及特点
6. 掌握边际替代率及其递减规律
7. 理解规模报酬的含义及类型
8. 理解短期成本和长期成本的类型及成本曲线

能力目标

能够运用生产理论进行最优生产决策，能初步运用成本与收益理论进行盈亏分析和经营决策

案例导入

自动柜员机替代人工出纳

当技术进步诞生出一种高生产率的新资本品，其边际产量与价格之比大于其他投入要素（如某类劳动力）的边际产量与价格之比时，如果新资本品是劳动力的替代品而非互补品，企业将用新资本品替代该类劳动力。这是正在银行发生的事情，自动柜员机正在取代银行的人工出纳。

自动柜员机只有几十年的历史，却迅速普及全球。1975年，美国自动柜员机（ATM）的交易次数为1000万次，交易金额为10亿美元。自1995年起，美国自动柜员机（ATM）每年交易次数达100多亿次，交易金额在6500亿美元以上。自动柜员机的边际产量极高：每一台机器每天可以处理几千笔、每周数万笔交易，在几年中可以处理数千万笔交易。自动柜员机可以办理取款和存款，办理账户之间的资金转账。尽管对银行来说，购买和安装自动柜员机很贵，但自动柜员机每天能工作24小时，且每笔交易成本大大低于人工成本，不会怠工，不会辞职，自动柜员机方便了消费者的使

用。与人工出纳不同，自动柜员机可以放在银行里，还可以放在纽约繁华的街角、东京大学和沃尔玛超市。同一银行卡可在本地的自动柜员机上提取现金，也可以在巴黎的自动柜员机上提取欧元，在东京提取日元，在德国提取欧元。

边际产量更高、相对价格更低的自动柜员机减少了对人工出纳的需求。一些人工出纳因此失去了工作，但整个社会明显进步了，社会在得到更便捷银行服务的同时，还得到了被自动柜员机解脱出来的劳动要素所生产的更多的其他产品。

启发思考：

（1）试用经济学理论解释自动柜员机替代人工出纳的现象。

（2）自动柜员机的边际产量有哪些？

（3）自动柜员机会完全取代人工出纳吗？为什么？

在现代社会，消费者所消费的各种商品几乎都来自厂商的生产活动，如粮食由农民生产、衣服由服装厂生产、住房由房地产公司生产、出行服务由客运公司提供，等等。生产是厂商对各种生产要素加以组合制成成品的行为。生产理论以厂商追求利润最大化为前提，将厂商的生产活动抽象为生产函数，并在此基础上揭示生产活动的一般规律，研究实现生产要素最优组合的条件，是厂商生产决策的理论依据。

任务一　厂商概述

厂商也称生产者，是指能够做出统一生产决策的单个经济单位。作为市场主体，厂商既是产品市场的供给者，也是要素市场的需求者。在现实中，企业按照其法律组织形式通常有三种形式：独资企业、合伙企业和股份公司。无论厂商采取上述何种形式，都是以获取最大限度的利润作为经营决策的目标。下面分别论述三种企业形式。

一、独资企业

独资企业是指依照独资企业法在中国境内设立的，由一个自然人投资，财产为投资人个人所有，投资人以其个人财产对企业债务承担无限责任的经营实体。独资企业的基本特征体现在以下几个方面。

1．独资企业是由一个自然人投资的企业

独资企业要求投资主体必须为自然人，投资形式是独资即一个人的投资，非自然人的投资和两个人以上的投资，都不符合独资企业的基本属性。

2．独资企业的财产为投资人个人所有

个人独资形成的企业财产只应当为投资人个人所有，不应为其他人所有，这就确立了独资企业的基本财产关系，并决定了其经营成果也归属投资人个人。

3．独资企业的投资人以投资人个人财产对企业债务承担无限责任

独资企业为投资人个人所有，收益归其个人，企业风险也应由个人承担。投资人投资于独资企业的财产和其他个人财产是不可分离的，这都构成了清偿企业债务的基础，这种责任形式则成为独资企业的重要特征。

4．独资企业是一个人投资的经营实体

独资企业必须是一个实际存在的、从事生产经营的、能够实际享有权利和承担责任的主体，而不能是一个虚构的市场主体。

二、合伙企业

合伙企业，从法律上讲，就是依照合伙企业法设立的，由各合伙人订立合伙协议，共同出资、合伙经营、共享收益、共担风险，并对合伙企业债务承担无限连带责任的盈利性组织。合伙企业的基本特征体现在以下几个方面。

1．合伙企业是不具备法人资格的盈利性组织

合伙企业的非法人性，使得它与具有法人资格的市场主体相区别；合伙企业的盈利性，使得它与其他具有合伙形式但不以营利为目的的合伙组织相区别；合伙企业的组织性，使得它与一般民事合伙区别开来，从而成为市场经济活动的主体和多种法律关系的主体。

2．全体合伙人订立书面合伙协议

合伙企业是全体合伙人根据其共同意志而自愿组成的经济组织。该组织的设立、活动、变更、解散等一系列行为都必须符合一定的行为规则，而合伙协议就是合伙企业的行为规则。合伙协议必须是书面的。如果没有合伙协议，合伙企业就不能成立，其运作就无从谈起。

3．合伙人共同出资、合伙经营、共享收益、共担风险

合伙企业的资本由全体合伙人共同出资构成。共同出资的特点决定了合伙人原则上享有平等地参与执行合伙企业合伙事务的权利，各合伙人互为代理人。共同出资的特点也决定了对于合伙经营的收益和风险，由合伙人共享、共担。合伙企业作为人和企业，完全建立在合伙人相互信赖的基础上，因此各合伙人彼此间的权利义务并无不同，不存在特殊的合伙人。

4．全体合伙人对合伙企业的债务承担无限连带清偿责任

合伙企业的合伙人对合伙企业的债务承担无限连带清偿责任，即当合伙企业财产不足以清偿合伙企业债务时，各合伙人对于不足的部分承担连带清偿责任。这样的规定可以使合伙人不仅能够谨慎、勤勉地执行合伙企业的事务，而且能使合伙债权人的合法权益得到保障和实现。这一特征是合伙企业与其他企业最主要的区别。

三、股份公司

股份公司是现代市场经济中重要的企业形式。它是由投资者（股东）共同所有，并由职业经理人经营的企业。每个股东拥有的产权表现为拥有的股份的多少，而股份的多少决定了每个股东在公司中的责权利。在决定公司大事的股东大会上，实行一股一票制。股东也按股份分红。一般情况下，公司的股份是多元化的，但股份却相对集中，往往由大股东组成董事会来控制公司。大股东用手投票，小股东用脚投票，即相互间可以转卖股份。在现实经济生活中股份公司占绝大多数，对经济的发展起至关重要的作用。

1．优点

（1）公司是法人。股东可以更换，股份可以转手，但公司可以无限存在。

（2）公司实行有限责任，即每个股东仅以自己的股份担当责任，这样投资的风险就减少了。

（3）实行所有权与经营权分离，由职业经理人实行专业化、科学化管理，提高了公司的管理效率。

2．缺点

（1）由于公司只负有限责任，为防范机会主义倾向，公司的设立和歇业要通过复杂的法定程序，这一点尤其表现在公开上市的股份有限公司上。

（2）公司内部存在复杂的委托代理关系，尤其是在股权高度分散的股份公司，股东只为取得股利或从股票升值中获利，因为单个股东对监督公司提高绩效的付出与回报不对称，他是一个被动的关心者。

（3）所有与控制的分离，导致内部人控制现象的出现。随着公司规模的增大，大股东亲自担任高层经理的做法也越来越不能适应新的形势，于是越来越多的大公司将经营权委托给职业经理人。而经理阶层又不是股东，其效用目标往往与所有者的目标相冲突。并且在股东与经理的博弈中，经理拥有信息优势，企业往往被经理层控制，出现所谓的“内部人控制问题”。

四、企业行为

古典经济学对企业内部的权利和运作安排漠不关心。企业被看作一个人格化的主体，一个生产函数，一个追求利润最大化的“黑箱”。但这种边际主义在解释实现企业的行为时，却遇到了困难。大量调查和实证分析发现，现实中的公司制企业并不在边际产量等于边际成本处生产。或者说，需求的瞬息万变，使企业根本无法知晓边际收益、边际成本及其相交的产量在哪里。收益和成本曲线也许是不连续的呢？另外，企业也不总是根据需求来调整价格，而是通常采用成本加成定价，而且在不同的场合，企业会实行有针对性的差别定价。

20世纪50年代以来，面对上述问题，经济学家们分别提出了两种新的思路，即经理主义和行为主义。

在经理主义看来，利润最大化只是企业所有者的目标。在现代公司制企业中，职业经理阶层实际控制了企业，他并非企业的所有者，为什么要去追求利润最大化呢？经理也许不一定会尽心竭力地去赚每一分钱，省每一个铜板。他也许会利用上班时间处理私事，会要求宽敞的办公室、豪华的家具、大量的秘书、公司专车甚至专机。这些行为显然与利润最大化相背离。经理们往往喜欢扩大企业规模、扩大销售量，因为企业规模越大，其收入和社会知名度也越高。而一个合理的假说正是销售额而非利润最大化成为经理的职业目标。

而在行为主义看来，如果说企业有行为目标，那就是利润满意化。其精髓是，企业并不刻意也不可能追求某个指标的最大化，边际主义的利润最大化条件（边际收益=边际成本）只是在信息完备和确定性环境下的理论假设而已。

综上所述，似乎可以达成这样的折中性共识，那就是描述企业行为，利润最大化目标不可或缺，但又不是答案的全部。利润动机是支配企业行为最普遍、最持久、最强大的力量。事实上，无论经理主义还是行为主义，都没有完全离开这一目标。

案例

你的对手没什么可抄的

Conversioner公司和其他很多创业公司合作，给它们提供包括广告条、着陆页和注册登记等多种形式的包装服务。有一些公司卖的东西基本上差不多，但是Conversioner给一家公司所提供的原料，可能会将转化率整整提升一倍。而用在它们的竞争者身上却有可能一事无成。为什么呢？因为每家公司都是不一样的。Conversioner通过认真研究为所有公司制定策略。

事实上，90%的转化策略只不过是建议你参考你的竞争者使用一种固定模型，比如登录页，或者注册表格，但这很有可能是基于一个随机调查所给出的建议。不幸的是，这种建议有的时候非但帮不到转化率，却有可能伤害到它。例如，有家公司使用一个登录按钮，同时却没有注册表格。这样做了很长时间，只是因为该公司的竞争者是这样做的。而竞争者没有注册表格只有按钮的实际原因是遭遇到了技术问题。

很多公司在收集和分析数据上面都失败了，这样它们就不能检测它们战略的有效性。优化过程是一个没有捷径的学习过程，必须通过持续的、变着花样的测试来获得结果，这是判断策略对错的唯一方法。构建你的转化率策略，需要用你收集来的有意义的数据，测试一下如何对抗你的对手。测试转化率要从一个很小但很有效的地方开始监测流量来源，这样能够通过测试得出建设性的结论。不要停止测试，这样你就不会停止进步。

任务二　生产要素与生产函数

一、生产与生产要素

1. 生产与生产者

生产是指把各种经济资源（即生产要素）结合起来，使其转化成为社会所需要的产品和劳务的过程，即生产就是投入转化为产出的过程。它包括两个方面的投入产出内容：一方面是实物形态的投入产出，即生产要素的投入和相应产品、产量的产出；另一方面是价值形态的投入产出，即成本的投入和收益的产出。

2. 生产要素

任何生产过程都离不开生产要素。基本的生产要素有四种，分别是劳动（L）、资本（K）、土地（N）和企业家才能（E）。

劳动是指生产中劳动者为生产活动提供服务的能力，即人的脑力和体力的耗费。

资本可以表示为实物形态和货币形态。实物形态的资本又被称为投资品或资本品，如厂房、机器、动力燃料和原材料等。资本的货币形态通常称为货币资本。

经济学上所讲的土地是一个广义的概念，是指生产中所使用的各种自然资源，包括土地、水源和自然矿藏等，即地上及地下一切可用于生产的资源。

企业家才能通常指企业家组建和经营管理企业的才能。在四种生产要素中，企业家才能特别重要。正是企业家才能的作用，土地、劳动和资本要素才能得以有效配置，并最终生产出各种各样的产品和劳务。

二、生产函数

在生产过程中，人们发现不同的生产要素数量组合与其能生产出来的产量之间存在着一定的依存关系。生产函数就是指一定时期内，在技术水平不变的情况下，生产中所使用的各种要素的投入量与所能生产出来的最大产量之间的依存关系。

1. 生产函数公式

任何生产函数都是以一定时期的生产技术水平作为前提的，一旦技术水平发生变化，生产函数也会跟着发生变化，但生产函数本身并不涉及价格或成本问题。

假定投入劳动（L）、资本（K）、土地（N）和企业家才能（E）四种生产要素生产一种产品，则生产函数可表示为：

$$Q=f(L,\ K,\ N,\ E)$$

式中，产量Q是投入一定要素的组合所能生产出来的最大产量，它表示了投入要素的使用是有效率的。土地是固定不变的，企业家才能是难以估量的，因此，为了便于分析，我们通常假定在生产中只使用劳动和资本这两种投入来生产一种产品。那么，生产函数便简化为：

$$Q=f(L,\ K)$$

2. 柯布-道格拉斯生产函数

20世纪30年代初，美国计量经济学家和统计学家保罗·霍华德·道格拉斯（1892—1976）与数学家C. W. 柯布合作，根据历史统计资料研究了1899—1925年美国的资本和劳动这两种生产要素对产量的影响，得出了这一时期美国制造业的生产函数，这就是著名的柯布—道格拉斯生产函数：

$$Q=AL^{\alpha}K^{\beta}$$

式中，Q代表总产量；L代表劳动投入量；K表示资本投入量；A、α、β都是常数，其中$0<\alpha<1$，$0<\beta<1$，α为劳动产生弹性，β为资本产生弹性。

根据美国1899—1925年的统计资料，可将柯布—道格拉斯生产函数具体化为：

$$Q=1.01L^{0.75}K^{0.25}$$

说明，这一时期美国每增加一个百分点的劳动所引起的产量的增长为3倍于每增加一个百分点的资本所引起的产量的增长，或者说，在这一时期的产量增长中，劳动所做的贡献占3/4，资本所做的贡献仅占1/4。该结论与美国这一时期工资收入与资本收入之比（3∶1）大体相符。

根据α和β相加的和，可以判断规模报酬。当$\alpha+\beta>1$时，规模报酬递增；当$\alpha+\beta=1$时，规模报酬不变；当$\alpha+\beta<1$时，规模报酬递减。

任务三　短期生产函数

一、短期与长期

经济学中的短期，是指时间很短以至于生产者来不及调整全部生产要素的数量，至少有一种生产要素的数量是固定不变的时期。

长期是指时间很长，生产者可以根据自己的需要调整全部生产要素的数量，即所有投入的生产要素都是可以变动的时期。

短期和长期只是相对而言的，是以生产者是否能调整全部生产要素来划分的。不同行业的短期和长期的划分是不同的，不同产品生产中的短期和长期的划分界限也是不同的。如一个大型的钢铁厂改变生产规模可能需要1年时间，而一个理发店的生产规模改变可能仅需要1个月左右的时间。

微观经济学常以一种可变生产要素的生产函数来考察短期生产理论，以两种可变生产要素的生产函数来考察长期生产理论。

在分析生产要素与产量之间的关系时，首先从最简单的一种生产要素的投入开始，即分析其他要素不变的情况下一种生产要素的增加对产量的影响，例如，假定劳动与资本这两种生产要素中资本量不变，来研究劳动量的增加对产量的影响，以及劳动量投入多少最合理。这种在一定时期不能改变所有生产要素，只能改变部分要素的分析，就是短期分析。短期生产函数即：

$$Q=f(L)$$

这个函数表示产量Q随着劳动量L的变化而变化，产量和劳动量之间的关系还需要进一步分析。

二、总产量、平均产量和边际产量

1．总产量、平均产量和边际产量的定义

在短期内，假定厂房、设备、土地等生产要素的投入量是固定不变的，而劳动（L）的投入量是可以改变的。劳动投入量的变化引起产量的变化，因此，产量是关于劳动的函数。

总产量（total product，TP）是指厂商投入一定量的某种生产要素（劳动）所生产出来的全部产量，短期总产量函数为：

$$TP_L=f(L)$$

平均产量（average product，AP）是指平均每单位某种生产要素（劳动）所生产出来的产量，短期平均产量函数为：

$$AP_L=\frac{TP_L}{L}$$

边际产量（marginal product，MP）是指每增加一单位生产要素（劳动）的投入所引起的总产量的增加。设劳动增量ΔL，由此增加的总产量为ΔTP，则每增加一个单位劳动，总产量的增加量即劳动的边际产量为：

$$MP_L = \frac{\Delta TP_L}{\Delta Q}$$

2．总产量、平均产量和边际产量间的关系

无论总产量、平均产量还是边际产量，都是可变生产要素投入变化的函数。可变生产要素投入的变化，会引起总产量、平均产量和边际产量发生相应的变化。短期内，劳动量与劳动增量、总产量、平均产量和边际产量之间的关系如表4-1所示。

案例

转盘的生产

转盘是某电工机械厂制造大型连续卷管机的关键部件，用6台机床进行加工。

开始时，用3名工人加工，每人管理2台机床。由于工人们既要操作机床，又要进行必要的辅助工作（如卡零件、领取材料、借用工具、相互传递、打扫卫生等），机床的生产效率没有得到充分发挥，日产量12件，人均产量4件，边际产量4件。

当工人数增至6时，每人管理1台机床。每个工人在完成机床操作的同时，还要完成相应的辅助工作，日产量48件，人均产量8件，边际产量12件。

当工人增至7人时，有1个人专做辅助工作，其他6人能将大部分时间用在机床上，日产量70件，人均产量10件，边际产量22件。再增加1人后，由2人专做辅助工作，有6人全部在机床上，充分发挥设备效率，日产量增加到80件，人均产量10件，边际产量为10件。

当工人数增至9人时，日产量虽然增加到81件，但由于新增工人没多少活干，平均产量开始下降，边际产量大幅下降。此后，随着工人数进一步增加，工人间互相干扰增加，废品率也相应上升，当工人数增至10人时，总产量为81件，边际产量为0。

当工人数增至11人时，由于人浮于事，职责不清，废品率进一步增加，总产量下降为77件，平均产量继续下降，边际产量为负。当工人数增至12人时，总产量降至72件。

表4-1 某厂商转盘生产的劳动投入量与产品产量统计表

机床K（台）	工人L（人）	总产量TP_L	人均产量AP_L	边际产量MP_L
6	0	0	0	—
6	3	12	4	4
6	6	48	8	12
6	7	70	10	22
6	8	80	10	10
6	9	81	9	1
6	10	81	8.1	0
6	11	77	7	-4
6	12	72	6	-5

根据表4–1绘制出总产量、平均产量和边际产量曲线如图4–1所示。在图4–1中，横轴表示劳动量，纵轴表示总产量、平均产量和边际产量。曲线TP_L表示总产量曲线，AP_L表示平均产量曲线，MP_L表示边际产量曲线。从表4–1，图4–1可知，总产量、平均产量、边际产量之间存在如下关系：

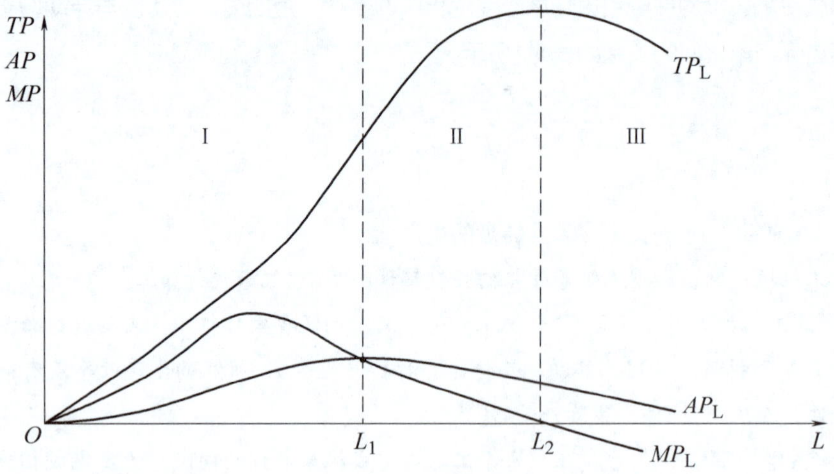

图 4–1　总产量、平均产量和边际产量曲线

（1）总产量、平均产量和边际产量在资本量不变的情况下，随着劳动量的增加，最初都是递增的，但是当劳动量增加到一定程度后，分别有不同程度的递减。

（2）当边际产量为正值时，总产量就增加；当边际产量为负值时，总产量就减少；当边际产量为零时，总产量达到最大。

（3）边际产量曲线与平均产量曲线相交于平均产量曲线的最高点。在相交前，平均产量是递增的，边际产量大于平均产量（$MP > AP$）；在相交后，平均产量是递减的，边际产量小于平均产量（$MP < AP$）；在相交时，平均产量达到最大，边际产量等于平均产量（$MP = AP$）。

（4）总产量以递增的比例增加时，边际产量和平均产量都上升；当总产量开始以递减的增长率增加时，边际产量达到最大并转而下降，平均产量继续增加；当总产量继续以递减的增长率增加时，边际产量继续下降，平均产量开始下降；当总产量上升到最大时，边际产量降至零；当总产量下降时，边际产量将为负值。

三、边际产量递减规律

边际产量递减规律，又称边际收益递减规律或边际报酬递减规律，是指在技术水平不变和其他生产要素投入量不变的情况下，连续增加一种可变生产要素的投入，最初这种生产要素的增加会使产品产量增加，但当这种要素投入量达到一定限度以后，增加该要素投入所带来的边际产量是递减的。

边际产量递减规律是人们从生产实践中总结出来的具有普遍意义的基本生产规律。如在农业生产中，在技术水平一定的条件下，当土地等其他生产要素不变时，增加施肥量（或浇水量，或作物密度，或劳动力等）即存在边际产量递减规律；在工业生产中劳动增加过多会降低生产效率；行政事业单位机构过多，人员过多时会造成人浮于事，降低办事效率等。理解这一规律时要注意以下几点：

（1）这一规律的前提条件是技术水平不变。技术水平不变是指生产中所使用的技术没有重大变革。一般而言，短期内无论是农业还是工业，一种技术水平一旦形成，总有一个相对稳定的保持时期，在这一时期内，技术水平即未发生变化。技术水平变化，这个规律就不存在。

（2）边际产量递减规律研究的是把不断增加的一种可变生产要素，追加到其他不变的生产要素中去时对产量或收益产生的影响。

（3）在其他生产要素不变时，一种生产要素增加所引起的产量或收益的变动，可以分为三个阶段。第Ⅰ阶段是产量递增，即这种可变生产要素的增加使产量或收益增加。这是因为在开始时不变的生产要素没有达到充分利用，这时增加可变生产要素能使不变的生产要素得到充分利用，从而产量递增。

第Ⅱ阶段是边际产量递减，即这种可变要素的增加仍可使总产量增加，但增加的比率即增加每一单位生产要素的边际产量是递减的。这是因为这一阶段不变生产要素已经接近充分利用，可变生产要素的增加已不像第一阶段那样能使产量迅速增加。

第Ⅲ阶段是边际产量减少，即这种可变生产要素的增加使总产量减少。这是因为这时不变生产要素已经得到充分利用，再增加可变生产要素只会降低生产效率，减少总产量。边际产量递减规律之所以存在，是因为在生产过程中可变生产要素和不变生产要素之间存在着一个最佳的配合比例，并且它们在生产中通过相互结合、相互协助发挥效能。

很多时候，边际产量递减规律都会影响到我们的生活。农民在田地里种地的时候，总是要将青苗保持一定的行距和间距。有些农民希望有更多的收成，就缩小行距和间距，搞密植，等收获的时候发现自家的收成与别人家的收成相比少很多。再如我国从20世纪50年代到80年代初，几十年里，一方面人口翻了一番还多，而另一方面可耕地的面积却因种种原因一直在减少，按照边际递减规律，在有限的土地上连续投入，得到的产出的增加将越来越小，这些都是由边际产量递减规律制约导致的。

案例

三季稻不如两季稻

在1958年，当时时髦的口号是“人有多大胆，地有多高产”。于是一些地方把传统的两季稻改为三季稻，结果总产量反而减少了。从经济学角度来看，这是因为违背了一个最基本的经济规律：边际产量递减规律。

两季稻是农民长期经验的总结，它行之有效，说明在传统农业技术下固定生产要素已经得到充分利用。改为三季稻之后，土地过度利用，引起肥力下降，设备、肥料、水利资源等由两次使用改为三次使用，每次使用的数量不足，这样，三季稻的总产量就低于两季稻了。对于此，群众总结的经验“三三见九，不如二五一十”形象地说明了这一道理。

四、短期生产的决策区间

生产的总产量曲线、平均产量曲线和边际产量曲线之间的关系，可以将短期生产划分为三个阶段，如图4-1所示。

在Ⅰ阶段，产量曲线的特征：劳动的平均产量始终是上升的，且达到最大值；劳动的边际产量达到最大值，然后开始下降，且劳动的边际产量始终大于劳动的平均产量；劳动的总产量始终是增加的。这说明在这一阶段不变生产要素资本的投入量相对过多，生产者增加可变要素劳动的投入量是有利的。任何理性的厂商都不会在这一阶段停止生产，而是会连续增加劳动要素的投入量，以增加总产量，并将生产扩大到第Ⅱ阶段。

在第Ⅲ阶段，产量曲线的特征：劳动的平均产量继续下降，劳动的边际产量将为负值，劳动的总产量也呈下降趋势。这说明在这一阶段可变生产要素的投入量相对于不变要素资本已经过多，此时生产者减少可变要素的劳动投入是有利的。即使在这个阶段可变要素劳动的供给是免费的，理性的厂商也不会增加劳动投入量，而是通过减少劳动投入量来增加产量，以摆脱劳动的边际产量为负值和总产量下降的局面，并退回到短期生产的第Ⅱ阶段。

综上所述，理性的厂商既不希望将生产停留在第Ⅰ阶段，也不希望将生产扩张到第Ⅲ阶段，他们总会选择将生产停留在第Ⅱ阶段。在生产的第Ⅱ阶段，厂商可以得到由第Ⅰ阶段增加可变要素劳动投入所带来的全部好处，又可以避免将可变要素劳动投入增加到第Ⅲ阶段而带来的不利影响。因此，第Ⅱ阶段是理性厂商进行短期生产的合理生产区间。在第Ⅱ阶段的起点处，劳动的平均产量曲线和劳动的边际产量曲线相交，即劳动的平均产量到达最高点。在第Ⅱ阶段的终点处，劳动的边际产量曲线与横轴相交，即劳动的边际产量为零。至于生产要素投入量在第Ⅱ阶段的哪一点为最佳，还要考虑成本、收益和利润等其他因素。

任务四　长期生产函数

长期生产函数是指在技术水平不变的条件下，当全部生产要素投入量可变时，多种可变生产要素的投入组合与所能生产产品的最大产量之间的依存关系。

在长期，所有生产要素的投入量都是可变的，为简化分析，通常以两种可变生产要素的生产函数来分析长期生产，假定厂商使用劳动（L）和资本（K）两种可变生产要素来生产一种产品，则两种可变生产要素的长期生产函数可以表达为$Q=f(L,K)$。

根据要素间的比例关系变化与否，长期生产函数可以分为可变投入比例长期生产函数和固定投入比例长期生产函数。可变投入比例长期生产函数常用于分析要素投入的最优组合；固定投入比例长期生产函数则多用于研究厂商的规模报酬与适度规模。

一、两种生产要素投入的最优组合

在长期，劳动和资本都是可变的，并且两者之间是可以相互替代的。因此对厂商而言，面临着生产同一种产品产量可以选择不同的劳动和资本投入组合，如可以选择多投入劳动、少投入资本的组合，或选择少投入劳动、多投入资本的组合等。生产要素的最佳组合，是研究厂商如何把有限的生产资源即既定成本分配于各种生产要素的购买上以获得最大产量或在产量既定的情况下如何实现成本最小。消费者均衡采用边际效用分析法和无差异曲线分析法，与此类似，两种可变要素的最优组合采用边际产量分析法和等产量曲线分析法，鉴于两种方法所得结论一致，在此着重介绍等产量曲线分析法。

（一）等产量曲线

等产量曲线是指在技术水平不变的条件下，生产同一产品产量的两种生产要素投入量的所有不同数量组合的轨迹。

表4-2列出了某厂商在技术水平不变的条件下，分别用劳动L和资本K两种生产要素的四种组合方式a、b、c、d都能生产出某种产品100个单位。在平面坐标系中画出各组合点，连接各点，即得到对应的等产量曲线Q_1，如图4-2所示。

表 4-2　生产同等产量的要素组合

要素组合	劳动（L）	资本（K）	产量（Q_1）
a	1	6	100
b	2	3	100
c	3	2	100
d	6	1	100

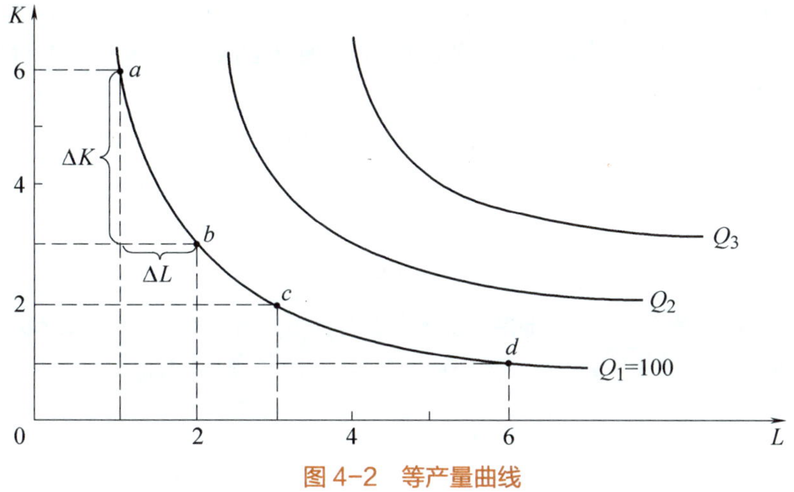

图 4-2　等产量曲线

1. 等产量曲线的特征

与无差异曲线类似，等产量曲线具有以下四个方面的特征：

（1）在同一条等产量曲线上，各点所代表的要素投入量组合不同，但对厂商来说产量都是相同的。在保持产量不变的条件下，一种生产要素的增加必然导致另一种生产要素的减少。如果两种生产要素同时增加，在资源既定时就无法实现；如果两种生产要素同时减少，就不能保持相等的产量水平。

（2）在同一坐标平面中，可以有无数的等产量曲线。同一条等产量曲线代表相同的产量，不同的等产量曲线代表不同的产量。离原点越远的等产量曲线代表的产量越大；离原点越近的等产量曲线代表的产量越小。在图4-2中，以Q_1、Q_2、Q_3分别代表三条不同的等产量曲线，其产量由小至大排列依次是$Q_1 < Q_2 < Q_3$。

（3）在同一平面图中，任何两条等产量曲线都不会相交。

（4）在一般情况下，等产量曲线是一条向右下倾斜且凸向原点的曲线。这一特征是由生产要素的边际技术替代率递减规律决定的。边际技术替代率是等产量曲线的斜率，等产量曲线的左上部分斜率较大而陡峭，其右下部分斜率较小而平坦，两部分结合在一起，曲线即凸向原点。

2．边际技术替代率及其递减规律

边际技术替代率（marginal rate of technical substitution，*MRTS*）是在维持相同的产量水平时，增加一单位某种生产要素投入量所减少的另一种要素的投入量。以ΔL代表劳动的增加量，ΔK代表资本的减少量，$MRTS_{LK}$代表劳动对资本的边际技术替代率，则有：

$$MRSK_{LK} = -\frac{\Delta K}{\Delta L}$$

式中，加一负号是为了使$MRTS_{LK}$的值在一般情况下为正，以便于比较。

当劳动L的变动量趋于零时，劳动L对资本K的边际技术替代率可表达为：

$$MRTS_{LK} = \lim_{\Delta L \to 0}\left(-\frac{\Delta K}{\Delta L}\right) = -\frac{\mathrm{d}K}{\mathrm{d}L}$$

可见，等产量曲线上某一点的边际技术替代率就是等产量曲线在该点斜率的绝对值。

对于任意一条等产量曲线而言，如图4-2所示，当用劳动投入替代资本投入时，在维持产量水平不变的条件下，由增加劳动投入量所带来的总产量的增加量与由减少资本投入量所带来的总产量的减少量必定相等，即有：

$$|\Delta L \cdot MP_L| = |\Delta K \cdot MP_K|$$

由此得出：

$$MRTS_{LK} = -\frac{\mathrm{d}K}{\mathrm{d}L} = \frac{MP_L}{MP_K}$$

边际技术替代率呈递减规律。在维持产量不变的前提下，当一种生产要素的投入量不断增加时，每一单位的这种生产要素所能替代的另一种生产要素的数量是递减的。

（二）等成本线

等成本线是指在成本和生产要素价格既定的条件下，生产者可以购买到的两种生产要素的各种最大可能数量组合的轨迹。在同一条等成本线的各点上，两种生产要素的数量组合不同，但总成本相等。

生产函数的经济区域说明，生产者不能随心所欲地选择生产要素的投入组合，必须考虑技术上的合理性、经济性，防止技术上的无效率或低效率。除此之外，生产者还面临经济上的约束，要考虑预算约束，而不能随意选择位置高的等产量曲线。

由于要素的价格不相同，而同等的成本支出可以形成不同比例的生产要素组合。因此，生产者所承受的成本水平就是要素的价格和要素的投入量的乘积之和。假定只有资本和劳动两种生产要素，则生产者的成本约束可以表示为：

$$C = wL + rK$$

式中，C为货币成本；w为劳动力的价格；L为劳动力的购买量；r为资本的价格；K为资本的购买量。如果成本和要素价格水平既定，则所投入的生产要素资本和劳动之间具有替代关系，且这种替代关系必须保持在同等的成本水平限制之内，即要符合生产者的预算约束。等成本曲线就是用来描述这种关系的。

由成本方程可得：

$$K=-\frac{w}{r}L+\frac{C}{r}$$

成本曲线如图4-3所示。在图4-3中，等成本曲线以内区域的任一点，如F点，表示既定的全部成本都用来购买该点的劳动和资本的组合以后还有剩余。等成本曲线以外的任何一点，如D点，表示用既定的全部成本购买该点的劳动和资本的组合是不够的。只有等成本曲线上的任何一点，才表示用既定的全部成本能刚好购买到的劳动和资本的组合。

在成本固定和要素价格已知的条件下，连接资本和劳动两种要素组合在横轴和纵轴上的对应点，就可以得到一条成本线。当成本和要素价格发生变动时，会使等成本曲线发生变化。如图4-4所示，当要素价格增加时，等成本曲线AB向右下平移到A_2B_2；当成本增加时，等成本曲线AB向上平移到A_1B_1。

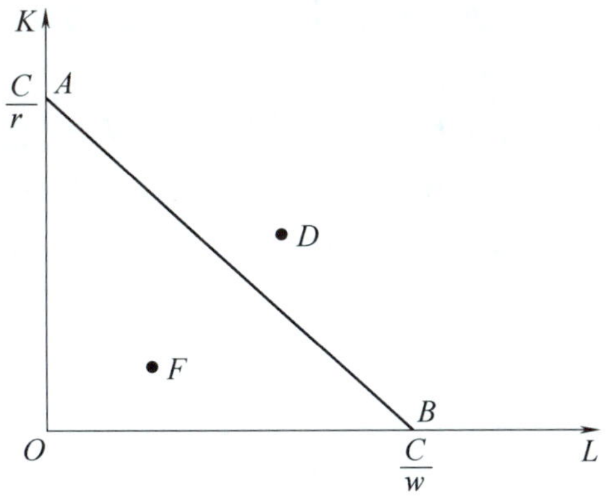

图 4-3　等成本曲线

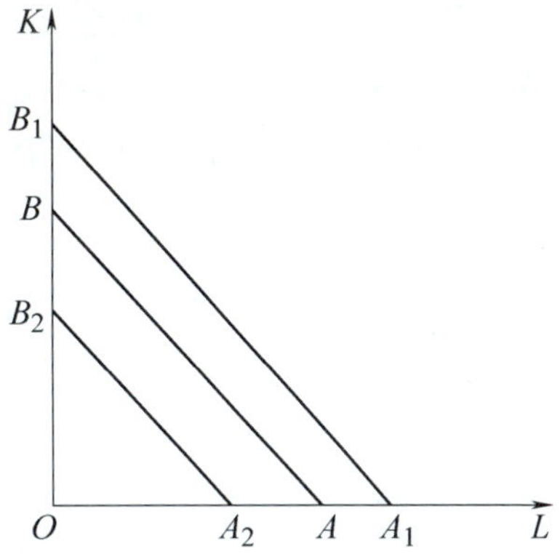

图 4-4　等成本曲线移动

（三）生产者均衡

厂商为了实现既定成本下的产量最大化，就应该选择最佳的要素投入量，考虑使用各种生产要素所能获得的边际产量与所付出的价格这两个要素。生产要素最适合即实现生产均衡：在成本与生产要素既定的条件下，厂商应该选择最佳的要素投入量，使所使用的各种生产要素的边际产量与要素价格的比例相等，也就是使每一单位货币成本所带来的生产要素的边际产量相等，实现既定成本下的产量最大化。如图4-5与图4-6所示，在均衡点E上，厂商实现了生产要素的最优组合，两种要素的最优数量组合为（L_e，K_e）。

图4-5表示既定产量下成本最小的生产要素组合，由于产量既定，所以只有一条等产量曲线Q；等成本线有多条，A_1B_1所代表的成本水平最低，但无法实现既定产量Q，A_2B_2与A_3B_3所代表的成本水平都可以实现既定产量Q，但A_3B_3所代表的成本水平高于A_2B_2，只有在等产量曲线Q与等成本线

A_2B_2相切的E点，才能以最小成本实现既定产量。

图4-6表示既定成本下产量最大的生产要素组合，由于成本既定，所以只有一条等成本线AB；等产量线有多条，Q_3所代表的产量水平最高，但既定成本下无法实现，Q_1与Q_2所代表的产量水平在既定成本下都能实现，但Q_1所代表的产量水平低于Q_2，只有在等产量曲线Q_2与等成本线AB相切的E点，才能以既定成本实现最大产量。

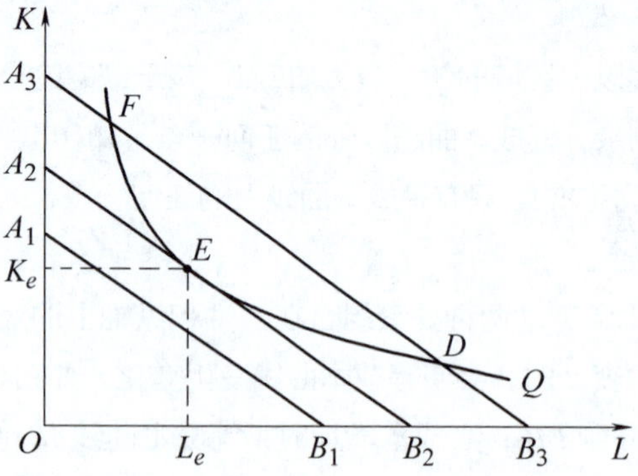

图 4-5 既定产量下成本最小的要素组合

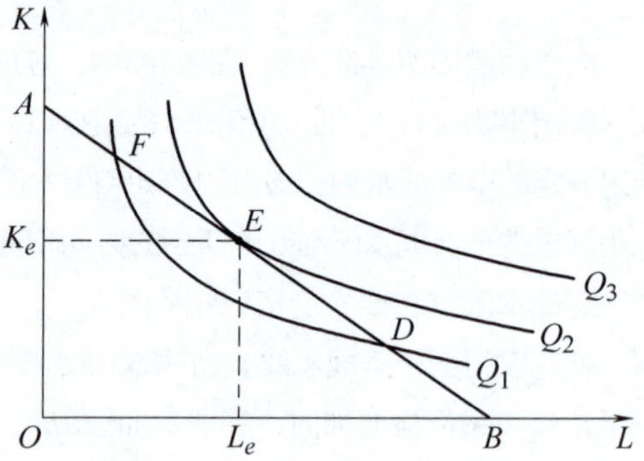

图 4-6 既定成本下产量最大的要素组合

结论：厂商实现生产要素最优组合的原则是两种要素的边际技术替代率等于这两种要素的价格之比，或者单位成本支出无论用于购买哪种生产要素所获得的边际产量相等。

本项目开篇案例中，银行之所以使用自动柜员机，是因为自动柜员机的边际产量与价格之比大于人工出纳的边际产量与价格之比。自动柜员机不会完全取代人工出纳，当自动柜员机的边际产量与价格之比小于人工出纳的边际产量与价格之比时，银行会减少使用自动柜员机而增加人工出纳，直到两者的边际产量与价格之比相等。

案例

邮政业引入自动分拣机

前些年我国邮政业引入自动分拣机，代替工人分拣信件，实行信件分拣自动化。

假设邮局作为一个企业引入自动分拣机的目的是实现利润最大化。假设某邮局引进一台自动分拣机，只需要一人管理，每日可处理10万封信件；如果用人工分拣，则处理10万封信件需要50个工人。处理10万封信，无论用什么方法，收益是相同的，但成本不同。假设一台分拣机购买价格为400万元，使用寿命10年，每年折旧费为40万元；假定贷款利率为10%，每年利息为40万元；再假设每年维修费、用电、人工费为5万元，这样，使用分拣机的全年成本为85万元。假设每个工人每年工资为1.5万元，50个工人工资为75万元，其他支出为5万元，这样，使用人工分拣全年为80万元。

使用哪种方法分拣信件取决于生产要素的价格。在发达国家，资本设备便宜而劳动工资高，使用资本密集型生产方法是合适的；在发展中国家，资本设备贵而劳动工资低，如果使用机器和人工达到同样的产品和劳务质量，还是使用劳动密集型生产方法更为合适，不能盲目引进最先进的技术，追求机械化、自动化。

启发思考：

（1）该邮局引入自动分拣机合适吗？

（2）邮政企业在什么情况下，可推广使用自动分拣机？

（3）我国邮政业适合采用何种生产方法？

（四）生产扩展线

在生产技术和生产要素价格既定的条件下，厂商改变总投入会引起等成本线的平移，厂商改变总产量会引起等产量线的平移，从而引起两者的切点即生产者均衡点的变动，由此而形成的生产者均衡点的运动轨迹就是生产扩展线，如图4-7中的*ON*曲线所示。

生产扩展线上的各点表示相应情况下的最优组合，生产扩展线表示厂商在长期扩张或收缩生产规模时必须遵循的路径。

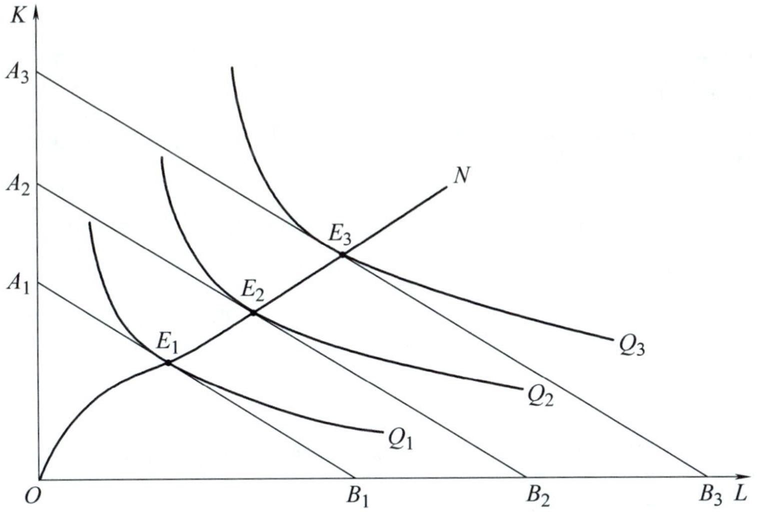

图 4-7　生产扩展线

二、规模经济

（一）规模经济的含义

规模经济是指在技术水平不变的情况下，当两种生产要素按比例同时增加，即生产规模扩大时，最初这种生产规模的扩大会使产量的增加幅度大于生产规模扩大的幅度，但当规模超过一定限度后，产量的增加幅度便会小于生产规模的扩大幅度，甚至出现产量绝对减少的情况，出现规模不经济。

两种生产要素增加引起的产量或报酬变动的情况，可以分为规模报酬递增、规模报酬不变、规模报酬递减三种情况。

第一种情况为规模报酬递增，即产量增加的比例大于生产规模扩大的比例。

第二种情况为规模报酬不变，即产量增加的比例与生产规模扩大的比例相同。

第三种情况为规模报酬递减，即产量增加的比例小于生产规模扩大的幅度，甚至使产量绝对减少。

对规模经济的理解，要注意以下几点：

（1）规模经济规律产生的前提也是技术水平不变，即不改变原有的技术系数，在生产中所使用的资本和劳动两种生产要素在量上同比例增加。例如，农业中土地数量和劳动量的同时增加，或若干小农单位合并为大农场；工业中机器设备、厂房和劳动量同时增加，或若干小厂合并为大厂。这些均属于这种情况。

（2）规模经济与边际产量递减规律是有区别的。这种区别在于，边际产量递减规律考察的是在一定的生产要素组合条件下，其他生产要素的投入不变而某一种生产要素连续增加投入时收益的变动情况；而规模经济规律考察的是在所有生产要素连续同时增加或减少其投入量时收益的变动情况。

（3）两种生产要素同比例连续投入所引起的产量或收益的情况分为三个阶段：第1阶段为规模报酬递增阶段，即在这一阶段产量增加的幅度大于生产规模扩大的幅度；第2阶段为规模报酬不变阶段，即在这一阶段产量增加的幅度等于生产规模扩大的幅度；第3阶段为规模报酬递减阶段，即在这一阶段产量增加的幅度小于生产规模扩大的幅度，甚至产量绝对减少。

（二）规模经济变化的原因

1．内在经济与内在不经济

内在经济是指一个厂商在生产规模扩大时由自身内部因素所引起的产量与收益的增加。内在经济相关的要素如下：

（1）技术经济。生产规模扩大，厂商可以购置和使用更加先进的机器设备；可以提高专业化程度，提高生产效率；还有利于实现资源的综合开发和利用，使生产要素效率得到充分发挥。

（2）管理经济。随着生产规模扩大，它使用的劳动力和机器设备的数量必然增加，这可以促进企业范围内劳动的进一步分工和各种投入品用途的专门化，从而使规模报酬上升。

（3）商业经济。由于技术原因，厂商的产品可以以较低的价格出售，也可以以优惠的价格购买大宗原材料，大厂商还可以利用广告等手段提高品牌的知名度以吸引更多顾客并建立起对厂商品牌的忠诚，从而增加厂商其他产品的销售。

（4）财务经济。厂商越大，财务利益就越大。较大的厂商可以轻易地从银行和有关机构以优惠的利率获得贷款。它还能以比小厂商更低的费用发行股票和债券来筹集资金，并获得投资者的信任。

（5）风险分担经济。所有厂商都可能在某一时候遇到风险，但很显然较大的厂商在这方面有明显的优越性。当市场需求变化时，大厂商有能力支付研究和发展的费用，通过新产品研发和生产占领新的市场，小厂商则经常会被不断变化的市场毁灭。

大规模生产所带来的好处是显而易见的，经济学上通常把这种好处叫作“大规模生产的经济”，但是生产规模并不是越大越好，如果一个厂商由于生产规模过大而引起产量或收益减少，就是内在不经济。内在不经济的主要原因有以下两方面：

（1）管理效率的降低。一个厂商生产规模过大时，其管理机构常常也过于庞大，从而管理和决策缺乏灵活性，对市场需求的变化难以很快做出反应。管理机构的庞大，也会造成各个管理环节的漏洞，这些都会降低生产效率，使产量和收益绝对减少。

（2）各种费用的增加。生产要素的供给并不是无限的，生产规模过大必然会大幅度增加生产要素的需求，而使生产要素价格上升。同时，生产规模过大，产品大量增加，也增加了销售的困难，需要增设更多的销售机构和人员，增加了销售费用。由此可见，生产规模也并不是越大越好。

2. 外在经济与外在不经济

外在经济是指整个行业生产规模扩大和产量增加后给个别企业带来的产量与收益的增加。造成外在经济的主要原因有：行业规模的扩大可以设立专业技术学校，培养熟练劳动力和工程技术人员，提高整个行业的劳动力素质；行业规模的扩大可以建立共同的服务组织，如市场推销机构、科研机构等，从而提高整个行业的经济效益；行业规模的扩大可以建立便利的交通运输和通信网络，个别厂商可以从整个行业的扩大得到更多的信息和更好的人才；行业规模的扩大，也使行业内部分工更加精细，从而使产量和收益增加。

外在不经济是指整个行业生产规模扩大和产量增加后给个别企业带来的产量与收益的减少。造成外在不经济的原因：随着整个行业规模的扩大和产量的增加，劳动力、原料、燃料、土地和运输的供给变得紧张起来，各个厂商为争夺生产要素和产品销售市场，必须付出更高的代价。此外，行业规模的扩大还可能引起严重的环境污染，或者是产品的销售变得困难，从而使个别企业成本增加，使产量与收益减少。

案例

好莱坞影视的外部规模经济

美国制作的影片和电视节目在世界各地上映，海外市场已经成为好莱坞收入的主要来源之一，尤其是动作片，在海外的收入经常高于美国本土。法国和意大利的市场规模比美国小很多，制片中不可能达到大部分美国影片的预算要求，因而来自这些国家的影片主要是戏剧和喜剧，而且常常无法负担配音和字幕的费用。与之相比，美国影片却能凭借其恢宏的制作和壮观的特技效果超越语言的阻碍。这就导致法国、意大利影片与美国影片无法竞争。

美国在影视业中的霸主地位的形成还有另外一个原因，即娱乐公司在好莱坞大量集中。当规模经济在于行业内而不是某一厂商内部时，就被称作外部经济。美国娱乐业的霸主地位主要依靠的是外部规模经济。

其一，大量厂商集中在一起，提供了一个足够大的市场，使各种各样的专业化供应商得以生存。美国拥有一个庞大的娱乐市场，娱乐公司在好莱坞大量集中，这使得制片商可以专门集中精力做自己擅长的事情而把其他方面的业务外包给别人去做，促进了专业化队伍的形成。

其二，厂商的集中能为拥有高度专业化技术的工人创造一个完善的劳动力市场。美国好莱坞有大量的娱乐公司，各种专业化人才集中于此。当市场上对娱乐产品的需求增加时，公司可以很容易地雇用到所需要的专门人才，从而能够增加公司利用商业机会的可能性。

（三）适度规模

适度规模就是使资本和劳动两种生产要素的增加即生产规模的扩大正好使收益递增达到最大，当收益递增达到最大时就不再同比例增加生产要素，并使这一生产规模维持下去。对于不同行业的厂商来说，适度规模大小不同，并没有一个统一的标准。在适度规模时，应该考虑的因素主要有以下几点：

（1）本行业的技术特点。一般来说，生产需要的投资量大，所用设备复杂先进的行业，适度规模也就越大，如汽车、石油等行业；相反，需要的投资小，所用设备比较简单的行业，适度规模也小。

（2）市场条件。一般来说，生产市场需求量大且标准化程度高的产品的厂商，适度规模应该比较大；相反，生产市场需求量小且标准化程度低的产品的厂商，适度规模较小。

（3）自然资源、交通运输条件、政府政策等也会影响适度规模的大小。自然资源丰富的产品厂商，政府支持的行业，其适度规模相对较大；相反，自然资源贫乏的产品厂商，政府政策限制发展的行业，其适度规模相对较小。

任务五　成本和收益理论

一、成本的概念

成本是指厂商在生产中所使用的各种生产要素的货币支出，即每种生产要素的价格与投入要素的数量的乘积。成本函数描述的是产品数量与成本之间的函数关系，其公式为：

$$C=f(Q)$$

1. 机会成本与会计成本

经济学中的成本概念与会计中的成本概念是不同的。企业生产与经营中的各种实际支出称为会计成本。会计成本是作为成本项目计入会计账的费用，它通常是会计师根据各种生产要素的市场价格和生产经营中所付费用，连同厂房设备的折旧费等一起系统记录在账面上的。

机会成本是指生产者利用一定资源获得某种收入时所放弃的该资源在其他用途上所能获得的最大收入。机会成本是与资源的稀缺性紧密相连的，在资源稀缺的前提下，当企业用一定的经济资源生产一定数量的一种或几种产品时，这些经济资源就不能同时被用在其他生活用途上了。

会计师重视会计成本，经济学家重视机会成本。

生产一单位的某种商品的机会成本，是指生产者所放弃使用相同的生产要素在其他生产用途上所能得到的最高收入。使用一种资源的机会成本，是指把该资源投入某一特定用途以后所放弃的在其他用途中所能获得的最大利益。

案例

上大学的机会成本

一种东西的机会成本是为了得到这种东西所放弃的其他东西。你可曾问过自己：读大学的成本是什么？回答这个问题时，你可能会把上大学期间的学费、书费、生活费加总起来，认为这就是自己上大学的成本。但你可能还不明白，这种总和并不是一个大学生所付出的全部代价。

读大学的学费、书费和生活费只是上大学的会计成本，而计算上大学的成本还需要考虑机会成本。从这个意义上讲，生活费并不是上大学的真正成本，因为你即使不上学也要有睡觉的地方，也要吃饭。只有在大学的住宿和伙食比其他地方贵时，贵的部分才是上大学的成本。上大学最大的成本是时间。当你把数年的时间用于听课、读书和写文章时，就不能同时把这段时间用于工作了。

对于大多数学生来说，为上学所放弃的就业工资是他们接受高等教育最大的机会成本。因此，计算上大学的代价时，应当对因上大学而付出的一切显性成本和隐性成本进行加总。上大学的收益是使知识丰富，拥有更好的工作机会，以及获得因较高的收入、学历而带来的荣誉、地位等。每个人上大学的成本相差不大，但收益相差很大。

思考：从机会成本角度考虑，你上大学值得吗？姚明19岁去上大学值得吗？为什么？

2．显性成本与隐性成本

企业的生产成本可以分为显性成本和隐性成本两个部分。

显性成本是指厂商在市场上购买或租用他人所拥有的生产要素的实际支出。显性成本就是通常所说的会计成本，它是厂商在会计账目上作为成本项目计入账中的各项支出费用，包括厂商支付给所雇用的管理人员和工人的工资，所借贷的资金的利息，租借土地、厂房的租金，以及用于购买原材料或机器设备、工具和支付交通、能源费用等支出的总额。

隐性成本是指厂商本身所拥有的且被用于该企业生产过程的那些生产要素的总价格。隐性成本通常包括三部分：经营者自身管理才能的报酬工资、自有资金的利息和厂商自有的地租。西方经济学认为，既然借用了他人的资本需付利息，租用了他人的土地需付地租，聘用他人管理企业需付薪金，那么同样的道理，厂商自身管理企业也应该得到工资，自有资金也应该有利息，自有厂房也应该有地租。这些费用通常不能通过会计成本反映出来，因此被称为隐性成本。隐性成本必须从机会成本的角度按照企业自有生产要素在其他用途中所能得到的最高收入来支付，否则厂商会把自有生产要素转移出本企业，以获得更高的报酬。

案例

假定某店主每年花费20000元的资金租赁商店设备。年终，该店主从销售中所获毛利为30000元。该店主赚了多少钱？从显性成本的角度来看，该店主赚了10000元，因为厂商的显性成本是20000元。但从隐性成本的角度来看，该店主可能一点儿也没赚。企业的隐性成本计算比较复杂。假定市场利率为10%，该店主从事其他职业所能获得的收入是20000元，则该店主的隐性成本是24000元（20000+40000×10%）。店主的机会成本是44000元。从机会成本的角度来看，该店主不仅没有赚钱，反倒赔了钱。我们可以说，该店主获得的会计利润是10000元，但获得的经济利润是−14000元（30000−44000）。会计利润以会计成本为基础进行计算，经济利润以机会成本为计算基础。

3．沉没成本与可回收成本

沉没成本是指已经发生且没有办法收回的成本。例如，某电影在上映之前，花了1亿元用于广告宣传，上映后，反响平平，去电影院观看的人数不多，票房很低，那么该制片商用来做广告宣传的1亿元就是沉没成本。沉没成本提供了与现在决策相关的信息，但是与具体成本本身无关。当无法改变过去的决策时，已经花去的钱就已经没有了，所以沉没成本也称作历史成本，是指依决策方案的有无而发生变化的成本。

而在已经发生的会计成本中，有的如办公楼、汽车和计算机等，可以通过出售或出租的方式在很大程度上加以回收，因此称其为可回收成本。

4．私人成本与社会成本

私人成本是从生产者个体角度所考虑的成本。私人成本既包括生产者为生产一定量的产品所花费的货币支出即会计成本，也包括生产者自身所拥有的投入生产中的要素成本即隐性成本。

社会成本是从全社会的角度来考虑的成本，它不仅包括生产者为生产经营活动所必须投入的成本，而且包括整个社会为此付出的代价。

社会成本和私人成本都与外部性密切相关。典型的社会成本是对环境污染的治理费用。私人成本通常是按照企业所使用的资源的市场价格来计算的。如果资源的市场价格能够准确地反映资源的最好替换用途所体现出来的对社会的价值，那私人成本与社会成本就是一致的，但实际上两者并不一致。

案例

一家造纸厂可能会向附近的河流排放废水。对于工厂来说，排放废水的成本仅仅是把废水从工厂输送到河流里所发生的费用。然而，河流被污染后，它使人们生活、娱乐的用途都被破坏了，河水也不再适宜于饮用。这样，对其他人、对社会，就发生了额外的成本，此时的私人成本与社会成本就不一致。

二、短期成本分析

（一）短期成本的分类

1．短期总成本

短期总成本是指短期内生产一定量产品所需要的成本总和。在短期内，有些生产要素可以调整，而有些生产要素不可以调整，因此，短期总成本又分为固定成本和可变成本两类。

固定成本是指短期内在一定量范围内不随产量变动而变动的成本，也就是说，厂商即使暂时关闭其工厂，什么也不生产，也会承担费用，这个费用包括厂房设备投资的利息、折旧费、维修费、各种保险费、一些税金，以及即使在暂时停产期间也要继续雇用的人员的工资和薪金。固定成本是一个常数。

可变成本指短期内随着产量变动而变动的成本。可变成本包括工人的工资，厂商为购进原料以及其他物品而发生的支出，以及电力费、营业税和短期借款的利息等。它随产量的增加而增加，当产量为零时可变成本为零。

如果用STC代表短期总成本，TFC代表固定成本，TVC代表可变成本，则有：

$$STC = TVC + TFC$$

2．短期平均成本

短期平均成本指短期内平均每一单位产品所消耗的全部成本，它由平均固定成本和平均可变成本构成。

平均固定成本指短期内平均每一单位产品所消耗的固定成本，用公式表示为：

$$AFC = \frac{TFC}{Q}$$

平均可变成本指短期内平均每一单位产品所消耗的可变成本，用公式表示为：

$$AVC = \frac{TVC}{Q}$$

如果用SAC代表短期平均成本，则有：

$$SAC = \frac{STC}{Q}$$

$$SAC = \frac{TFC}{Q} + \frac{TVC}{Q} = AFC + AVC$$

3．短期边际成本

短期边际成本指短期内厂商增加一单位产量所增加的总成本量。如果用MC代表边际成本，以ΔQ代表增加的产量，则有：

$$MC = \frac{\Delta TC}{\Delta Q} = \frac{\Delta TVC}{\Delta Q}$$

$$MC = \lim_{\Delta Q \to 0} \frac{\Delta TVC}{\Delta Q} = \frac{dTC}{dQ} = \frac{dTVC}{dQ}$$

（二）短期成本和短期成本曲线

总成本、平均成本和边际成本的关系如表4–3所示。

表 4–3　总成本、平均成本和边际成本的关系

产量Q	总成本TC			平均成本AC			边际成本MC
	TFC	TVC	TC	AFC	AVC	AC	
0	1200	0	1200	0	0	0	0
1	1200	600	1800	1200	600	1800	600
2	1200	800	2000	600	400	1000	200
3	1200	900	2100	400	300	700	100
4	1200	1050	2250	300	262.5	562.5	150
5	1200	1400	2600	240	280	520	350
6	1200	2100	3300	200	350	550	700

各种短期成本的变动规律及各种短期成本曲线之间的关系如图4–8、图4–9所示，其中，横轴表示产量Q，纵轴表示成本C。

在图4–8中，STC为总成本曲线。它是一条从固定成本出发的曲线，前端向下弯，后端向上

弯，两端之间有一拐点，即图中虚线通过的点。拐点以前边际成本递减，即随着产量的增加每单位产量带来的总成本的增加幅度是递减的；拐点以后边际成本递增，即随着产量的继续增加每单位产量带来的总成本的增加幅度是递增的。

*TFC*为固定成本曲线，是一条平行于横轴的水平线，它表示在一定产量范围内*TFC*是固定不变的。

*TVC*为可变成本曲线，其形状与*STC*曲线基本相似，只是其纵坐标与*STC*曲线相差一个常数且该常数为*TFC*。

在图4–9中，*SAC*为平均成本曲线，它与平均可变成本曲线类似。当$SMC < SAC$时，*SAC*曲线不断下降；当$SMC > SAC$时，*SAC*曲线不断上升。因此，*SAC*曲线也是先降后升，且*SMC*曲线通过*SAC*曲线的最低点*N*。

因为*TFC*固定不变而产量是不断增加的，所以*AFC*曲线随产量*Q*的增加不断下降。

*SAVC*为平均可变成本曲线。当$SMC < SAVC$时，*SAVC*曲线不断下降，即最初随着产量的不断增加平均可变成本是不断下降的；当$SMC > SAVC$时，*SAVC*曲线不断上升，即随着产量的继续增加平均可变成本开始不断上升。因此，*SAVC*曲线是先降后升，呈“U”形，且和*SMC*曲线相交于自身的最低点*M*。

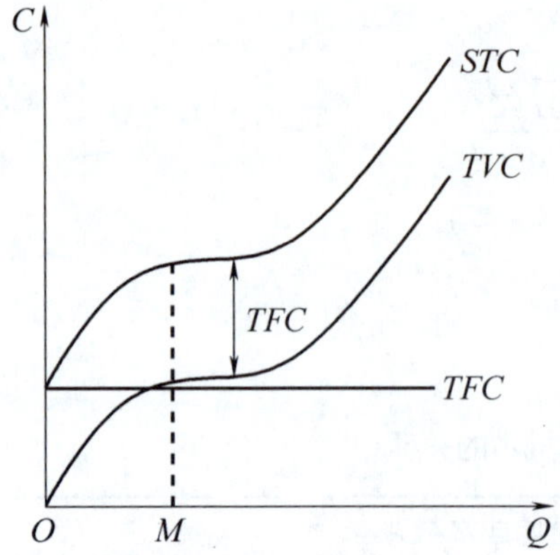

图 4–8 短期总成本曲线、固定成本曲线、可变成本曲线

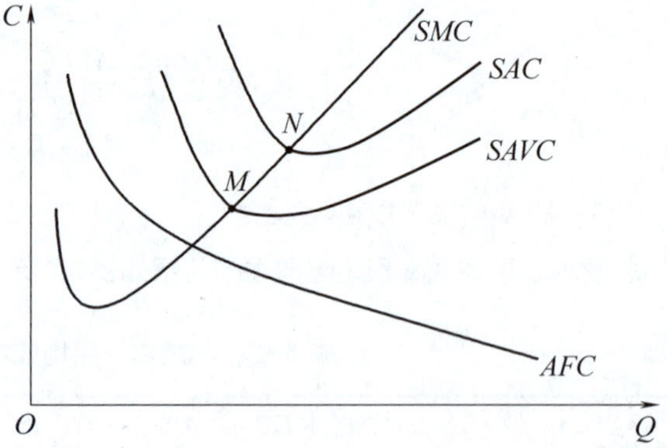

图 4–9 短期平均成本、平均固定成本、平均可变成本、边际成本曲线

案例

保龄球馆亏本的买卖还做吗？

在现实生活中，人们经常会看到一些厂商在没有利润甚至亏损的情况下依然维持经营。如某些保龄球馆在淡季推出优惠套餐——打保龄球的价格甚至低于成本，这是为何呢？

从经济学原理角度来看，在短期中，保龄球馆经营成本包括了固定成本和可变成本。保龄球馆的场地、设备和管理人员的工资是短期中无法改变的固定投入。保龄球馆所支出的可变成本包含电费、服务员的工资等，如果不营业这些成本就不存在，营业量如果增加，这些成本就会增加。

保龄球馆在决定是否持续营业时，考虑的主要是可变成本：当打保龄球的价格高于平均可变成本时，保龄球馆仍然会继续营业，因为它除了可以收回可变成本之外，还可以收回一部分固定成本，如果不经营，则损失的是全部固定成本。

有些行业如旅游、饭店、通信运营和游乐场所等，经营的固定成本高而可变成本低，只要服务价格高于平均可变成本，继续经营就有利，能实现损失最小化。

三、长期成本分析

（一）长期成本概述

长期总成本是指厂商在长期中在每一产量水平上通过改变生产规模所能达到的最低总成本。没有产量时没有长期总成本。长期总成本随产量的增加而增加，长期总成本的函数表达式为：

$$LTC = f(Q)$$

长期平均成本是长期中平均每单位产品所需要的成本支出，即厂商在长期中按产量平均计算的最低总成本。长期平均成本的表达式为：

$$LAC = \frac{LTC}{Q}$$

长期边际成本是指厂商在长期内每增加一单位产量所引起的最低总成本的增量。长期边际成本等于长期总成本的变动量除以产品产量的变动量。长期边际成本表达式为：

$$LMC = \frac{\Delta LTC}{\Delta Q}$$

（二）长期成本曲线

1. 长期总成本曲线

长期总成本曲线表现为厂商在长期中各种产量水平上通过改变生产规模所能达到的最低总成本的轨迹，即长期总成本是在各种最优规模上进行生产所支付的总成本。长期总成本曲线如图4–10所示。

在图4–10中，长期总成本曲线是一条从原点出发向右上方倾斜的曲线，说明长期总成本随产量的增加而增加。在OA段，成本的增加幅度大于产量的增加幅度，表现为曲线比较陡峭；在AB段，成本的增加幅度小于产量的增加幅度，表现为曲线比较平缓；在B点以后，成本的增加幅度又大于产量的增加幅度，表现为曲线比较陡峭。

长期总成本随产量的增加而增加。产量较低时生产要素无法充分利用，成本的增加幅度要大于产量的增加幅度；当产量增加到一定程度后，由于规模报酬作用，成本增加的幅度小于产量的增加幅度；最后，由于规模报酬递减，成本的增加幅度又大于产量的增加幅度。

2. 长期平均成本曲线

在长期中生产要素都是可变的，从而不存在固定成本。厂商在决定其产量规模时，总是要使相对于每一产量的平均成本达到最低，因此，长期成本曲线是所有短期成本曲线的包络线，如图4–11所示。

在图4–11中，长期平均成本曲线LAC也是一条先下降后上升的“U”形曲线，它是众多短期平均成本曲线的包络线。

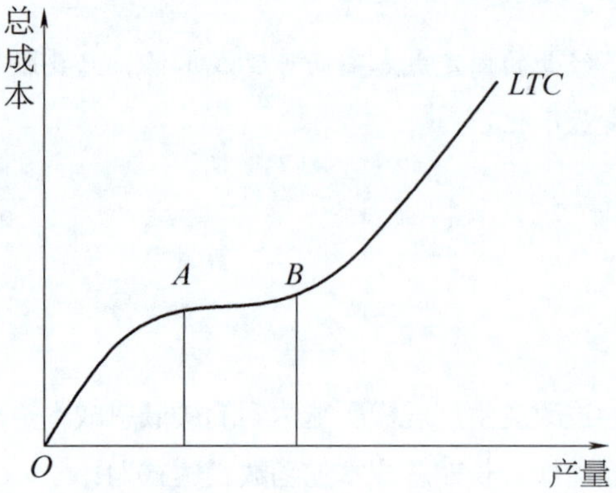

图 4-10　长期总成本曲线

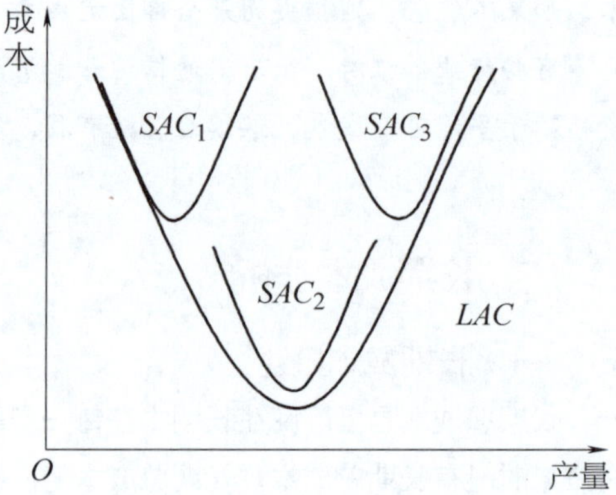

图 4-11　长期平均成本曲线

长期平均成本随着产量的增加先减少后增加，这是因为随着产量的增加，规模报酬递增，平均成本减少，随着产量的继续增加，规模报酬递减，平均成本又逐渐增加。长期平均成本的这种变化规律和短期平均成本相同，但形成的原因不一样。短期平均成本曲线的“U”形是由边际报酬递减规律引起的，长期平均成本曲线的“U”形是由规模报酬递减规律引起的。

四、收益与利润概念

厂商生产的目的是追求收益与利润的最大化，收益与利润是衡量厂商经营成果的主要指标。

（一）收益

收益是厂商销售产品所得到的货币收入。收益分为总收益、平均收益和边际收益。

总收益（total revenue，TR）是厂商销售一定量产品所得到的全部收入。以P为价格，Q为销售量，其函数式表达为：

$$TR=P\cdot Q$$

平均收益（average revenue，AR）是厂商销售每一单位产品平均所得到的收入，其函数式表达为：

$$AR=\frac{TR}{Q}$$

边际收益（marginal revenue，MR）是厂商每增加销售一单位产品所得的总收益增量。以ΔQ为销售增量，ΔTR为总收益增量，其函数式表达为：

$$MR=\frac{\Delta TR}{\Delta Q}=TR'$$

（二）利润

经济学中的利润一般指经济利润，也称超额利润。

1．经济利润、会计利润与正常利润

经常利润是总收益与总成本之间的差额，其函数式表达为：

$$\pi(Q)=TR(Q)-TC(Q)$$

式中，π为利润，TR为总收益，TC为总成本，三者都是产量（或销售量）Q的函数。

由于经济成本由显性成本和隐性成本构成，其中显性成本又称会计成本，由此即形成经济利润、会计利润与正常利润的区分。会计利润是总收益与会计成本的差额，正常利润则属于隐性成本，是厂商自有生产要素应得的报酬，是一个厂商继续留在原行业从事生产经营的最低报酬，厂商如果得不到正常利润，将退出原行业而另营他业。

2．利润最大化原则

经济利润是总收益与总成本之间的差额。根据$\pi(Q)=TR(Q)-TC(Q)$，如图4–12可知，利润最大化的条件是$MR=MC$。

结论：利润最大化原则是边际收益等于边际成本，即$MR=MC$。

当$MR>MC$时，增加一单位产量所带来的边际收益大于边际成本，理性的厂家会继续扩大生产，在扩大生产的过程中，边际收益逐渐减少，边际成本逐渐增加，直到二者相等时，厂商停止扩大生产；当$MR<MC$时，厂商增加一单位产量所带来的边际收益小于边际成本，厂商生产越多亏损就越多，理性的厂商会选择缩减产量。边际收益会随着产量的减少而增加，边际成本随之减少，直到二者相等时，厂商停止缩减产量。当$MR=MC$时，厂商实现了利润最大化。

图4–12给出了产品价格既定时厂商实现利润最大化的条件。当价格为P_0时，厂商的边际收益等于价格P_0，在Q_0以左，如Q_A处$MR>MC$，厂商应该扩大产量以增加利润；在Q_0以右，如Q_B处，$MR<MC$，厂商应该缩减产量以增加利润。当产量等于Q_0时，$MR=MC$，厂商实现利润最大化。

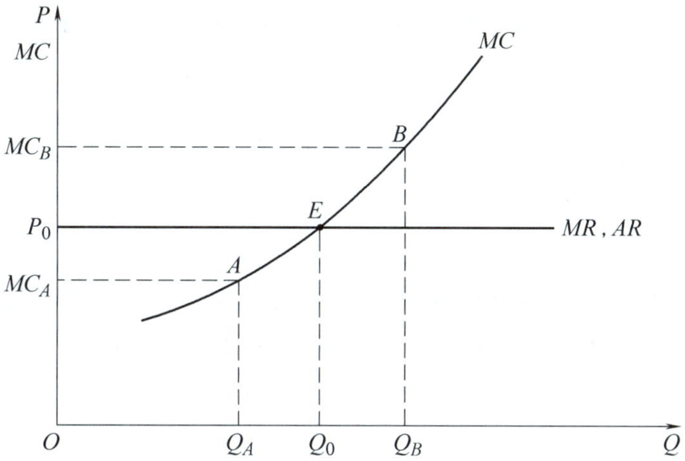

图 4–12　价格不变时利润最大化原则

案例

大商场平时为什么不延长营业时间?

有过购物经历的人都知道节假日期间许多大型商场都会延长营业时间，为什么平时不延长呢？下面用边际分析理论来解释这个问题。

从理论上说延长时间一小时，就要支付一小时所消耗的成本，这种成本包括直接的物耗，如水、电等，也包括由于延长时间而需支付的售货员的加班费，这种增加的成本就是边际成本。假设延长一小时增加的成本是1万元，如果在延长的一小时商场由于卖出商品而增加的收益大于1万元，理性的厂商还会将营业时间在此基础上再延长，因为延长一小时的收益大于成本；反之，如果他在延长一小时内增加的成本是1万元，增加的收益不足1万元，在不考虑其他因素情况下就会取消延长的经营决定，因为延长一小时的成本大于收益。节假日期间，人们有更多的时间去旅游购物，使商场的收益增加，而平时工作紧张、家务繁忙的人们没有更多的时间和精力去购物，就是延长服务也不会有更多的人光顾，增加的销售额不足以抵偿延长时所增加的成本。这就是大商场在节假日期间延长营业时间而平时不延长营业时间的经济学原理。

项目小结

生产理论以厂商追求利润最大化为前提，将生产活动抽象为生产函数，并在此基础上揭示生产活动的一般规律，是厂商生产决策的理论依据。

短期生产函数是指在技术水平不变的条件下，当其他生产要素投入量固定不变时，一种可变生产要素的投入量与所能生产产品的最大产量之间的依存关系。短期生产的基本规律是边际产量递减规律。根据短期生产的总产量、平均产量和边际产量函数间的关系可将短期生产划分为三个阶段，第Ⅱ阶段是厂商短期生产的决策区间。这一区间的起点，是平均产量曲线的最高点，也是边际产量曲线与平均产量曲线的交点；这一区间的止点，是总产量曲线的最高点，同时边际产量为零。

长期生产函数是指在技术水平不变的条件下，当全部生产要素投入量可变时，多种可变生产要素的投入组合与所能生产产品的最大产量之间的依存关系。为简化分析，通常以两种可变生产要素的生产函数来分析长期生产。

在等产量线与等成本线的切点上，生产者实现了均衡，生产者均衡是指生产要素的最优组合，是既定产量下成本最小的生产要素组合或既定成本下产量最大的生产要素组合。厂商实现生产要素最优组合的原则是使两种要素的边际技术替代率等于这两种要素的价格之比，或使单位成本支出无论用于购买哪种生产要素所获得的边际产量相等。

规模报酬是指在技术水平和要素价格不变的条件下，厂商全部的生产要素按同一比例变化所引起的产量变化。在长期生产过程中，随着厂商生产规模的不断扩大，规模报酬的变化经历递增、不变和递减三个阶段，表明厂商应选择适度规模进行生产。

成本是厂商为生产一定数量的某种产品所发生的各种支出，是投入生产要素所必须支付的代价，包括显性成本和隐性成本。显性成本是指厂商在要素市场上购买或租用各种生产要素实际支出的费用，隐性成本是指厂商使用自有生产要素所应该支付而未实际支付的费用。

成本函数表示在一定的时间内，在技术水平和要素价格不变的条件下，某种产品的成本与其产量之间的依存关系。成本理论揭示了成本与产量之间、各种成本之间的关系及变化规律。成本函数可分为短期成本函数和长期成本函数，有总成本、平均成本和边际成本之分。短期成本分为固定成本和可变成本，可变成本随产量变化；长期成本随产量而变化。

收益与利润是衡量厂商经营成果的主要指标。收益是厂商销售产品所得到的货币收入，分为总收益、平均收益和边际收益，利润是总收益与总成本之间的差额。厂商利润最大化的原则是使产品的边际收益等于边际成本，即$MR=MC$。

习题与实训

一、名词解释

1. 厂商
2. 股份有限公司
3. 机会成本
4. 边际成本

二、选择题

1. 以下哪一条关于短期边际成本曲线的论述不正确（　　）。
   A. 通过短期平均成本曲线的最低点
   B. 通过平均可变成本曲线的最低点
   C. 通过平均不变成本曲线的最低点
   D. 短期总成本曲线在每一产量水平的斜率
2. 假定在某一产量水平上，某厂商的平均成本达到了最小值，这意味着（　　）。
   A. 边际成本等于平均成本　　B. 厂商获得了最大利润
   C. 厂商获得了最小利润　　D. 厂商的超额利润为零
3. 总利润达到最大是在（　　）。
   A. $TR = TC$处　　B. TR曲线和TC曲线平行处
   C. TR曲线和TC曲线平行，且TC超过TR处
   D. TR曲线平行于TC曲线，且TR曲线超过TC曲线处
4. 在长期平均成本曲线LAC和一条代表最优生产规模的短期平均成本曲线SAC相切的产量上必定有（　　）。
   A. 相应的LMC曲线和代表最优生产规模的SMC曲线的一个交点，以及相应的LTC曲线和代表最优生产规模的STC曲线的一个切点
   B. 代表最优生产规模的SAC曲线达到最低点
   C. LAC曲线达最低点
   D. LTC曲线达到拐点
5. 老板王二从企业的总收入中取出一部分作为自己所提供的店铺的租金，这部分资金被视为（　　）。
   A. 显成本　　B. 隐成本
   C. 经济利润　　D. 会计利润
6. 在最好或最优短期产出水平厂商将（　　）。
   A. 取得最大利润　　B. 使总损失最小

C．使总损失最小，或使总盈利最大　D．使单位产品中所获利润最大

7．如果没有沉淀成本，一个追求利润最大化的厂商将在（　　）时退出竞争性市场。

A．边际收益超过市场价格　　B．总成本上升到总收益之上

C．平均收益超过市场价格　　D．最小平均成本小于市场价格

8．生产某产品的机会成本表示（　　）。

A．厂商在市场上购买生产要素所花费的成本

B．实现利润最大化时的生产成本

C．增加单位产量所引起的总成本的增加量

D．将生产该产品的生产要素花费在其他用途所可能获得的最高收入

9．相对于短期供给曲线，厂商的长期供给曲线（　　）。

A．更缺乏弹性　　B．弹性较小

C．垂直　　D．更富有弹性

10．若会计在计算利润时，不用考虑机会成本，（　　）。

A．其报告中的利润相对经济利润被高估了

B．其报告中的利润相对经济利润被低估了

C．经济利润相对其报告中的利润被高估了

D．经济利润相对其实际利润被低估了

三、简答题

1．简述股份制公司的优缺点。

2．简述会计成本与机会成本的区别。

3．简述总产量、平均产量和边际产量的关系。

四、案例题

1．根据所学的知识，填写下表。

总资本数（K）	总劳动数（L）	总产量（Q）	劳动平均产量	劳动的边际产量
12	0	0	—	—
12	1	70		70
12	2		95	
12	3			110
12	4	400		
12	5			50
12	6		80	

2. 设厂商生产一定量产品需要的劳动（L）和资本（K）的数量可以采用下述A、B、C、D四种组合中的一种：

要数组合方式	劳动（L）	资本（K）
A	20	2
B	15	3
C	12	4
D	10	6

（1）若每单位劳动价格为6元，每单位资本价格为12元，则该厂商为使成本最低宜采用哪种方法？

（2）若资本价格不变，劳动价格上升到8元，则该厂商采用哪种方法生产？

3. 已知某厂的短期生产函数$TP_L = 56L + 83.5L^2 - L^3$，要求计算：

（1）劳动的平均产量函数AP_L与边际产量函数MP_L。

（2）该厂商劳动投入量的合理区域。

项目五

市场结构理论

知识目标

1. 了解市场及市场结构划分标准
2. 掌握完全竞争厂商、垄断厂商和垄断竞争厂商的需求曲线和收益曲线
3. 掌握完全竞争厂商、垄断厂商和垄断竞争厂商的短期均衡与长期均衡

能力目标

能够掌握和运用不同市场类型厂商的主要竞争策略

案例导入

滴滴打车与快的打车宣布战略合并

新浪科技2015年2月14日讯，滴滴打车与快的打车联合发布声明，宣布两家实现战略合并。双方确定，在春节后的适当时间召开新闻发布会。新公司将实施Co-CEO制度，滴滴打车首席执行官（CEO）程维以及快的打车首席执行官吕传伟同时担任联合CEO。两家公司在人员架构上保持不变，业务继续平行发展，并将保留各自的品牌和业务独立性。

滴滴打车首席执行官程维展望了新公司的愿景。他表示，中国移动出行的快速发展，不仅可以最大限度地节约能源，节约地面交通资源，并从根本上解决城市交通拥堵困境。更重要的是，通过移动出行平台，人们开始建立起人与人之间的信任关系，并在最广泛的意义上实现社会信用体系的建立。

快的打车首席执行官吕传伟表示，双方合并后，将集中两家公司的优势技术、产品人才，不断推出更为完美的出行服务产品，进一步加快市场拓展速度，产生更多的协同效应，提升整体竞争力，更积极有效地推动整个移动出行行业的发展。

据透露，滴滴打车和快的打车在经过长期的价格大战后，双方公司管理层经过反复沟通与交流，最终达成共识，决定两家公司进行战略合并。

双方未透露持股比例和新公司估值。据华尔街日报此前报道，滴滴打车和快的打车合并后估值或将达到60亿美元。

启发思考：

（1）滴滴打车与快的打车为什么要合并？

（2）合并后的滴滴和快的对网约车市场会产生什么样的影响？

任务一　市场结构概述

一、市场的定义

市场是指从事某一种商品买卖的交易场所或利用现代化通信工具进行交易的接触点。它可以是有形的，也可以是无形的。市场是厂商生存和发展的基础。

行业是指为同一个商品市场生产和提供产品的所有厂商的总体。同一种商品的市场和行业的类型是一致的，如完全竞争市场对应的就是完全竞争行业，垄断竞争市场对应的就是垄断竞争行业。

市场结构是指市场的垄断与竞争程度。不同企业处于不同的市场，其竞争目标与手段不同。因此，市场结构对企业竞争战略影响重大。

二、划分市场结构的依据

在划分市场结构时，通常依据市场集中度、产品差别化和市场壁垒三个方面的标准来划分。

1．市场集中度

市场集中度是指某一行业中，大厂商对市场的控制程度。市场集中度通常用行业内规模最大的前几位厂商的销售额（或销售量）占整个市场或行业销售额的比重来表示，一般选取前四位或前八位厂商作为计量依据。四家集中率R的计算公式为：

$$R=\frac{A_1+A_2+A_3+A_4}{T}\times 100\%$$

式中A_1、A_2、A_3、A_4分别为行业内规模最大的前四位厂商的销售额，T为行业或市场的销售总额。

一个行业，厂商规模越大，厂商数目越少，市场集中度越高，大厂商对市场控制程度越高，市场的垄断程度越高；反之，一个行业，厂商规模越小，厂商数目越多，市场集中度越低，大厂商对市场的控制程度越低，市场的竞争程度越高。

2．产品差别化

产品差别化，是指厂商在其提供给顾客的产品上，通过各种方法造成足以引发顾客偏好的特殊性，使顾客能够把它同其他竞争性厂商提供的同类产品有效地区别开来，从而使厂商在市场竞争中占据有利地位。

产品差别化是一种有效的非价格竞争手段。它的意义在于通过让顾客感知产品独特的差异性而影响他们的购买行为，使顾客对本企业提供的特定产品产生偏好和忠诚度，甚至不惜为此支付更高的价格。产品差异化的途径主要有设计与众不同的产品外观、包装，赋予不同的品牌，提供特殊的服务，创造不同的分销渠道，设计新颖独特的产品广告和促销活动等。通过产品差别化，厂商可以寻找到属于自己的稳定的目标市场，并使其产品被其他竞争性产品替代的可能性降低。现有厂商的产品差异化对于试图进入该市场的新厂商而言，无疑构成了一定程度的障碍。试图进入市场的新厂商必须通过自己产品的差异化行为，寻找新的目标市场或目标顾客，或者争取原有厂商的顾客转变他们的偏好，选择新的品牌。要做到这一点，需要付出更大的努力，因此，市场的产品差别化程度越高，市场竞争程度越低，垄断的程度就越大。

课堂讨论 企业产品差别化的应用。

在市场竞争中，企业可以使用不同的差别化手段赢得消费者的青睐。

（1）品牌差别化。始创于1837年的宝洁公司，是世界上较大的日用消费品公司之一，它所经营的300多个品牌的产品畅销160多个国家和地区，其中包括织物及家居护理、美发美容、婴儿及家庭护理、健康护理、食品及饮料等。宝洁的成功，在很大程度上取决于其品牌的差别化策略。在市场上，宝洁有8种洗衣粉品牌、6种肥皂品牌、5个洗发水品牌和3个牙膏品牌。宝洁的品牌差别化策略让它在产业中拥有极高的市场占有率。

（2）功能差别化。手机最初的功能是用来移动通话的，如今手机的功能不断向纵深方向发展，增加了储存功能，与电脑连通上网功能，甚至于启动家庭智能电器等功能，从而满足不同层次消费者的需要。2019年9月19日，华为发布最新的旗舰手机Mate30，华为Mate30核心硬件包括麒麟990，6/8GB+128GB存储，4200mAh电池（40W有线、27W无线），预装EMUI 10系统，屏幕指纹识别，IP53防水。摄像头方面，后置三摄包括1600万超广角、4000万广角和800万长焦，3倍光变，5倍混合变焦，30倍数码变焦，前置2400万镜头，华为Mate 30 Pro 5G支持第五代移动通信技术，华为新战略通过功能和体验的差别赢得消费者。

（3）服务差别化。IBM根据计算机行业中产品的技术性能大体相同的情况分析认为，服务是用户的急需，故确定企业的经营理念是“IBM意味着服务”。我国的海尔集团以“为顾客提供尽善尽美的服务”作为企业的成功信条。江苏“小天鹅”在众多企业中独树一帜地推出“红地毯”服务，公司规定维护人员进门之前须套上自带的塑料鞋套，专备一块红地毯，专门用于放零件和工具，以免弄脏消费者的地板，维修后主动把垃圾带走，等等。这些看似平淡的小事在消费者心中留下了深刻的印象。这些服务的差异优势，提高了消费者的忠诚度。

（4）形象差别化。形象就是公众对产品和企业的看法和感受。塑造形象的工具有名称、颜色、标识、标语、环境、活动等。以色彩来说，百事可乐的蓝色、可口可乐的红色等都能够让消费者在众多同类产品中很轻易地识别开来。再以我国的酒类产品的形象差别来讲，如茅台的国宴美酒形象、剑南春的大唐盛世酒形象、泸州老窖的历史沧桑形象、金六福的福酒形象、劲酒的保健酒形象等都各具特色。差别化的形象可以使产品深入人心，从而赢得市场。

3．市场壁垒

市场壁垒是指厂商进入或退出某个行业所遇到的障碍或干扰。一般来说，市场进出障碍越少，竞争程度越大，反之就越小。市场壁垒可以分为市场进入壁垒和市场退出壁垒。进入壁垒是指和潜在的进入者相比，市场中现有企业所享有的优势。这些优势使得现有企业可以维持高于竞争对手的价格而没有新企业的进入。厂商进入市场的壁垒主要有规模经济、产品差别化、绝对成本优势、国家的政策法律等。

（1）规模经济。由于新企业难以立即达到生产成本最低的适度规模，缺乏了规模效益的企业竞争力较低，因此会抑制新企业的进入。

（2）产品差别化。产品差别化使不同企业产品之间的替代性大大降低，市场内的垄断因素增强。通常老企业通过长期的产品差别化行为已经建立起一定的产品知名度和美誉度，新企业只能通过低价或促销的手段，寻找新客户或争取原有企业的老客户，这无疑增加了新企业的产品成本。

（3）绝对成本优势。行业内原有企业比新进入企业享有更低的成本优势，如稳定的原材料供应渠道、生产技术的专利权、高水平的管理人员和技术工人、完善的销售服务体系以及较低的借贷成本等。这些优势是新企业不具备的，不仅提高了原有企业的竞争力，还阻碍了新企业的加入。

（4）政策法律制度。政府的某些政策性因素成为阻碍新企业进入的原因，如生产经营许可证、信贷政策、差别税率、专利制度等。

三、市场结构的类型及特征

根据市场集中度、产品差别化、市场壁垒等标准，可以把市场结构分为完全竞争市场、垄断竞争市场、寡头垄断市场、完全垄断市场四种类型。完全竞争市场和完全垄断市场是两个极端，垄断竞争市场、寡头垄断市场是介于这两种极端之间的状态，是竞争与垄断不同程度的结合，各类市场的主要特征如表5-1所示。

表 5-1　各种市场类型的主要特征

	完全竞争市场	垄断竞争市场	寡头垄断市场	完全垄断市场
厂商数量	很多	很多	几个	一个
产品差别	无差别	有差别	有差别或无差别	唯一产品，无替代品
价格控制能力	无，接受者	小，影响者	大，寻求者	很大，制定者
进退壁垒	无	无	高	很高
市场信息	完全信息	不完全信息	不完全信息	不完全信息
广告使用情况	无	普遍使用	普遍使用	不经常使用
常见实例	农产品、股票	服装、食品等轻工业产品	钢铁、汽车、电信	公用事业、烟草专卖

任务二　完全竞争市场

完全竞争市场又称为“纯粹竞争”，是指竞争充分且不受任何阻碍和干扰的一种市场结构。完全竞争市场既不存在任何垄断现象，也无政府干预，是一种极端的类型。

一、完全竞争市场的特征

完全竞争市场的特征主要表现在以下几个方面：

（1）众多的买家和卖家。市场拥有众多的买家和卖家，每个卖家提供的产品和数量与每个买家购进的产品数量所占市场总量的比重很小，价格由市场总供给和总需求决定，每个买家和卖家都是价格的接受者，而不是价格的决定者。

（2）产品同质。市场内每个厂商生产的几乎是同质无差异的产品，产品之间具有完全的可替代性，因此如果其中一个厂商提高产品价格，所有的消费者都会购买其他厂商的产品。

（3）进入或退出市场是自由的。完全竞争市场不存在任何进入和退出壁垒，新厂商进入或老厂商退出市场是完全自由的。如果某个行业存在较高的预期利润率，就会有许多厂商试图进入，而如果行业的利润下降到低于正常水平时，厂商也可以自由地退出。

（4）完全信息。完全竞争市场上的所有买者和卖者都具有完备的市场信息，因此，不会有任何人以高于市场的价格进行购买，以低于市场的价格进行销售。每一个厂商与消费者都可以根据自己获得的完备的信息做出自己的经济决策，从而获得最大的经济利益。

二、完全竞争市场的需求曲线和收益曲线

完全竞争市场的需求曲线和收益曲线是完全竞争厂商进行均衡分析的前提。

（一）完全竞争市场的需求曲线

在完全竞争市场上，就整个行业而言，产品的需求曲线D是一条向右下方倾斜的曲线，供给曲线S是一条向右上方倾斜的曲线，两者共同决定整个行业产品的均衡价格P_0，如图5-1（a）所示，而对于个别厂商来说，由于完全竞争市场上厂商众多，每个厂商无法左右市场价格，只能接受市场价格P_0，即这一价格是既定的，所以，个别厂商的需求曲线d是一条由既定市场价格水平出发的水平线，如图5-1（b）所示。

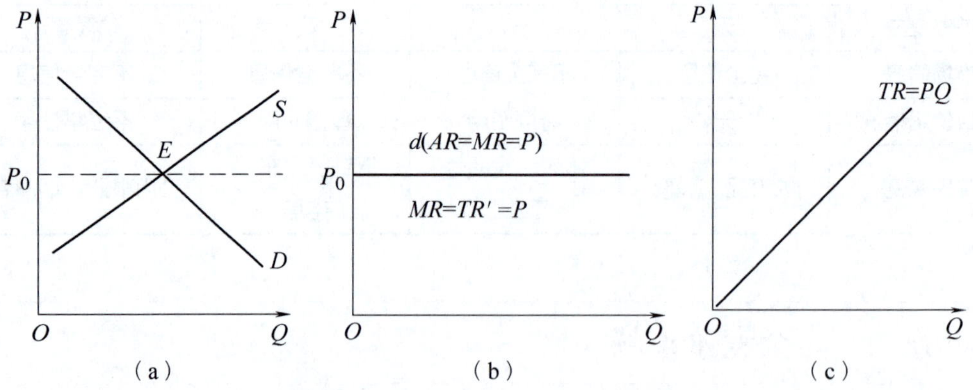

图 5-1　完全竞争市场上的需求曲线和收益曲线

（二）完全竞争市场的收益曲线

在完全竞争市场上，厂商的总收益曲线是从原点出发，斜率为产品价格的一条直线，如图5-1

（c）所示；厂商按既定价格出售商品，单位产品售价P就是产品的平均收益AR，如图5–1（b）所示；个别厂商销售量的变动，并不影响市场价格，厂商每增加一单位产品的销售，所增加的收益不变，边际收益MR等于产品单价P，由此可见，$AR = MR = P$，边际收益曲线MR、平均收益曲线AR与需求曲线d重合，如图5–1（b）所示。

（三）完全竞争市场厂商的短期均衡分析

厂商的短期均衡是指在部分生产要素不能变动的条件下，厂商实现利润最大化时的状态。在完全竞争市场中，对单个厂商而言，市场价格由整个行业的供求关系自发决定，单个厂商没有定价权，不存在最优价格的决策问题，厂商只存在最优产量的决策问题。厂商在短期生产中，不能根据市场需求调整生产中的厂房、机器设备等不变要素的投入量，只能调整可变要素的投入量，通过变动可变要素的投入量来调整产量，通过调整产量$MR = MC$，实现利润最大化。

从整个行业来看，市场供求状况有供不应求、供求平衡、供过于求三种状况，相应地，厂商的短期均衡分析可归纳为如下三种情形。

1．获得超额利润的情形

当一种商品供不应求时，价格会上涨，厂商的均衡状况如图5–2所示。在图5–2中，市场价格为P_0，平均收益曲线AR、边际收益曲线MR与厂商需求曲线d重合，即$AR = MR = P_0$，SMC为短期边际成本曲线，SAC为短期平均成本曲线。在SMC与MR的交点即均衡点E，$AR > SAC$，厂商获得最大利润，最大利润额为$EF \cdot Q_0$，即图中阴影部分$EFGP_0$。

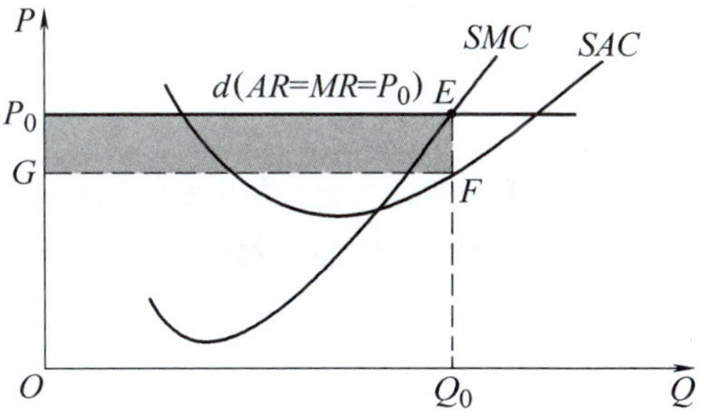

图 5–2　完全竞争厂商短期均衡盈利情形

2．经济利润为零的情形

当一种商品供求平衡时，厂商的均衡状况如图5–3所示。在图5–3中，SMC与MR的交点即均衡点E正好是SAC曲线的最低点，此时$AR = SAC$，厂商收支相抵，经济利润为零，只获得正常利润。

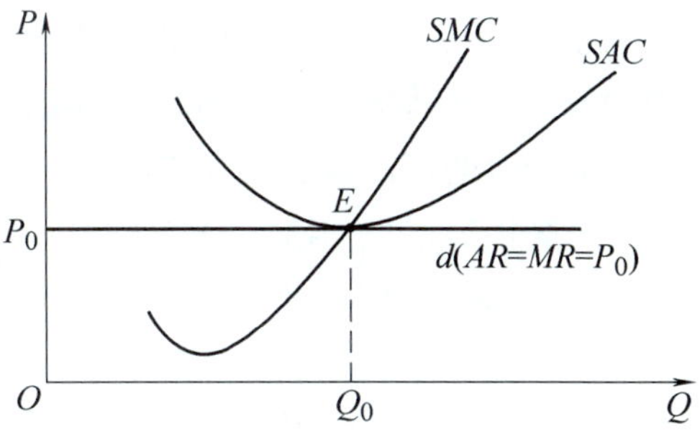

图 5–3　完全竞争厂商短期均衡收支相抵情形

3．亏损的情形

当一种商品供过于求时，价格会下跌，厂商的均衡状况如图5–4所示。在图5–4中，AVC为短期可变成本曲线，在SMC与MR的交点即均衡点E，$AVC < AR < SAC$，厂商发生亏损，亏损额为$EF \cdot Q_0$，即图中阴影部分$EFGP_0$。此情形下，厂商虽亏损，但选择继续生产。因为继续生产，亏损的是部分固定成本；而不生产，将亏损全部固定成本，即继续生产比不生产的损失更小。

如图5–5所示，市场价格进一步下降，SMC与MR的交点即均衡点E正好是AVC曲线的最低点，此时$AVC = AR < SAC$，厂商发生亏损，亏损额为$EF \cdot Q_0$，即图中阴影部分$EFGP_0$。此情形下，厂商亏损且处于停止营业点上，如果选择继续生产，亏损的是全部固定成本；如果停止生产，即无可

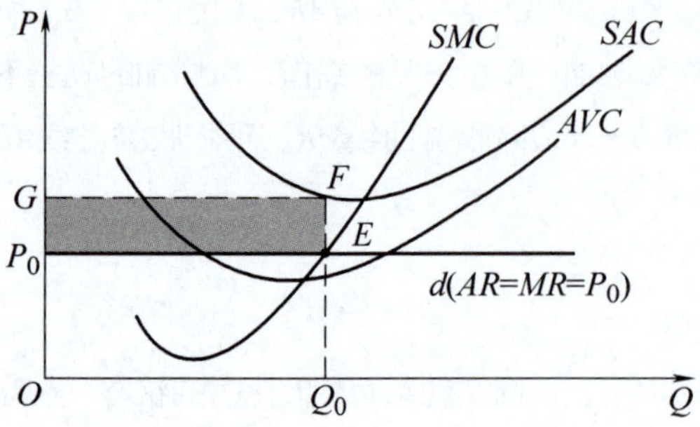

图 5-4 完全竞争厂商短期均衡亏损情形之一

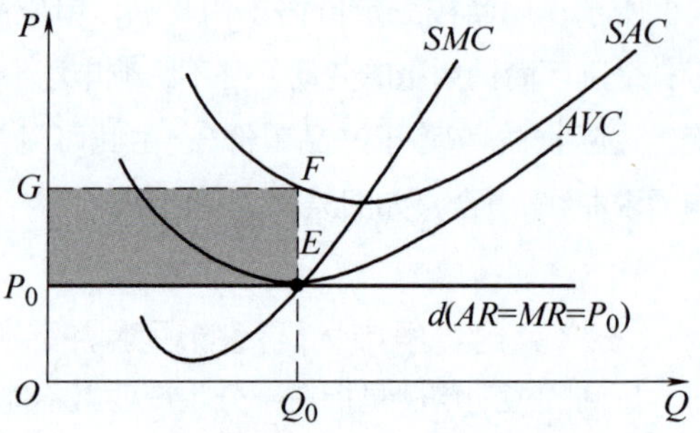

图 5-5 完全竞争厂商短期均衡亏损情形之二

变成本发生，亏损的还是全部固定成本，所以生产与不生产的亏损额相同。

如果市场价格继续下降，当市场价格低于*AVC*最低点时，厂商必须停止生产，因为继续生产，不仅固定成本无法收回，而且可变成本也不能全额弥补，生产越多，亏损就越多。

结论：完全竞争市场厂商的短期均衡条件是边际收益等于边际成本，即$MR = SMC$，均衡条件下的产量即单个厂商的最优产量。在均衡点上，厂商可能盈利，如果盈利则是最大利润；厂商可能亏损，如果亏损则是最小亏损。

问与答

问 从短期来看，完全竞争厂商停止营业的标准是什么？

答 是$P = AVC$。在$P \geqslant AVC$的情况下，继续生产；在$P < AVC$的情况下，停止生产。

三、完全竞争市场厂商的长期均衡分析

在长期，厂商可以调整全部的生产要素，既可根据市场价格扩大或缩小已有的生产规模，也可根据盈亏与竞争情况自由进入或退出某个行业。这样，整个行业供给的变动就会影响市场价格，从而影响各个厂商的均衡。具体来说，当供给小于需求，价格高，有超额利润存在时，厂商会扩大生产，其他行业的厂商也会涌入该行业，从而整个行业供给增加，价格水平下降，超额利润消失；当供给大于需求，价格低，存在亏损时，厂商会减少生产，有些厂商会退出该行业，从而整个行业供给减少，价格水平上升，亏损消失。最终会达到使各个厂商既无超额利润又无亏损的状态，这时整个行业的供求均衡，各个厂商的产量也不再调整，于是就实现了长期均衡，如图5-6所示。

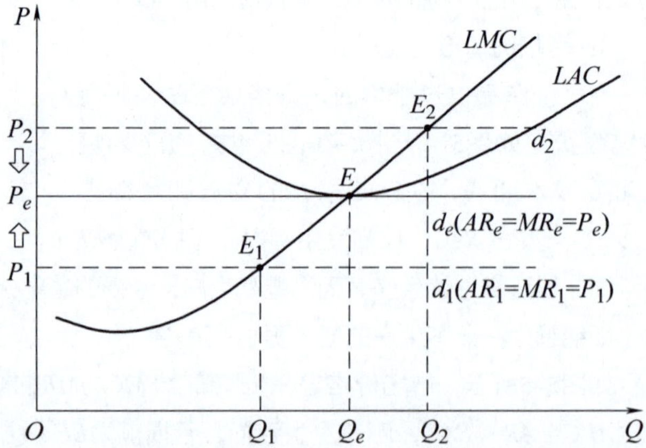

图 5-6 完全竞争市场厂商的长期均衡

在图5-6中，*LMC*是长期边际成

本曲线，LAC是长期平均成本曲线，两者相交于均衡点E，决定均衡产量为Q_e。d_2为短期有超额利润的单个厂商的需求曲线，当有超额利润时，其他厂商会进入该行业而使整个行业的供给增加，引起价格下降，需求曲线d_2向下移动，当市场价格下降致使单个厂商利润为零时，新厂商停止进入；d_1为短期有亏损时单个厂商的需求曲线，当有亏损时，厂商减产或退出，引起整个行业供给减少，价格上升，需求曲线d_1向上移动，当市场价格上升致使单个厂商利润为零时，原有厂商停止退出。这种调整结果最终使需求曲线移至d_e，从而实现长期均衡。

结论：完全竞争厂商的长期均衡条件是$MR = LMC = LAC = AR = P$。长期均衡点是厂商进入或退出一个行业的决策点。在长期均衡点上，厂商的经济利润为零，只能得到正常利润；平均成本最低，产品价格低，社会福利大；供求相等，资源配置最优。

问与答

问 从长期来看，完全竞争厂商进入或退出一个行业的标准是什么？

答 是$P = LAC$。在$P > LAC$时，进入新行业；在$P < LAC$时，退出原行业。

四、完全竞争市场评价

完全竞争市场被经济学家视为最理想的市场结构，是研究市场结构理论的基础。

在完全竞争市场上，价格充分发挥着“看不见的手”的作用，自发配置资源，调节着整个经济的运行。

完全竞争市场的优越性主要表现在以下两个方面。第一，全面排除了垄断和限制，生产要素自由流动，生产效率低、成本高的厂商会在竞争中被迫退出市场，生产效率高、成本低的厂商则得以生存，在竞争中实现的长期均衡使平均成本处于最低点，因而生产要素的效率得到最有效的发挥，资源得到最优配置；第二，完全竞争使产品价格趋向等于生产成本，增加了消费者剩余。

完全竞争市场的缺陷主要表现在以下三个方面。第一，单个厂商规模很小，只能获得正常利润，研发能力及发展能力受限；第二，产品无差别，不能更好地满足消费者多样化的需求；第三，信息完全，不利于保护技术创新。

案例

为何大型养鸡场竞争不过养鸡专业户

从经济学角度来看，鸡蛋市场有四个显著的特点：第一，市场上买者和卖者都很多。没有一个买者和卖者可以影响市场价格。即使是一个大型养鸡场，在市场上占的份额也微不足道，难以通过产量来控制市场价格，即每家企业都是价格接受者，只能接受整个市场供求决定的价格。第二，鸡蛋是无差别产品，企业也不能以产品差别形成垄断力量。大型养鸡场的蛋与老太太养的鸡下的蛋没有什么不同，消费者也不会为大型养鸡场的蛋多付钱。第三，自由进入与退出，任何一个农民都可以自由养鸡或不养鸡。第四，买者与卖者都了解相关信息。这些特点决定了鸡蛋市场是一个完全竞争市场，即没有任何垄断因素的市场。

在鸡蛋这样的完全竞争市场上，短期内如果供大于求，整个市场价格就低，养鸡可能亏本；如果供小于求，整个市场价格就高，养鸡就可以赚钱。长期来看，养鸡企业（包括农民和大型养鸡场）则要对供应做出反应，决定产量多少和进入还是退出。假设由于人们受胆固醇不利于健康这种宣传的影响而减少鸡蛋的消费，鸡蛋价格下降，这时养鸡企业就要做出减少产量或退出养鸡业的决策。假设由于发生鸡瘟，供给减少，鸡蛋价格上升，原有养鸡企业就会扩大规模，其他人也会进入该行业。在长期中通过供求这种调节，鸡蛋市场实现了均衡，市场需求得到满足，生产者也感到满意。这时，各养鸡企业实现成本（包括机会成本在内的经济成本）与收益相等，没有经济利润。农民养鸡几乎没有什么固定成本，也不用向自己付工资，仅仅只有种鸡支出和饲料支出。大型养鸡场的不利因素则在于压低成本和适应市场的调节能力远远不如农民养鸡者。结果，谁能在完全竞争市场上生存下来是显而易见的。

任务三　完全垄断市场

完全垄断又称为独占，指一家厂商完全控制某种产品生产与销售的市场结构。完全垄断市场不存在竞争现象，是另一种极端的市场类型。

一、完全垄断市场的特征

完全垄断市场有以下几个特征：

第一，厂商唯一。市场上只有一个提供产品的厂商，厂商就是行业，市场集中度为100%。垄断厂商控制了整个行业的供给，是产品价格的制定者。

第二，产品唯一。完全垄断厂商出售的产品无任何相近的替代产品，所以其产品的需求交叉弹性为零。

第三，进入壁垒非常高。其他厂商进入该行业极为困难或不可能。

完全垄断在市场经济中并不多见，主要有自来水、有线电视等市场。

补充阅读

进入壁垒的主要成因

垄断产生的基本原因是进入壁垒，而进入壁垒有三个主要形成原因。其一，对资源的独家控制，即生产所需的关键资源由单个厂商所拥有，其他厂商不能生产这种产品；其二，规模经济形成自然垄断，使单个厂商能以低于大量生产者的成本生产产品，如固定成本很高的供水行业；其三，政府管制，政府主要通过特许经营、许可证制度或专利制度给予单个厂家排他性地生产某种产品的权利。现实中的垄断多因政府管制而产生。

在我国，政府特许经营的法律依据来自《行政许可法》第十二条第二项，“有限自然资源开发利用、公共资源配置以及直接关系公共利益的特定行业的市场准入等，需要赋予特定权利的事项”，可以设定行政许可。《行政许可法》颁布后，建设部2004年制定了《市政公用事业特许经营管理办法》，其中将政府特许经营的范围规定为“城市供水、供气、供热、公共交通、污水处理、垃圾处理等行业”。

二、完全垄断市场的需求曲线和收益曲线

完全垄断市场的需求曲线和收益曲线有别于完全竞争市场。

1．完全垄断厂商的需求曲线

在完全垄断市场上，只有唯一的厂商，一家厂商就是整个行业。因此，整个行业的需求曲线也就是一家厂商的需求曲线。如图5-7所示，垄断厂商的需求曲线*d*是一条向右下方倾斜的曲线，表明垄断厂商提高产品价格，消费者就会减少购买这种产品，或垄断厂商减少产品产量，产品价格就会上升。

对于垄断厂商而言，只要有可能就愿意收取高价格，并在这种高价时卖出大量产品，但需求曲线限制了这种情况的发生，并具体描述了垄断厂商所能得到的价格和产量组合，垄断厂商只能沿着需求曲线来调整产量和价格，实现利润最大化。

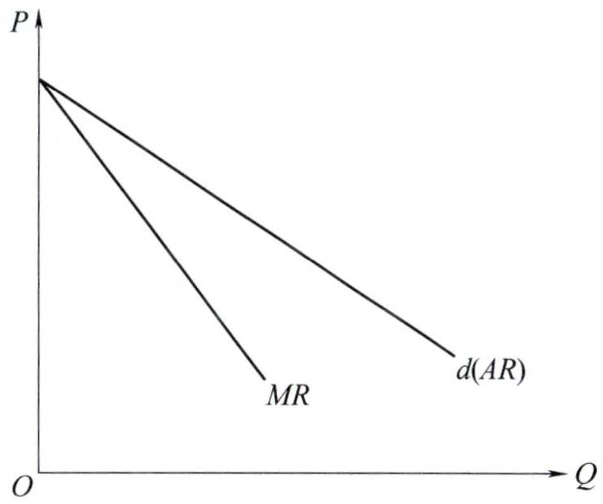

图 5-7　完全垄断厂商的需求与收益曲线

2．完全垄断厂商的平均收益与边际收益曲线

在完全垄断市场上，平均收益仍等于价格，平均收益曲线*AR*仍然与需求曲线*d*重合。但当销售量增加时，产品价格会下降，边际收益减少，由于边际收益比价格下降得更快，边际收益曲线*MR*不再与需求曲线重合，而是位于需求曲线的下方，即边际收益小于平均收益，而且随着产量的增加，边际收益曲线与需求曲线的距离越来越大，如表5-2和图5-7所示。

表 5-2　某垄断厂商的收益

销售量*Q*	0	1	2	3	4	5	6	7	8	9
价格*P*	110	101	92	83	74	65	56	47	38	29
总收益*TR*	0	101	184	249	296	325	336	329	304	261
平均收益*AR*	—	101	92	83	74	65	56	47	38	29
边际收益*MR*	—	101	83	65	47	29	11	-7	-25	-43

结论：垄断厂商的边际收益总是小于其产品的价格。垄断厂商增加产品的销售量时，对总收益产生两种效应：其一，产量效应，即因销售量*Q*增加，有可能增加总收益；其二，价格效应，销售量增加时，价格*P*下降，有可能减少总收益。

三、完全垄断厂商的利润最大化分析

在完全垄断市场上，厂商仍然根据边际收益与边际成本相等，即$MR = MC$的原则来决定产量。如图5-8所示，MR为边际收益曲线，AR为平均收益曲线，d为需求曲线并与AR重合，MC为边际成本曲线，AC为平均成本曲线，MR与MC的交点即均衡点E，$AR > AC$，厂商获得最大利润，最大利润额为$FK \cdot Q_e$，即图中阴影部分$FKGP_e$。

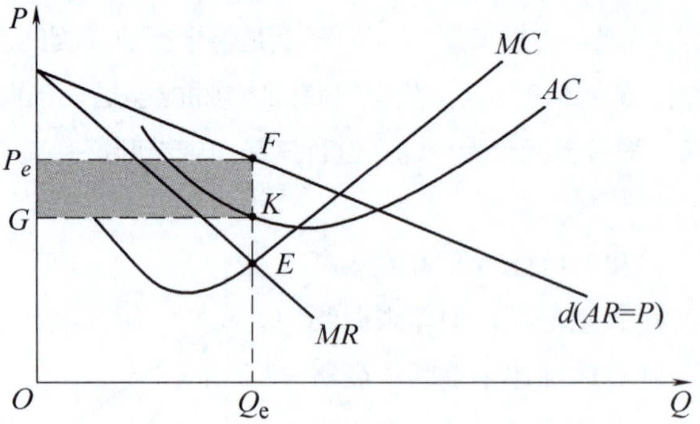

图 5-8　垄断厂商的利润最大化

在图5-8中，厂商在低于Q_e的产量水平上生产时，$MR > MC$，每增加一单位产量的边际收益大于增加的成本，利润增加，因此厂商通过增加产量提高利润；厂商在高于Q_e的产量水平上生产时，$MR < MC$，每减少一单位产量所节省的成本大于失去的收益，因此厂商通过减少产量来增加利润；当厂商将产量调整为Q_e时，$MR = MC$，厂商获得最大利润。

结论：垄断厂商实现利润最大化的产量Q_e是最优产量，由边际收益曲线与边际成本曲线的交点E决定，需求曲线上最优产量Q_e所对应的价格P_e则是最优价格。

从短期来看，完全垄断厂商有可能盈利，如图5-8所示；也有可能发生盈亏平衡，如图5-9所示；甚至亏损，如图5-10所示。其停止营业决策原理类似于完全竞争情形，不再赘述。从长期来看，完全垄断厂商通过调整生产规模，在高产低价与低产高价中进行选择，获得并保持最大经济利润，其长期均衡条件为$MR = LMC = SMC$。

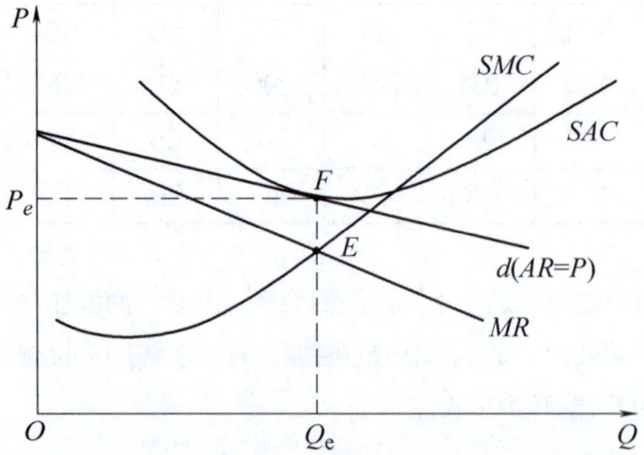

图 5-9　完全垄断厂商利润为零的情形

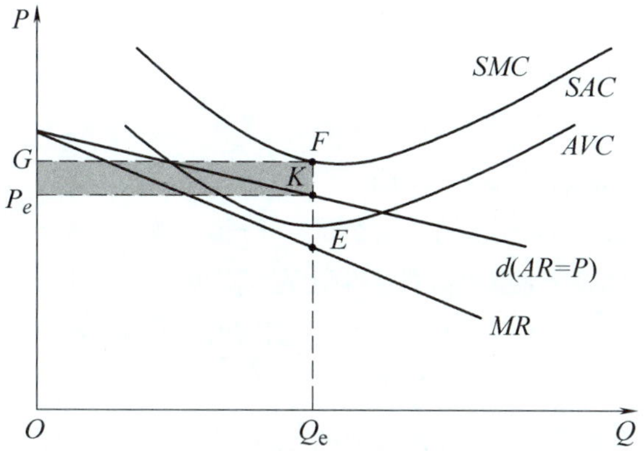

图 5-10　完全垄断厂商亏损的情形

问与答

问　完全竞争厂商与完全垄断厂商利润最大化分析的主要异同点是什么？

答　相同点为利润最大化原则相同，都遵从$MR=MC$。

不同点为产品与边际成本的关系不同。在完全竞争市场上，$P=MC$（因为在均衡点上：$P=MR=MC$）；在完全垄断市场上，$P>MC$（因为在均衡点上：$P=AR$，$AR>MR$，$MR=MC$）。

四、垄断厂商的定价策略

在完全垄断市场上，垄断厂商凭借其市场势力及在交易中的优势地位而成为价格的制定者。垄断厂商的定价策略分为单一定价和歧视定价。单一定价是指同一种商品收取相同的价格，其定价原则是对缺乏弹性商品采用高价策略；对富有弹性商品采用低价策略。歧视定价是指以不同价格出售相同的产品。价格歧视是垄断厂商追求利润最大化的一种理性策略，由于不同消费者对同一种商品的出价有高有低，歧视定价根据支付意愿划分消费者，更接近于消费者的支付意愿，能获得比单一定价更多的利润，因此垄断厂商更偏向于选择歧视定价。

想一想

观赏一部最新的影片，在大学里只需10元，但在电影院却要花30～50元；在广州很容易以750元左右的价格买到从广州到济南的经济舱机票，但在济南却只能买到1420元的从济南到广州的经济舱机票，乘的是同一航空公司的飞机，甚至是同一架飞机，同样的机组，里程也一样。怎样解释此类现象？

（一）实行价格歧视的条件

一般认为需要具备三个条件：一是厂商必须拥有一定的“市场垄断力量”，是一个“价格制定者”；二是不同市场有效分离，能够防止购买者之间转卖行为的发生，否则，当垄断者对同一种商品收取两种不同价格时，以低价购买商品的消费者就有可能转卖给高价消费者，这样价格歧视就难以实现；三是不同市场的需求价格弹性不同，垄断者可以对需求弹性小的市场实行高价格，以获得垄断利润。

（二）价格歧视的类型

根据价格差别的程度，价格歧视分为三种类型。

1．一级价格歧视

一级价格歧视又称为完全价格歧视，是指垄断厂商在出售其产品时，每单位产品都按消费者愿意支付的最高价格销售。在一级价格歧视下，垄断厂商完全了解每位顾客的支付意愿，对每位顾客收取的价格正好等于该顾客的支付意愿，消费者剩余全部转化为垄断厂商的超额利润。

拍卖是近似于完全价格歧视的一个例子。拍卖适用于单一物品有多方竞购的场合，由竞购者中出价最高者购得，中标者的消费者剩余接近或等于零。

实行一级价格歧视以垄断厂商完全了解每位顾客的支付意愿为前提条件，在现实中，由于客户信息的不完全以及获取信息的巨额成本，完全价格歧视在营销实践中很难运用。

问与答

问 在交易中，厂商怎样获知顾客的支付意愿？

答 厂商不标明价格或报出高价，在与买方讨价还价的过程中了解其支付意愿并按这一价格成交。如在我国存在着大量的农贸市场和专业市场，其商品通常不标明价格，即使标价也是“明码不实价”，卖主的报价通常很高，目的就是试探顾客的购买与支付意愿，而顾客就在一轮一轮的还价中逐渐将自己的支付意愿暴露给了卖主，最后顾客的消费者剩余就在不知不觉中转变为卖主的利润。因此，不少地方政府要求这类市场的卖主对商品明码标价，而且“明码实价”，以保护消费者的合法利益。

2．二级价格歧视

二级价格歧视是指垄断厂商在出售其产品时，按购买数量分段定价销售。在二级价格歧视下，消费者购买数量越少，价格越高；购买数量越多，价格越低。许多企业对购买量大的顾客采用低价格，如在某些地区，公交公司对投币客户按2.00元/人次收取乘车费用，而对刷卡客户按1.60元/人次收取乘车费用。

3．三级价格歧视

三级价格歧视是指垄断厂商针对不同的市场，按不同的价格销售同一种产品。在三级价格歧视下，垄断厂商把消费者划分为不同的群体来实行价格歧视，如按不同地区把消费者分为北方人与南方人、城里人与农村人等，按消费时段把消费者分为淡季购买者与旺季购买者、低谷时段使用者与高峰时段使用者等，还可按消费者的年龄、偏好及收入等细分市场。只要市场可以区分并有不同的需求价格弹性，厂商就可以采用差别定价以获得更多的利润。

三级价格歧视在现实中很常见。如旅游景点的内外宾门票价格不同，大学生买火车票可打对折，剪下报刊广告上的优惠券可享受优惠价，航空公司对商务旅客与普通旅客的机票价格不同，电信公司对晚间电话收费更低等。在国内医院看病，医生通常对公费的病人开调价药，并加上一些不是十分必要却很昂贵的检查，而对自费的病人却开低价药，这就是医院对病人的三级价格歧视。

案例

三级价格歧视的应用

实行三级价格歧视的关键是区分对一种产品具有不同需求弹性的市场，并向低需求弹性者索要高价格。

如在汽车租赁市场，汽车日租赁费比周租赁费按天计算出的费用要高，因为汽车出租公司认为，单日汽车出租市场与按周出租的市场相比有更多的商务旅行者和那些需求更强烈或需求更缺乏弹性的人。

在航班上，工作日时载客率较高，旅客对航空服务的需求弹性相对较小，机票价格更高；周六日载客率较低，需求弹性相对较大，机票价格有所打折。

在服装店，刚上市的新款服装价格更高，因为购进高价新款服装的消费者为了追赶时尚，他们的需求缺乏弹性，而同样的服装有些人则选择在减价促销时购买，因为他们对服装的需求弹性更大，所以花的钱少得多。

另外，许多公司在报纸和杂志上向居民提供折扣券，买者为了下次购买时得到优惠而剪下折扣券。公司为什么不直接把商品降价呢？因为公司清楚，并不是所有的顾客都愿意花时间剪下折扣券。那些繁忙而富有者可能不会在意此举而愿意支付高价，而那些穷困者则更有可能剪下折扣券而支付意愿较低。

可见，通过价格歧视定价，厂商将商品销售给所有的有购买意愿的消费者，从而最大限度地获取了利润。

启发思考：

（1）厂商实行三级价格歧视的关键是什么？

（2）价格歧视给消费者带来的影响是什么？

结论：价格歧视是利润最大化垄断厂商的一种理性策略，不论何种类型的价格歧视都表现为垄断厂商把单一价格下的消费者剩余转化为自身的超额利润。垄断厂商的歧视定价根据支付意愿划分消费者，更接近于消费者的支付意愿，在使自身获得更多利润的同时，也更广泛地满足了消费者需求。

五、完全垄断市场评价

完全垄断市场的优越性主要表现为：其一，形成规模经济，降低了产品的成本，特别适合投资大、投资周期长且利润低，但与经济发展及人民生活密切关联的公用事业，这类公用事业由政府完全垄断会增加社会福利；其二，垄断厂商因利润丰厚，更具研发新技术、新产品的实力和动力，从而促进技术进步，推动社会的发展。

完全垄断市场的缺陷主要表现为：其一，垄断厂商实行价格歧视，减少消费者剩余，造成社会福利损失，加剧官员腐败、社会收入分配不公平及贫富两极分化；其二，垄断扼杀竞争，垄断厂商凭借优势地位采用降低产量、提高产品价格的方法比提高生产效率的方法更容易获利，因而造成社会生产效率损失。

任务四 垄断竞争市场

垄断竞争市场是一种介于完全竞争和完全垄断之间，既有竞争又有垄断且以竞争为主的市场结构。它是一种比较接近现实经济状况的市场类型。

一、垄断竞争市场的特征

垄断竞争市场的特征主要表现在以下几个方面：

（1）市场产品是异质的。同一行业中的每个厂商生产的都是异质产品，即每个厂商的产品都具有自己的特色，不同厂商的产品之间存在差异，这种差异可能是因为设计、技术不同或原材料不同，也可能是因为外观、包装、商标等不同而产生的，甚至厂商的地理位置、服务态度的不同也构成了产品的差异的一个方面。当然，这些不同厂商生产的产品又有相似的，它们之间有很大的替代性。由于产品有差别，这些产品之间不能完全替代，经济学家认为，因为产品有差别，则每个厂商生产的产品特色便构成垄断因素，产品的差别越大，垄断程度也就越高。另一方面，因为产品之间有替代性，因此不同厂商之间存在着激烈的竞争，替代程度越高，竞争也就越激烈。

（2）厂商对市场价格都有影响，但作用有限。同一个行业有许多厂商，它们都能对市场价格产生一些影响，但这种影响是有限的。这些厂商是独立行动的，并不互相勾结以控制市场价格。同一行业中许多厂商，一个厂商的决策不至于引起其他厂商的对抗行动。

（3）厂商进出市场较容易。厂商比较容易进出这个市场。一般来说，垄断厂商主要是日用工业品、手工业、零售业及维修服务业等行业中的厂商，这些行业中的厂商规模并不太大，因而进出行业的障碍不大。

二、垄断竞争市场的均衡条件

垄断竞争市场是一种既有垄断又有竞争的市场结构，其均衡分析兼备完全垄断与完全竞争市场的特点，但又区别于完全垄断与完全竞争市场。

（1）垄断竞争厂商的短期均衡。在垄断竞争市场上，由于商品差别，每个厂商都享有一部分顾客的偏爱和信任，垄断竞争厂商是自己产品的垄断者，如果提高价格，不会失掉所有顾客，因而，每个厂商不是价格的接受者，其需求曲线是一条向右下方倾斜的曲线。从短期来看，垄断竞争厂商的均衡分析类似于完全垄断市场，其均衡条件是$MR=SMC$，在垄断竞争厂商的短期均衡点上，厂商有可能获得超额利润、有可能收支相抵或亏损，这取决于厂商在均衡产量下的平均成本与产品价格（或平均收益）的关系，其选择产量与价格的方式与完全垄断厂商一致。

（2）垄断竞争厂商的长期均衡。由于产品的替代性，厂商之间为争夺更大利润而相互竞争。从长期来看，当厂商有利润时，新厂商有进入市场的激励，新厂商的进入减少了原有厂商面临的需求，需求曲线d向左下方平移，厂商利润下降；当厂商亏损时，原有厂商有退出市场的激励，这种退出扩大了留守厂商面临的需求，需求曲线d向右上方平移，厂商利润增加。这种调整最终使垄断竞争厂商利润为零，即需求曲线d（或平均收益曲线AR）与平均成本曲线LAC相切，如图5-11所示，因此垄断竞争厂商长期均衡条件是：$MR=LMC$，$P=AR=LAC$。

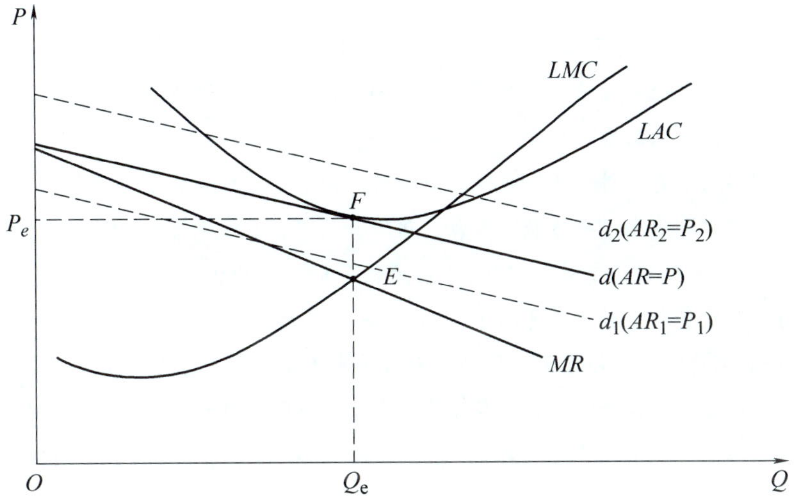

图 5-11　垄断竞争厂商的长期均衡

三、垄断竞争厂商的竞争策略

在垄断竞争市场上，厂商可以采用价格竞争策略和非价格竞争策略。由于厂商众多，产品间有一定的替代性，厂商对价格的控制力较小，价格竞争利益不大；同时，产品间具有差异性，而差异性越大，由此形成的垄断势力越强，这促使垄断竞争厂商更注重突出产品差异化的非价格竞争。

非价格竞争是指通过改变产品质量、功能、外观、包装、售后服务及广告宣传等手段参与市场竞争的形式。非价格竞争的实质即打造产品特色，其主要手段有产品变异和广告。

1．产品变异

产品变异是指改变产品的原有特征，以形成产品差别。这种变异包括两个方面：其一是产品本身的改变，实质性的改变如原料、设计、技术性能、做工、式样、型号、颜色等的改变，非实质性的改变如包装、品牌、商标等方面的改变；其二是销售条件的改变，既然本身完全相同的产品会由于销售条件不同而被消费者视为不同的产品，那么，厂商完全可以通过销售条件的改变来扩大这种差异，如送货上门、定期维修等，强化顾客的认同感。

补充阅读

差异化营销手法集锦

原料差异："舒蕾"洗发水宣称其产品成分有"小麦蛋白"。

感觉不同："TCL"国际电工通过名模李嘉欣告诉大众，其开关产品"手感真好"。

颜色创新：传统牙膏一般为白色，"高露洁"生产一种牙膏膏体由白绿蓝三色构成的三重功效牙膏。

味觉突破：传统牙膏一般为甜味，"LG"牙膏推出了咸味牙膏。

造型别致：在当今智能手机时代，各大手机厂商纷纷推出全面屏，为了解决智能手机前置摄像头一般手机效仿苹果手机的“刘海”设计，OPPO和VIVO推出独特升降摄像头成为其最大卖点。

功能组合：“海尔”氧吧空调在创意上就是普通空调与氧吧的组合，简单的概念造就了市场奇迹。

构造独特：“南孚电池”给出“底部有个环”的提示，给了消费者一个简单的辨别方法。

类别创新：“七喜”饮品自己不是可乐，引人一尝。

利用隐喻：“瑞星杀毒软件”用狮子来代表品牌，以显示其强大的“杀力”。

事件宣传：“海尔”有个“砸冰箱”事件，该事件为其“真诚到永远”立下了汗马功劳。

强调专业：“方太称为厨房专家”；“华龙”称为制面专家；“中国移动”称为移动通信专家。

时间运用：“玉堂酱园”始于康熙五十二年，“青岛啤酒”始于1992年。

突出产地：北京烤鸭、新疆葡萄、川酒、云烟等地域概念是吸引消费者的重要因素。

数字运用：“乐百氏”纯净水经过27层净化，有助于增强消费者对其产品的信赖。

超值服务：“海尔”提出“五星服务”、药店推出“24小时服务”等可获得消费者好感。

2. 广告

广告是为了某种特定的需要，通过一定形式的媒体，公开而广泛地向公众传递信息的宣传手段。在现代社会，广告随处可见。无论是看电视、读报，还是乘坐公交车，一些厂商都在通过广告说服人们购买其产品。广告是一种重要的推销活动，是非价格竞争的另一主要手段。

广告这种推销形式产生的直接原因在于产品存在差别。垄断厂商希望有着不同偏好的消费者了解自己产品的特色并购买这些产品，广告就是沟通双方的一种方式，厂商通过广告增加消费者对其产品的认同与需求，使消费者在每一份价格水平下都能够购买更多的商品，或者通过消费者的认同而愿意支付更高一些的价格；消费者则借助于广告对众多难以识别的产品做出比较理性的选择。从消费者效用增加的角度以及由此引起的生产者利润增加的角度来看，在垄断竞争市场，广告是不可缺少的，尤其是信息性的广告，对广大消费者来说，它是了解市场，增强购买过程理性化处理能力的重要工具。当厂商销售有差别产品并收取高于边际成本的价格时，每个厂商都愿意以做广告的方式来吸引更多的买者购买自己的特定产品。

各种产品之间广告量差别很大。生产有较大差别的消费品如保健品、化妆品、饮料类的企业，通常广告力度大，生产较小差别的工业品如矿山机械、农用机械类的企业，一般广告力度小；而生产同质产品如石油、煤炭、小麦、棉花类的企业，一般无广告。

厂商做广告必须支付费用，如果因为广告而增加的收益大于为此而投入的成本，则厂商会选择广告宣传，最优广告支出是使广告支出所增加的边际收益等于边际成本。

案例

广告对我们意味着什么

现实生活中，广告的狂轰滥炸对我们每个人来说已经是习以为常的事情。在黄金时间打开电视，你就会观察到什么类型的产品广告做得较多：饮料、化妆品、零食等这些快速消费品行业一般把收入的10%~20%投放于广告。我们注意到这些行业都是典型的垄断竞争结构，同时我们很难想象生产玉米或者火箭发动机的企业会花大把的金钱请明星作为产品代言人，因为这些产品要么是标准化的，要么被一两家企业完全垄断，它们没必要做广告。广告的规模有多大呢？有人估计大概有2000亿美元。也许这个数字难以想象，那么请想想仅仅凭着在线广告作为收入的互联网企业动辄就可以拥有几十亿美元的市值，广告的作用可见一斑。

启发思考：

（1）在垄断竞争理论中，广告会起到哪些作用？

（2）从消费者角度看，你觉得广告会有什么好处和坏处？

（3）请你想象一下，假如哪一天生活中没有了广告我们将会怎样。

四、垄断竞争市场评价

在现实中，垄断竞争是一种普遍存在的市场结构。垄断竞争市场的优越性表现为：其一，产品有差别，可以满足消费者的不同偏好和多样化需求。其二，有利于促进创新。由于厂商众多，产品具有可替代性且竞争激烈，只有通过不断创新，实现产品差异，并使之独具特色，才能在竞争中保持优势。

垄断竞争市场的缺陷主要表现为：在垄断竞争厂商的长期均衡点上，长期平均成本*LAC*未达到最低点，因此垄断竞争市场资源利用效率比完全竞争市场要低，存在着一定的资源浪费。

任务五　寡头垄断市场

寡头垄断市场是指少数几家厂商控制了某一行业产品供给的市场结构。寡头垄断介于完全竞争和完全垄断之间，是一种既有垄断又有竞争且以垄断为主的市场结构。它是现实经济中常见的一种市场类型，在现代经济中居于重要地位。

一、寡头垄断市场的特征

寡头垄断市场的特征主要表现在以下几个方面：

（1）厂商数量少。寡头垄断市场上通常只有几家厂商，每个厂商的市场份额很高，对产量和价格有较大的控制力。

（2）厂商对价格有控制力，但相互依赖。这是寡头垄断市场最基本、最突出的特征，这也导致了寡头的价格和产量的决定成为一个很复杂的问题。其主要原因在于：寡头垄断市场中企业数目很少，每个企业的产量在市场的总产量中占一个较大的比重，价格和产量的变动都会对其竞争对手以致整个行业的产量和价格产生举足轻重的影响。因而，每个寡头厂商在采取某种行动时必须考虑其他厂商可能的反应，然后才能在考虑到这些反应方式的前提下采取最有利的行动。这使得寡头厂商的决策在结果上具有很大的不确定性，也使寡头垄断市场的理论变得非常复杂。

（3）寡头厂商相互影响。为了减少这种不确定性，寡头厂商之间会相互影响。在这方面，因条件假设的不同，会有许多不同的寡头垄断模型。所以，价格不是由市场供求决定，而是由少数寡头通过有形或无形的勾结、价格领导、形式不同的协议、默契等方式决定。寡头厂商的竞争手段是多种多样的，一旦价格和产量确定后，就具有相对的稳定性，所以，各个寡头厂商互相之间容易达成某种形式的相互勾结和妥协，也就是通常说的在竞争中达成妥协，在妥协中展开竞争。

二、寡头垄断市场形成的原因

寡头垄断市场形成的原因有规模经济和政府管制。

一些行业的生产具有明显的规模经济，如钢铁、汽车、石油、飞机制造、通信等行业。这些行业初始投资时需要兴建大量的设施，需要巨额资金，固定费用极高，只有在产量达到一定规模后平均成本才会下降，有利可盈。由于行业中的每个企业产量都很大，导致只需要几家厂商即可满足市场需求。另外，建厂时所需的巨额投资，也使其他厂商很难进入这一行业。此外，大企业会凭借自身的竞争优势阻止新厂商进入而形成垄断，如微软对操作系统软件领域的垄断。

政府管制是寡头垄断市场形成的另一主要原因。政府通过立法给予厂商排他性地生产某种产品的权利，或给予某些寡头扶持性政策。如我国银行业的寡头垄断格局即因政府管制而形成。

补充阅读

视频行业进入寡头垄断时代：BAT份额超过50%，其他平台只能喝汤

50%！这是最新的BAT旗下的视频网站爱奇艺、优酷和腾讯视频在整个视频行业所占据的市场份额，而且还不止这个数字，这表明整个视频行业进入了寡头垄断时代。

而就在2016年12月9日，在爱奇艺2016年6月份宣布自己会员数超过2000万之后，优酷也在12月8日宣布会员数超过3000万。

爱奇艺、优酷和腾讯视频不仅占据了流量的第一入口，特别是在移动端占据了非常明显的优势。根据研究报告显示，目前最受欢迎的视频APP依旧是BAT旗下的三家视频网站，而其他视频APP应用安装率在15%以下，经常使用率更是低于4%。

BAT吃肉，其他平台只能喝汤。

根据国家新闻出版广电总局网络司网络视听节目备案数据显示，2016年1月1日—2016年11月30日，视频网站备案的网络剧为4430部，共计16938集，微电影、网络电影共计4672部，而这些头部内容大部分都集中在BAT手中。

据了解，BAT不仅购买头部资源，而且逐步开始投资和自制很多头部内容。

在2015—2016年热度排行前15位的电视剧集中，热度最高的《盗墓笔记》是一部纯网络剧，就是爱奇艺独播剧。15部热门剧集，都在BAT三大平台上播过，而且很多都是独播剧。例如《盗墓笔记》《余罪》《太阳的后裔》《最好的我们》不仅是独播剧，而且是BAT之一的爱奇艺的纯网自制剧。

在2015—2016年热度排行榜前15位综艺中，排在第一位的《跑男》被爱奇艺买了独家播放权，排在第二位的《极限挑战》的独播权被优酷买下；排在第三位和第五位的《中国好声音》和《喜剧者联盟》则被优酷和腾讯视频联合买下。在排名前15位的综艺中，有三个纯网综艺，其中《大牌对王牌》和《大学生来了》是爱奇艺的自制独播综艺。

头部内容是高流量的保证，BAT三大视频巨头为了头部内容也不惜重金。据了解，《如懿传》被腾讯视频8.1亿元买下；而优酷则以800万美元买下了韩版的《步步惊心》，爱奇艺以2400万买下了《太阳的后裔》在华的独家播放权。另外，爱奇艺独家买下《跑男》网络播放权的价码到底是多少，目前业内人士用“天价”来形容。

BAT已经形成了三足鼎立的局面，网络视频用户超过5亿，BAT寡头垄断局面已经形成的情况下，其他视频网站该如何破局？

据了解，目前市场上除了BAT之外，还有三种类型的网站，一种是处在第二梯队的综合性视频网站，如搜狐视频、乐视视频。

对于搜狐视频这类处于第二梯队的视频网站而言，拼流量和拼财力都不可能抗衡BAT的三大巨头。张朝阳就称：“大量买头部内容为流量，这种（做法）是无底洞，各家视频平台都是严重亏损，这个模式是不健康的。”我们并不主张现有模式上争第一名，而是能够积极探索可持续发展的模式，所以必须走出新路，比如自制的广告+收费。

第二种是只服务特定人群的视频网站，例如服务二次元人群的A站和B站。这类网站只服务二次元人群，而且有自己特定的网站文化。

据了解，B站作为国内二次元文化的集散地，25岁以下的用户占绝对的主流，“90后”用户占比高达90%以上。据B站提供的数据显示，目前B站68%的流量来自用户自制或者原创的内容，有超过100万的活跃UP主，每天的自制投稿有数万级。

而B站也开始了自己的商业化道路，例如开始会员收费、投资内容和涉足游戏。而这一些相对于其他视频网站而言，走出了一条个性化之路。

第三种是有着电视台资源的网络广播电视台，以芒果TV、央视网和浙江网络广播电视台为代表。通过网络和电视台相结合，改变过去单纯以广告为依赖的模式。

三、寡头垄断厂商的竞争策略

在寡头垄断市场上，厂商之间相互依存，每个厂商总是首先推测其他厂商的产量，然后根据利润最大化原则来决定自己的产量，每个厂商既不是价格和产量的决定者，也不是价格和产量的被动接受者，而是价格和产量的寻求者。面对其他厂商，寡头的选择是竞争或合作。

1. 博弈论

博弈论是研究行为者之间策略相互依存和相互作用的一种决策理论。博弈论广泛应用于政治、军事、外交、经济等研究领域。博弈论的应用是微观经济理论的重要发展。下面通过经典案例“囚徒困境”来说明博弈论的基本思想。

如A、B两个人合伙偷一辆汽车而被捕。警方怀疑他们还抢劫过银行，于是将他们抓捕并分别关押，并告诉每一个人：如果他们两个人都坦白抢劫银行的事，各判刑5年；如果一方坦白另一方不坦白，坦白者将作为证人被判刑1年，不坦白者作为罪犯判刑10年；如果都不坦白，两个人会由于偷车而被各判刑2年。他们每人可以选择的行为有两种：坦白或不坦白。他们彼此之间无法勾结，不能合作，各自选择的结果取决于对方的选择。他们两个人共有4种可能的决策，也有4种可能的结果，如表5-3所示。

表 5-3 囚徒困境中的纳什均衡分析 单位：年

囚徒B / 囚徒A	坦白	不坦白
坦白	-5，-5	-1，-10
不坦白	-10，-1	-2，-2

注：表中数字为刑期，组合顺序为（A，B）。

在这个例子中，A、B两个囚徒博弈的最终结果是双方都选择坦白。因为B坦白时，A坦白被判刑5年，不坦白被判刑10年，此时A的占优策略是坦白；B不坦白时，A坦白被判刑1年，不坦白被判刑2年，此时A的占优策略依然是坦白。所以，无论B选择坦白还是不坦白，A的占优策略都是坦白。同理，B的占优策略也是坦白。

囚徒困境反映了个人理性与集体理性的矛盾。如果两个人都不坦白各被判刑2年，结果显然好于都坦白各被判刑5年。但这个结果难以出现，因为它不符合个人理性的要求。即使两个囚徒在被捕前建立起攻守同盟，拒不坦白，这个同盟也会在被审讯时瓦解，因为事到临头，个人会从自身的角度出发，做出最利己的选择即坦白。可见，当个人理性与集体理性出现矛盾时，个人理性将导致集体的非理性，而这种集体的非理性却可能对社会是有益的。在囚徒困境的例子里，囚徒小集体的非理性（都坦白）对全社会来说就是最优的（维护了社会的安定与正义）。

囚徒困境同时说明了为什么即使在合作对双方都有利时，保持合作也是困难的。

2．卡特尔

卡特尔是生产同类产品的垄断厂商就产品的市场价格、产量分配和市场份额达成公开协议而联合行事的一种组织。最为典型的卡特尔是石油输出国组织欧佩克（OPEC）。在寡头垄断行业，寡头往往通过正式的或非正式的协议组成卡特尔，通过控制产量来提高价格，从而获得更大的利润，这是形成卡特尔组织最强有力的内在动力。

补充阅读

石油输出国组织

1960年，生产世界上大部分石油的国家形成了一个卡特尔，称为石油输出国组织（Organization of the Petroleum Exporting Countries, OPEC）。2012年，石油输出国组织有伊朗、伊拉克、科威特、沙特阿拉伯、委内瑞拉、卡塔尔、利比亚、阿联酋、阿尔及利亚、尼日利亚、安哥拉和厄瓜多尔12个成员国。这些国家控制了世界石油储量的约3/4。该组织旨在控制国际石油价格，保证各成员国在任何情况下都能获得稳定的石油收入。1972—1981年，石油输出国组织通过限产成功地维持了成员国间的合作和高价格。原油价格从每桶3美元上升至35美元。可是，由于相互的利益难以协调，违背协议的行为经常发生，总会有一个或更多的成员国超出配额进行生产。1982—1985年，油价每年稳步下跌10%左右，1986年，油价下跌至每桶13美元。1990—1999年，国际原油价格基本上稳定在每桶20美元左右。2008年国际市场石油价格曾突破每桶140美元，但之后又跌破至每桶40美元，

2012年4月又回升到每桶102美元。应该说，OPEC成员国之间达成的限产协议往往会生效，但起决定作用的还是国际石油市场的供求关系。

3．价格领袖制

价格领袖制是指一个行业的产品价格通常由某一寡头率先制定，其余寡头追随其后确定各自的价格。领先定价者称为价格领袖，是自然形成的，一般分如下三种情况：

（1）支配型价格领袖。此类价格领袖是指行业中市场份额最高、最有实力的寡头。

（2）效率型价格领袖。此类价格领袖是指行业中成本最低、效率最高的厂商。

（3）晴雨表型价格领袖。此类价格领袖在行业中规模不一定最大，效率不一定最高，但能准确而且及时地掌握市场信息，正确判断整个产业的需求及成本变化。此类厂商价格的变动实际上是率先传递了市场信息，因此，其价格在该行业中具有晴雨表的作用，其他厂商会参照这家厂商的价格变动而变动自己的价格。

此外，成本加成法也是寡头垄断厂商常用的定价方法。所谓成本加成法是在核定平均成本的基础上，加上一个固定百分率的利润额来确定价格。利润率参考平均利润率来确定。这种定价方法可以避免寡头之间的价格竞争所导致的利益受损，有利于实现最大利润。

四、寡头垄断市场评价

寡头垄断在经济中是十分重要的，对经济的发展具有推动作用。

寡头垄断具有三个明显的优点：第一，可以实现规模经济，从而降低成本提高经济效益。第二，有利于促进科学技术进步。各个寡头为了在竞争中取胜，就要提高生产率，创造新产品，这成为寡头厂商进行技术创新的动力；寡头厂商具有强大的财力，可以投入巨额资金来进行科学研究。例如，美国电话电报公司所办的贝尔实验室，对电子、物理等科学技术的发展做出了许多突破性贡献，而这一实验室是以美国电话电报公司雄厚经济力量为后盾的。第三，寡头厂商实力雄厚，抗风险能力强。

寡头垄断的主要缺点是各寡头之间往往会相互勾结抬高价格，损害消费者的利益和社会经济福利。

项目小结

市场结构是指市场的垄断与竞争程度。根据市场集中度、产品差别化、市场壁垒等标准，可以把市场结构分为完全竞争市场、垄断竞争市场、寡头垄断市场和完全垄断市场四种类型。

在完全竞争市场上，厂商和消费者都是价格的接受者，厂商面临的需求曲线是一条水平线，厂商短期通过调整产量使边际收益等于边际成本来实现利润最大化，在短期均衡点上，厂商可能盈利，如果盈利则是最大利润；厂商可能亏损，如果亏损则是最小亏损。厂商在长期既可根据市场价格扩大或缩小已有的生产规模，也可根据盈亏情况自由进入或退出某个行业，在长期均衡点上，厂商的经济利润为零，平均成本最低，供求相等，资源配置最优。

在非完全竞争市场上，厂商在不同程度上影响市场价格，厂商面临的需求曲线是一条向右下方倾斜的曲线，厂商通过调整价格和产量来实现利润最大化。在垄断竞争市场上，由于厂商对价格的控制力较小，价格竞争利益不大，垄断竞争厂商更注重运用非价格竞争策略；在寡头垄断市场上，厂商之间相互依存，或竞争，或合作，主要定价策略为价格领袖制，其合作形式为卡特尔；在完全垄断市场上，厂商唯一，产品唯一，厂商是产品价格的制定者，为获得最大利润，完全垄断厂商往往采取歧视定价策略。

习题与实训

一、名词解释

1. 完全竞争市场
2. 垄断竞争市场
3. 寡头垄断市场
4. 卡特尔

二、选择题

1. 完全竞争市场是指（　　）。

A. 市场参与者的购销量只占整个市场交易量的极小一部分

B. 市场参与者只能接受价格，而不能影响价格

C. 交易的商品是同质的

D. 以上全对

2. 下列行业中哪一个最接近于完全竞争模式（　　）。

A. 飞机　　B. 卷烟

C. 大米　　D. 汽车

3. 在完全竞争的条件下，如果某行业中的厂商的商品价格等于平均成本，那么（　　）。

A. 新的厂商要进入这个行业

B. 原有厂商要退出这个行业

C. 既没有厂商进入也没有厂商退出这个行业

D. 既有厂商进入也有厂商退出该行业

4. 完全竞争条件下，厂商若把产量调整到平均成本曲线最低点对应的水平（　　）。

A. 它将取得最大利润

B. 它没能获得最大利润

C. 它是否获得最大利润仍无法确定

D. 它一定亏损

5. 在完全竞争市场上，某厂商的产量是500单位，总收益是500元，总成本是800元，总不变成本是200元，边际成本是1元，按照利润最大化原则，它应该（　　）。

A. 增加产量　　B. 停止生产

C. 减少产量　　D. 以上任何一个措施都采取

6. 在短期，完全垄断厂商（　　）。

A. 有可能获得正常利润　　B. 永远获得超额利润

C. 也有可能发生亏损　　D. 也可能获得超额利润

7. 垄断竞争厂商实现最大利润的途径有（　　）。

A. 调整价格从而确定相应产量　　B. 品质竞争

C. 广告竞争　　D. 以上途径都可能用

8. 寡头垄断厂商的产品是（　　）。

A. 同质的

B. 有差异的

C. 既可以是同质的，也可以是有差异的

D. 以上都对

9. 完全垄断厂商达于长期均衡的条件是（　　）。

A. $MR=MC$　　B. $MR=SMC=LMC$

C. $MR=SMC=LMC=SAC$　　D. $MR=SMC=SAC=LAC$

10. 在完全竞争市场上，厂商短期均衡条件是（　　）。

A. $P=AR$　　B. $P=MR$

C. $P=MC$　　D. $P=AC$

三、简答题

1. 简述完全竞争市场的特征。
2. 简述完全垄断市场的特征。
3. 比较完全竞争、完全垄断和垄断竞争三个市场的经济效率。

四、综合实训

养鸡场与包子铺都是小企业，为什么养鸡场是完全竞争的，包子铺是垄断竞争的？假设你是一个包子铺老板，你应该如何创造自己的产品差别？你能永远立于不败之地吗？你应该如何做？

项目六
收入分配理论

知识目标

1. 了解生产要素需求的含义及特点
2. 掌握工资、利息、地租和利润等基本概念
3. 掌握劳动、资本、土地和企业家才能要素价格决定理论
4. 理解洛伦兹曲线与基尼系数含义

能力目标

能运用收入分配理论分析现实经济中的要素价格问题，分析社会中收入差距的原因和对策

案例导入

近年来我国居民收入分配的变化情况

改革开放40多年来，我国居民收入持续增长，到2010年，我国城镇居民人均总收入达到2.1万元，比2002年提高了157.2%。在人均总收入的构成中，工薪收入仍是我国城镇居民收入的第一大来源，占收入的65%～70%，但是工薪收入占总收入的比重有下降的趋势，从2002年的70.2%下降到了2010年的65.2%，降低了5个百分点；转移性收入是我国城镇居民收入的第二大来源，其所占比重也比较稳定，变动幅度小，基本维持在24%左右。经营性收入和财产性收入（如银行存款、有价证券、利息、租金、专利收入、红利收入、财产增长收益等）在城镇居民收入中所占的份额较低，在2002年仅为4.06%和1.25%。但是这两份收入增长速度较快，2010年所占份额已经翻番，达到了8.15%和2.47%。

在我国居民的资产结构中，储蓄所占比重较大，且储蓄增长有加快的趋势。长期以来，我国的存款利率水平较低，居民通过储蓄存款获得的利息等收入仍然较少。由于我国社会保障体系不健全，居民储蓄的目的多是为了保障今后的生活，同时，由于缺乏较好的投资途径，导致大量资金储蓄在银行，从而造成财产性收入的减少。伴随着城镇资本市场和房地产市场的快速发展，城镇居民越来越多地将财产投入到债券、股票、基金等资本市场，同时通过买卖住房获得投资收入或者出租住房获得房租出租收入，资本市场财产性收入和房地产收入呈现明显的增长。

启发思考：

（1）现阶段我国居民的收入分配形式有何特点？

（2）我国居民的收入分配结构呈现怎样的特点？

（3）工资、利息、租金等收入是如何决定的？

收入分配理论研究生产成果如何在社会成员之间进行分配，解决的是“为谁生产”的问题。作为资源配置的问题之一，收入分配问题也是由价格来解决的，由于各种生产要素的价格即各种生产要素所得报酬或收入，因此，收入分配理论归结为生产要素的价格决定问题，是均衡价格理论在分配问题上的应用。

任务一　生产要素市场

生产要素的需求是指厂商在一定时期内，在每一个价格水平下愿意而且能够购买的生产要素数量。

一、生产要素的需求

1．生产要素需求的特点

（1）生产要素的需求是一种派生需求或引致需求。它是指由于对产品的需求而产生的对生产要素的需求，即厂商对生产要素的需求是从消费者对产品直接需求中派生出来的。厂商对生产要素的需求不同于一般消费者对消费品的需求。消费者对消费品的需求是一种直接需求，也就是为了直接满足自己欲望的。厂商购买生产要素，则是为了用生产要素来生产产品以供应市场。生产者对生产要素的需求取决于人们对产品的需求，这是生产要素需求与产品需求的重要区别。

（2）生产要素的需求是一种联合需求或相互依存的需求。任何生产行为所需要的生产要素都不止一种，而是多种。生产要素的联合是生产商品的前提条件。在生产要素的配置中，要素之间可以有一定比例的互相代替，但从根本上讲各种生产要素是相互合作的。例如，一个人赤手空拳不能生产任何东西；同样，光有机器本身也无法创造产品。只有人与机器（以及原材料等）相互结合起来，才能达到生产产品的目的。

2．影响生产要素需求的主要因素

（1）产品的价格。产品的价格影响产品的生产与厂商的利润，从而也就影响对生产要素的需求。一般而言，市场对某种产品的需求越大，该产品的价格就越高，则生产这种产品所用的各种生产要素的需求也就越大。相反，厂商就要缩小生产规模，其结果是会减少对产品要素的需求。

（2）生产技术状况。生产技术决定了对某种生产要素的需求的大小。如果技术是资本密集型的，则对资本的需求大；如果技术是劳动密集型的，则对劳动的需求大。

（3）生产要素的价格。各种生产要素之间有一定程度的替代性。厂商一般要用价格低的生产要素替代价格高的生产要素，从而生产要素的价格本身对其需求也有重要的影响。

3．完全竞争市场上的市场需求

厂商要想实现利润最大化，就必须使购买最后一单位生产要素所支出的边际成本与其所带来的边际收益相等。在完全竞争市场上，边际收益等于平均收益，等于价格。因此，厂商对生产要素的需求就是实现边际收益、边际成本与价格的相等，即$MR = MC = P$。

在完全竞争市场上，对一家厂商来说，生产要素的价格是不变的。由此可见，厂商对生产要素的需求取决于生产要素的边际收益。生产要素的边际收益，取决于该要素的边际生产力。在其他条件不变的情况下，增加一单位某种生产要素所增加的产量（或者这种产量所带来的收益），就是该生产要素的边际生产力。如果以实物来表示生产要素的边际生产力，则称为边际物质产品。如果以货币来表示生产要素的边际生产力，则称为边际收益产品。

4．不完全竞争市场上的生产要素需求

完全竞争市场与不完全竞争市场的差别，在于价格相同时完全竞争市场上的生产要素需求量大于不完全竞争市场上的生产要素需求量。根据边际收益递减规律，在其他条件不变的情况下，生产要素的边际收益是递减的，因而对生产要素的需求是递减的。在不完全竞争市场上，对一个厂商来说，价格是变动的，边际收益不等于价格，这时边际收益取决于生产要素的边际生产力与价格水平。在不完全竞争市场上，生产要素需求仍然取决于边际收益等于边际成本。

二、生产要素的供给

在对生产要素需求了解的基础上，如果能够进一步了解生产要素供给的情况，便可根据供求关系决定其价格。然而，生产要素的供给不同于产品市场，各种要素在性质上有很大差别，并不能得出一般性的规律。对此，将在后面的章节中加以说明。在第四章的生产者行为理论中，已知的生产要素包括劳动、资本、土地和企业家才能。

1．劳动

劳动这一生产要素的供给，通常是随工资提高而增加，但是达到一定的工资水平后，工资的增加反而会使劳动量的供给减少。这是因为，劳动者在收入达到一定水平后便更愿意享受闲暇而放弃做更多工作带来的更多收入。

2．资本

资本的供给通常具有中间产品的性质，一个行业的某种资本要素供给是另一个行业的最终产品。例如，汽车制造业使用钢铁作为生产要素，而钢铁则是冶金业的最终产品。因此，资本的供给一般遵循产品供给原则：供给价格越高，供给量越大。

3．土地

从第四章关于生产要素土地的描述中已知，土地是指地上、地下的一切自然资源。在经济分析中，通常假定这类资源的供给是缺乏弹性的、固定的，但不应当绝对地将一国的土地及矿产资源等自然资源视为任何价格变化都不能改变其供给量的生产要素。在经济学上具有意义的不是这类自然资源的天然储量，而是已被利用的数量。

4．企业家才能

企业家才能的价格是企业的正常利润，因为聘请企业家也是需要花费的，给予企业家的报酬也是企业生产成本的一部分。企业家的才能几乎是无法估量的，每个企业家在企业生产经营中所发挥的作用和成效也不同，因此，企业家才能的报酬（企业家才能的价格）常常有很大差异。

三、生产要素价格的决定

生产要素的价格与商品的价格一样，在完全竞争市场上其是由生产要素的供求关系所决定的。一般而言，生产要素的需求曲线向右下方倾斜，供给曲线向右上方倾斜，这样就可以用图6-1来说明生产要素的价格决定。

在图6-1中，生产要素的需求曲线D与供给曲线S相交，决定了生产要素的价格为P_0，数量为Q_0。如果生产要素的供给或需求发生变化，则生产要素价格也将随之发生变化。

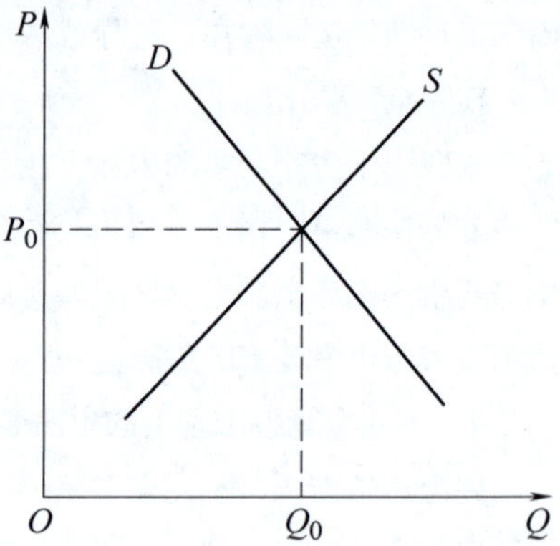

图 6-1 生产要素价格的决定

案例

2018年国内成品油零售限价经历3跌7涨1搁浅

据《北京晚报》2018年6月8日讯（记者 孟环）6月8日24时国内成品油最高零售限价迎来下调。6月8日夜，北京市92号汽油每升下调0.1元。

24时发改委将分别下调汽油、柴油最高零售限价130元/吨、125元/吨，折合升价92#0.10元/升。除4月30日24时因增值税税率降低而下调之外，这将成为3月份之后成品油限价的首次下调，也是年内的第4次下调。

2018年以来，国内成品油零售限价经历了3跌7涨1搁浅共11轮计价周期，汽油、柴油累计上调幅度分别为1155元/吨、1110元/吨，累计下调幅度分别为435元/吨、410元/吨，涨跌互抵后，截至上一轮调节结束，年内汽油、柴油价格分别上涨720元/吨、700元/吨。

国际油价的波动取决于原油供给和国际市场对原油的需求，供求双方的变化决定了油价变化的趋势，与原油相关的其他能源替代品的供给变化，如页岩气，也会对油价产生影响。各种要素有不同的需求与供给特征，也有不同的市场价格，因此，各种要素收入的决定也有不同。但总体而言，各种生产要素的价格都是取决于该类生产要素的供求关系的。

任务二 工资、利息、地租和利润理论

要素收入，即生产要素的租赁价格或使用价格，是由生产要素的需求与供给共同决定的。

一、工资理论

工资是劳动的价格，是劳动者在单位时间内提供劳务所得的报酬。劳动者提供了劳动，获得了作为收入的工资。从不同的角度可以把工资分为不同的种类。从计算方式上，可以分为按劳动时间计算的计时工资与按劳动成果计算的计件工资；从支付手段上，可以分为以货币支付的货币工资与以实物支付的实物工资；从购买力上，可以分为按货币单位衡量的名义工资与按实际购买力衡量的实际工资。工资理论分析货币工资的决定与变动。工资是由劳动的供求关系决定的。

想一想

为什么在某些职业中少数超级明星能赚得极高的收入？这种现象合理吗？

知识点滴

亚当·斯密认为工资是财产所有者与劳动分离时非财产所有者的劳动报酬；马克思认为工资是资本主义社会劳动力价值的表现形态；克拉克提出工资取决于劳动的边际生产力；马歇尔提出工资水平由劳动的供求关系决定。

1．劳动的需求曲线

劳动的需求曲线是一条向右下方倾斜的曲线，表明劳动的需求量与工资呈反方向变动，如图6-2中曲线D所示。图中L表示劳动数量，W表示工资水平。劳动的需求曲线向右下方倾斜是由劳动的边际生产力递减规律决定的，劳动的边际生产力是指在其他条件不变的情况下，增加一单位劳动所增加的产量。

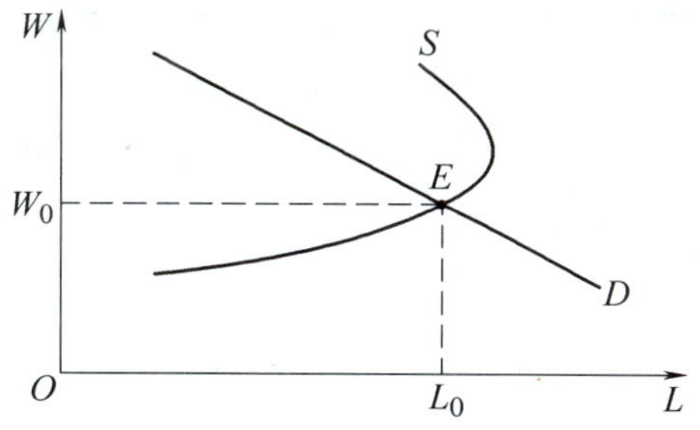

图 6-2　工资理论

2．劳动的供给曲线

劳动的供给曲线是一条先向右上方倾斜而后向左上方翻转的曲线，如图6-2中曲线S所示。劳动的供给主要取决于劳动的成本，包括实际成本和心理成本。劳动的实际成本是指维持劳动者及其家庭必需的生活资料费用与培养教育费用；心理成本是指因劳动所放弃的享受闲暇的代价。此外还受其他因素如劳动人口总量及其构成，劳动者拥有财富的状态、偏好及社会习俗等影响。

劳动者的时间分为劳动时间和闲暇时间，劳动者需要在两者的组合方案中进行选择。当收入水平较低时，随着工资的提高，劳动者选择较长的劳动时间，劳动供给量随工资的提高而增加，劳动供给曲线向右上方倾斜；当收入水平达到一定程度后，随着工资的提高，劳动者更愿意选择闲暇，劳动供给量反而减少，供给曲线向后弯曲。

向后弯曲的劳动供给曲线只适用于高度发达的富裕国家，在低收入人群占多数的国家，劳动的供给曲线一般是向右上方倾斜的曲线。

3．完全竞争市场上工资的决定

完全竞争市场上的工资水平是由所有的劳动供给者和需求者共同决定的，如图6-2所示，劳动的需求曲线D与劳动的供给曲线S相交于E点，决定了均衡工资水平为W_0，均衡劳动数量为L_0。

案例

武汉“用工荒”逼出“脑体倒挂”——学历薪酬成反比

2012年2月，在武汉国际会展中心举行的“新春送岗”大型招聘会上，制造业的“用工荒”让不少企业大幅提高了这类岗位的待遇，其起薪已经超过部分应届大学生岗位的待遇。

招聘现场，武汉康师傅的普工岗位男女不限、初中及以上学历即可，月均薪资为2800～3200元，还有免费食宿和五险一金；赫天光电的生产线人员要求初中以上学历，转正后月净收入2000～2800元，也是免费食宿。而在鑫阳光建设公司的招聘启事上，文员、高级文秘和客服专员三个岗位都要求大专以上学历，薪酬范围却仅为1500～2500元，其中高级文秘的起薪也只是1600元；偌诚家具的核算员要求大专以上学历及一年以上工作经验，但薪酬仅为1350～1800元。

为何学历高的收入反而低呢？康师傅、赫天光电等公司招聘人员介绍，普工、保安等岗位虽然工资高，但要求能12小时倒班或临时加班，对应聘者的体力和毅力要求很高，这类人员非常紧缺，所以工资都比2011年有20%左右的提升；而文员的工作只是复印、打字、接电话等，既没有体力要求也没有技术要求，应聘者很多，所以工资反而没怎么变。

据武汉市劳动就业局统计，2012年该市高校毕业生总数约为30万人，其中超过15万的毕业生将在本地就业，而周边农村务工人员到武汉就业的每年为8万～10万人，即新增大学生求职数量已经大大超过了农民工的求职数量。目前的用工市场上，普工、技术工的需求量是应届生的两到三倍，这种需求与供给的错位是导致学历与薪酬出现倒挂的主要原因。受此影响，2012年操作工涨薪幅度在15%～20%，而无经验的应届生薪酬则基本没变。

4．不完全竞争市场上工资的决定

不完全竞争是指劳动市场上存在着不同程度的垄断。这种垄断有两种情况：一种是厂商对劳动需求的垄断；另一种是由劳动者组成的工会，垄断了劳动力的供给。

厂商对劳动者需求的垄断主要有以下三种情形：

（1）雇主之间串通或勾结，把工资压低到劳动的边际生产力之下。

（2）行业准入制度。厂商在招聘某些技术工种的从业人员时，只录用取得相应职业资格证书的人员。

（3）就业歧视性措施。各种歧视性用人选择常见的有学历歧视、种族歧视、性别歧视、年龄歧视、地域歧视等。

在西方发达国家，工会对工资的决定起着十分重要的作用，主要表现有以下三个方面：

（1）增加劳动的需求。工会鼓励政府实行积极的经济政策，增加国内需求；敦促政府实行贸易保护政策以增加出口、限制进口，增加国外对产品的需求；组织抵制厂商采用先进机器设备替代劳动。在劳动供给不变的情况下，此举可提高工资，扩大就业，如图6–3所示。

（2）减少劳动的供给。工会通过限制非工会会员受雇，迫使政府通过强制退休、禁用童工、限制移民、减少工作时间的法律等方法减少劳动的供给。在劳动需求不变的条件下，此举可提高工资，但会减少就业，如图6–4所示。

（3）实行最低工资法。工会迫使政府通过立法规定最低工资，这样，在劳动供给大于需求时，

可使工资维持在一定的水平上。最低工资是政府对劳动这种生产要素实行的一种支持价格，此举必然导致失业增加，如图6-5所示。

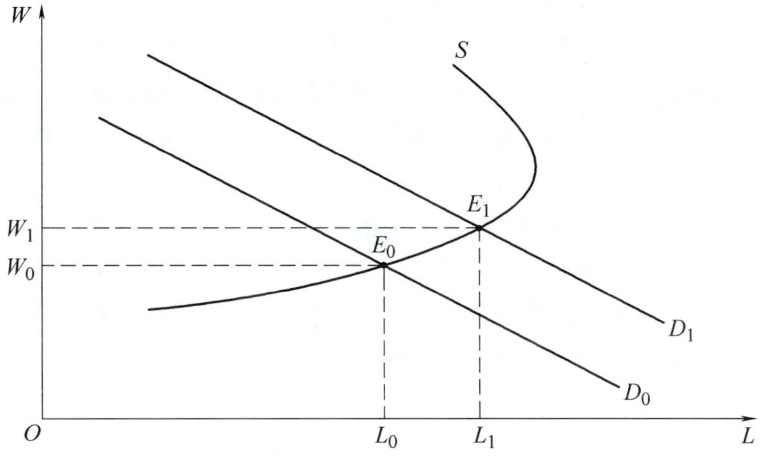

图 6-3　增加劳动的需求提高工资

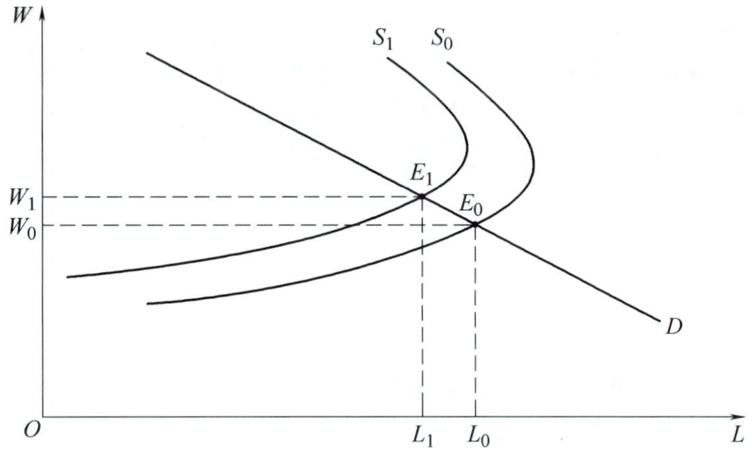

图 6-4　减少劳动的供给提高工资

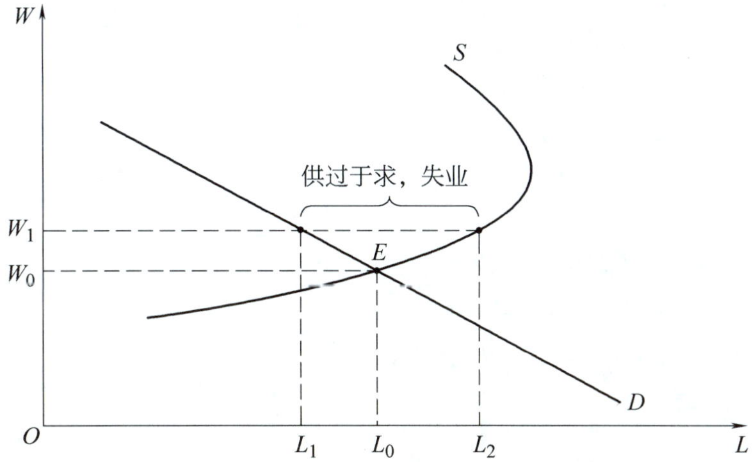

图 6-5　实行最低工资法提高工资

案例

上海调高最低工资标准，居中国内地最高

据中新社上海2019年3月20日电，上海市人力资源和社会保障局发布通知，将从2019年4月1日起，提高劳动者最低工资标准。由此，上海市劳动者每月最低工资标准将从人民币2420元调整为2480元，增加60元。下列项目不作为月最低工资的组成部分，单位应按规定另行支付：①延长法定工作时间的工资；②中班、夜班、高温、低温、井下、有毒有害等特殊工作环境、条件下的津贴；③个人依法缴纳的社会保险和住房公积金；伙食补贴（饭贴）、上下班交通费补贴、住房补贴。月最低工资标准适用于全日制就业劳动者。

小时最低工资标准从21元调整为22元。小时最低工资不包括个人和单位依法缴纳的社会保险费，相关社会保险费由单位按规定另行支付。小时最低工资标准适用于非全日制就业劳动者。

这是上海自1993年建立最低工资制度以来，第26次调整最低工资标准。有关方面解释，上海月最低工资标准不含劳动者个人依法缴纳的社会保险费和住房公积金，用人单位应按规定另行支付。如果加上个人最低缴纳的社会保险费和住房公积金，按同口径比较，上海市劳动者的月最低工资标准为中国内地最高。

从4月1日起，上海还将调高城乡居民最低生活保障标准，其中，城乡居民最低生活保障标准将调整为每人每月1160元人民币，农村居民最低生活保障标准将调整为每人每月1050元。

二、利息理论

利率是由资本的需求与供给共同决定的。资本是由经济体系本身生产出来并被用作投入要素以生产未来的其他商品和劳务的物品，既包括实物形态的设备、建筑物和原材料等，也包括货币资本。资本所有者出让资本使用权所得到的收入称为利息。资本的使用价格称为利息率，简称利率，是一定时间内利息与资本价值的比率。

1．资本的需求

厂商是资本的主要需求者，这种需求是由于厂商进行新的投资、扩张生产规模或技术研发所致。厂商的投资目的是追求最大利润，是否投资及投资多少取决于投资项目的利润率与利息率之间的差距。如果利润率高于利息率的幅度越大，利润空间越大，厂商越愿意投资；反之，厂商投资意愿降低。所以，在利润率既定的条件下，资本的需求量与利率呈反向变动，即资本的需求曲线是一条向右下方倾斜的曲线，如图6-6中的曲线D所示。图中K表示资本数量，i表示利率。

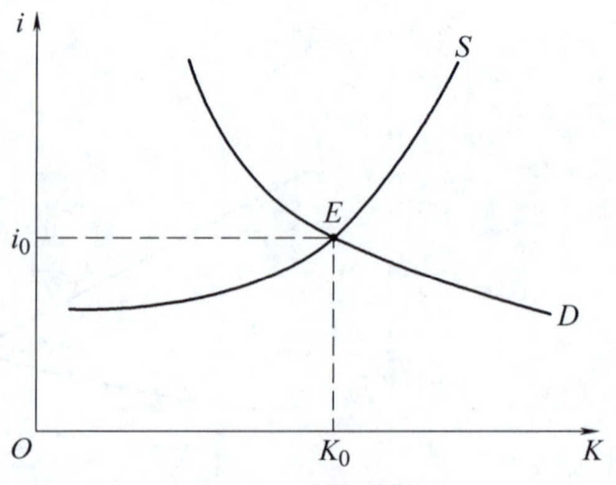

图 6-6　利率的决定

2．资本的供给

资本主要来源于储蓄。人们获得的收入可以转化为当期消费，也可以储蓄以备未来支出。人们放弃现期消费进行储蓄可以获得利息。利息率越高，人们越愿意增加储蓄；反之，储蓄减少。可见，储蓄与利息率呈同向变化，所以，资本的供给曲线是一条向右上方倾斜的曲线，如图6-6中的曲线S所示。

3．利率的决定

如图6-6所示，当资本的需求曲线D与供给曲线S相交于E点时，资本市场达到了供求的均衡，均衡利率为i_0，均衡资本数量为K_0。

当市场利率高于i_0时，资本需求量小于供给量，资本供给过剩，金融机构通过降低利率增加贷款；反之，当利率低于i_0时，资本的供给量小于需求量，资本供给不足，这时金融机构通过提高利率来吸引存款。因此利率水平最终将在i_0水平达到均衡。

在现代社会，利率具有引导储蓄、投资，调节通货膨胀与通货紧缩的功能，是调节经济的重要手段。

案例

信贷资源紧俏　贷款利率飙升

据中国证券报2011年8月9日报道，2011年的第二季度，银行新增贷款总体偏紧，贷款利率普遍上浮，某国有大型银行人士表示，现在银行额度控制非常严格，尤其是7月的最后三天，我们压缩了当月60%的新增贷款，将公司贷款增量规模从4亿元压缩至1亿元左右。在信贷资源紧俏的同时，贷款利率也水涨船高，对公贷款利率定价至少在基准利率以上。过去中国烟草集团、国家电网集团、中国煤炭等资源类或国有大型企业，银行基本上没有议价能力，一般贷款利率都下浮10%左右，现在这些优质公司贷款利率下限一律调至基准利率。个别企业因并购需要向银行申请贷款的，贷款利率一般会在基准利率之上上浮10%～15%。

此外，许多二三线城市的商业银行宣称“已无钱可贷”，甚至暂停接收房贷业务申请。即使银行受理了房贷申请，往往需要客户经过较长时间等待，才能获得贷款。一些银行甚至向客户提出一些苛刻条件，如提交存款证明或向银行存入30万～50万元不等的存款。而二套房贷首付比例则更是提高到60%，贷款利率在基准利率之上上浮10%～30%。

目前，我国金融机构存贷款利率执行央行规定的浮动利率制度，即央行规定存贷款基准利率及浮动区间，各金融机构可根据市场行情在规定的浮动区间内自行确定利率。当资本供过于求时，金融机构之间竞争激烈，导致贷款利率下降；当资本供不应求时，厂商或客户之间竞争激烈，导致贷款利率上升。“新闻”中所涉及的信贷紧俏即资本供不应求，供不应求越严重，贷款利率上升幅度越大。

三、地租理论

土地，泛指生产中使用的自然资源，具有数量有限、位置不变、不能再生、需求难以替代等特点。地租即土地租赁价格，是指单位时间租用一定量的土地生产要素所支付的价格。

地租是由土地的需求和供给共同决定的。土地的需求取决于土地的边际生产力，在其他要素投

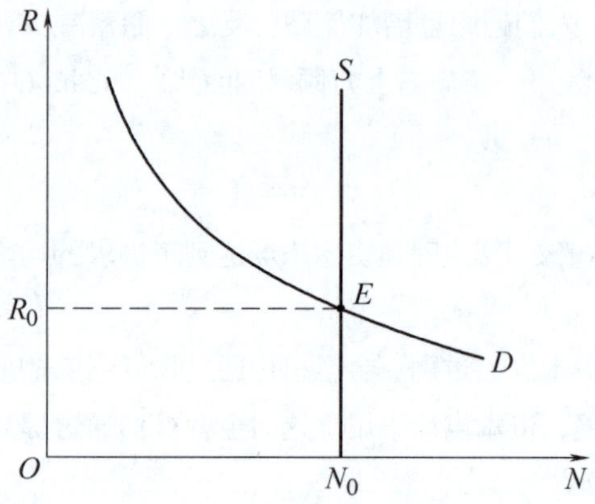

图 6-7　地租理论

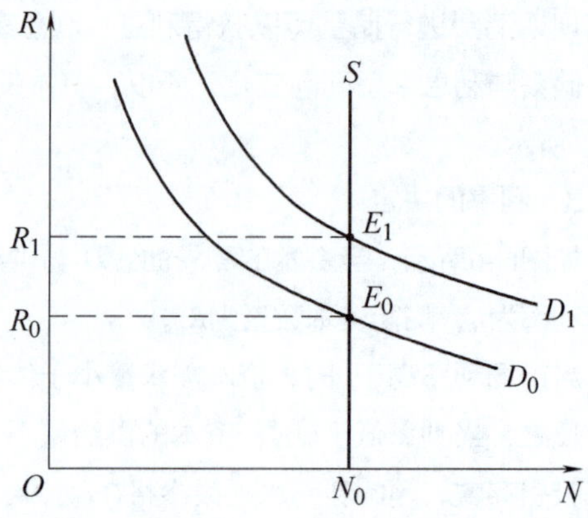

图 6-8　地租的变化

入不变的条件下，随着土地使用量的增加，土地的边际生产力是递减的，因此土地的需求曲线是一条向右下方倾斜的曲线，如图6-7中的曲线D所示。图中N表示地租。土地的供给数量有限，土地的供给曲线被认为是一条垂线，如图6-7中的垂线S所示。在图6-7中，土地的需求曲线D与供给曲线S相交于E点，决定均衡地租为R_0。

随着经济的发展，人们对土地的需求不断增加，由于土地的供给是固定的，因此地租水平呈上升趋势。如图6-8所示，土地的供给量不变，当土地的需求由D_0上升到D_1时，地租由R_0上升到R_1。

任何一块土地都可以有多种用途，可以用于农业生产、工业生产或商业用途。在市场经济中，土地的最终使用权将归出价高的使用者。作为一种稀缺资源，随着经济和社会发展，土地的使用方式也在发生变化，人口增长、城市化进程加快以及现代农业的不断发展，使得土地的利用日趋集约与高效。

四、利润理论

在市场经济的早期阶段，企业家才能并未被作为单独的生产要素，如法国经济学家萨伊就曾提出劳动、土地和资本三要素理论。随着市场经济的发展，管理与经营企业成为一种专门职业，在企业中越来越重要。19世纪后期，英国经济学家马歇尔把企业家才能作为一种独立的要素从劳动中分离出来。在经济学上，一般把利润分为正常利润和超额利润，企业家才能的价格就是正常利润。

（一）正常利润

正常利润是指企业家才能的价格，即企业家才能这种生产要素所得到的收入。它包括在成本之中，性质与工资类似。它也是由企业家才能的需求与供给所决定的。正常利润是一种特殊的薪酬，通常包含在企业的生产成本中，其特殊性就在于其数额远远高于一般劳动者所得到的工资。

（二）超额利润

超额利润是指企业超过正常利润的那部分利润，又称经济利润。在完全竞争的条件下，不会有这种利润的产生。只有在不完全竞争条件下，有创新、风险和垄断，才会产生这种利润。下面我们分析超额利润的产生及其性质。

1．创新与超额利润

创新是指企业家对生产要素实行新的组合。美国经济学家熊彼特指出，创新包括五种情况：引入一种新产品；采用一种新的生产方法；开辟一个新市场；获得一种原料的新来源；采用一种新的企业组织形式。这五种形式的创新都有可能产生超额利润。例如，引进一种新产品可以使这种产品的价格高于其成本，从而产生超额利润。采用一种新的方法和新的企业组织形式，可以提高生产效率、降低成本。获得一种原料的新来源也可以降低成本。这样，产品在按市场价格出售时，由于成本低于同类产品的成本，就获得了超额利润。开辟一个新市场，不仅可由生产规模扩大降低生产成本而带来超额利润，也可以通过提高价格而获得超额利润。

2．承担风险与超额利润

风险是从事某项事业时失败的可能性。由于未来具有不确定性，人们对未来的预测有可能发生错误。风险的存在是普遍的，如供求关系中难以预料的变动、自然灾害、政治动乱，以及其他偶然事件的影响，这使厂商的生产也存在着风险，而且并不是所有的风险都可以用保险的方法加以弥补的。这样，从事具有风险的生产，就应该以超额利润的形式得到补偿。

3．垄断与超额利润

由垄断而产生的超额利润，被称为垄断利润。但它与上面所讲的超额利润不同，它不是由创新的结果带来的，而是由卖方垄断或买方垄断而产生的超过正常利润的那部分利润。卖方垄断也称为专卖，是指对某种产品出售权的垄断。垄断者可以抬高销售价格，以损害消费者的利益的方式获得超额利润。买方垄断也称专买，是指对某种产品或生产要素购买权的垄断。在这种情况下，垄断者可以压低收购价格，以损害生产者或生产要素供给者利益的方式获得超额利润。垄断所引起的超额利润，是垄断者对消费者、生产者或生产要素供给者的剥削，是不合理的。这种超额利润也是市场竞争不完全的结果。

（三）利润在经济中的作用

经济学家认为，利润是社会进步的动力。这是因为：第一，正常利润作为企业家才能的报酬，能鼓励企业家更好地管理企业，提高经济效益；第二，由创新而产生的超额利润，鼓励企业家大胆创新，这种创新有利于社会进步；第三，由风险而产生的超额利润，鼓励企业家勇于承担风险，从事有利于社会经济发展的风险事业；第四，追求利润的目的，使企业按社会的需要进行生产，努力降低成本，有效地利用资源，从而在整体上符合社会利益；第五，整个社会以利润来引导投资，使资源的配置符合社会的需要，实现资源的合理利用。

任务三 收入分配平等程度的衡量与控制

案例

中国收入分配不均

改革开放40多年来，我国经济持续快速增长，2018年我国国内生产总值（GDP）为13.6万亿美元。但是，由于长期积累形成的收入分配失衡，导致我国消费支出对GDP的贡献率呈下降趋势，而内需不振又直接造成过分依赖外部市场，降低了我国的经济安全性和长远发展的潜力，甚至已经影响到社会的稳定。

我国收入分配失衡的3个表现如下：

（1）政府积累的财富的比重越来越多，而个人收入占的比重越来越小。央行公布的统计数据显示，在劳动报酬和居民储蓄所占份额越来越小的同时，政府储蓄却节节攀升，政府预算内财政收入占GDP的比重逐年上升，若再加上预算外收入、政府土地出让以及中央和地方国企每年的未分配利润，政府的预算收入占国民收入的比例较高。因此，表面上看中国的储蓄率很高，但其中真正属于百姓的储蓄占比不高。加上医疗及社会保障不到位，百姓的大量储蓄也不敢轻易花掉，从而导致居民消费能力受到严重抑制。

（2）财富越来越向少数人集中，而工农大众收入偏低。40多年来，财富越来越向企业高管、明星、“网红”手中集中，而广大职工的收入和福利提高较慢。世界银行报告显示，美国是5%的人口掌握60%的财富，而中国的财富集中度超过了美国，成为全球两极分化比较严重的国家之一。

（3）城乡收入差距不断拉大，农民消费严重不足。在我国农村，社会保障水平低，长期在城市从事建设和服务业的农民工也得不到同等的社会保障。由于大多数农民收入低，加上缺少社会保障，故消费能力被极度压制。

讨论：为什么我国的收入分配在改革开放后越来越不合理?

我国收入分配不均的病因在于计划经济向市场经济的改革还没有到位，尤其是三个关键性改革太滞后。首先是金融结构。目前以五大国有银行再加上股票市场为主，在这样的结构下，中小企业基本上得不到金融服务，劳动就业相对不足，工资水平受到抑制，低收入者的收入就很难提高。其次是资源税费。现有资源是国家的，资源税费极低，大量的国有资源转让给少数人开采，资源性行业成为一个暴利行业。最后是行政性垄断。应该加速对这些领域的改革。

一、洛伦兹曲线与基尼系数

1．洛伦兹曲线

洛伦兹曲线是用来衡量社会收入分配平均程度的曲线。经济学家洛伦兹把社会居民及其收入的多少分成若干等级，再分别在横坐标和纵坐标中标明每个等级的人口所占总人口的百分比和其收入占社会总收入的百分比，连接各个等级的坐标点所形成的一条曲线，即洛伦兹曲线。

如表6–1所示，将一定区域的全部人口按收入由低到高排序，并等分为五个级别，每个组别人口各占总人口的20%；计算各组别收入占总收入的百分比；分别累计人口百分比与收入百分比；将各组别对应的累计百分比在平面坐标内描点、连线即得洛伦兹曲线，如图6–9曲线*OGF*所示。

表 6–1　某国收入分配数据　　单位：%

组别	人口百分比	人口累计百分比	百分比	收入累计百分比
1	20	20	4.6	4.6
2	20	40	10.6	15.2
3	20	60	16.5	31.7
4	20	80	23.7	55.4
5	20	100	44.6	100.0

在图6–9中，对角线*OF*为收入均等线，即收入分配绝对平等线，*OF*线上任何一点都表示社会收入分配是绝对平均的。折线*OHF*为绝对不等线，表明社会的全部收入为一人所占有，其余人的收入为零。实际收入分配线洛伦兹曲线*OGF*介于两种极端曲线之间，洛伦兹曲线*OGF*的弯曲程度越小，与收入均等线*OF*越接近，说明一个社会的收入分配越平等；洛伦兹曲线*OGF*弯曲程度越大，离收入均等线*OF*越远，说明这个社会的收入分配越不平等。

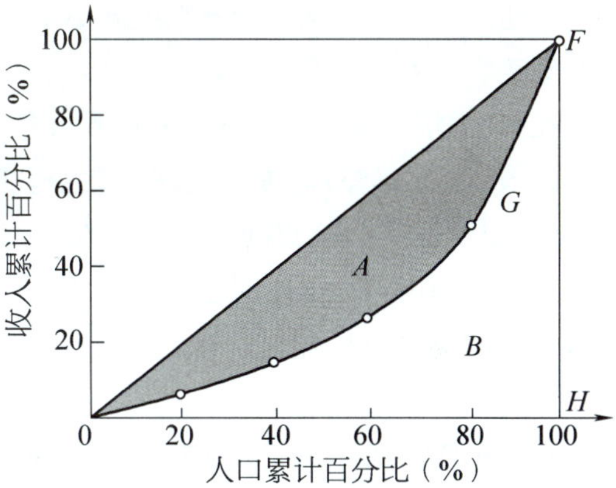

图 6–9　洛伦兹曲线

2. 基尼系数

基尼系数是意大利统计学家基尼根据洛伦兹曲线提出的判断收入分配平均程度的指标。以*A*表示洛伦兹曲线与收入均等线之间的面积，如图6–9中所示的阴影部分面积，以*B*表示洛伦兹曲线与绝对不等线之间的面积，则基尼系数表示为：

$$基尼系数=\frac{A}{A+B}$$

基尼系数的取值范围为[0，1]。当A=0时，基尼系数等于0，洛伦兹曲线与收入均等线重合，表明社会收入分配绝对平均；当B=0时，基尼系数等于1，洛伦兹曲线与收入绝对不平等线重合，表明社会收入分配绝对不平均。基尼系数越接近于0，表明社会收入分配越平均，基尼系数越接近于1，表明社会收入分配越不平均。

国际上普遍采用基尼系数来衡量收入分配平等程度，其评价标准如表6–2所示。

表 6-2 基尼系数国际标准

基尼系数	<0.2	0.2~0.3	0.3~0.4	0.4~0.5	≥0.5
收入分配平等程度	绝对平均	比较平均	基本合理	差距较大	差距悬殊

注：0.4为警戒线。

目前，发达国家的基尼系数一般介于0.24~0.36，美国偏高，为0.4。我国改革开放前的基尼系数为0.16，2010年超过0.5，已跨入收入差距悬殊行列，成为收入分配两极分化严重的国家。

此外，还可以用劳动分配率（劳动收入在国民收入中的占比）与工资差异率衡量收入分配的平均程度。

二、收入分配不平等的原因

一般认为，引起收入分配不平等的原因主要有以下几个方面。

1．社会的经济发展状况

收入分配不平等状况与社会的经济发展状况相关。美国经济学家库兹涅茨的研究表明，在经济发展初期，收入分配不平等状况随经济发展而加剧，经济发展到一定程度时，随着经济的发展，收入分配逐渐平等。

在发达国家，第二次世界大战前收入不平等较为严重，第二次世界大战后，随着经济的发展，收入分配有平等的趋势，验证了库兹涅茨规律。20世纪80年代后，发达国家尽管经济发展较快，但收入分配不平等却加剧了，表明收入分配不平等的原因具有复杂性。

经济发展在行业之间、地区之间、城乡之间的不平衡也是造成收入分配不平等的主要原因。在我国，不同行业之间、地区之间、城乡之间收入分配差距十分明显，并且有扩大趋势。

2．制度因素

收入分配不平等状况与社会制度相关。按要素分配收入的制度引起收入分配不平等，如要素所有权分布不均必然造成收入分配不平等，在我国，一些垄断行业的收入远远超过社会平均水平。此外，一些国家存在的户籍制度、受教育权利的不平等、对妇女及有色人种的歧视制度也会引起收入分配不平等；在一些发达国家，工会制度也是引起收入分配不平等的重要原因，工会会员受工会保护获得较高工资，非工会会员因无力与雇主抗争而工资较低，等等。

3．个体差异

收入分配不公平的状况，与个体差异存在着相关关系。每个人的能力、勤奋程度和机遇都不相同。就能力而言，既有先天的才能，也有后天受教育程度的不同。经济学家认为，个人的受教育程度与个人收入之间有强烈的相关性。受教育越多，能力越强，收入水平越高，这已是一个不争的事实。在现实中有的人吃苦又勤奋，愿意从事较为艰苦的工作，愿意从事较多的工作，他的收入就越高。而有些人相反，这必然引起收入的不同。

延伸阅读

根据国家统计局公布的就业人员平均工资数据，2016年在经济运行放缓中趋稳、稳中向好的背景下，全国城镇单位就业人员平均工资继续稳步增长。其中，全国城镇非私营单位就业人员年平均工资为67569元，比2015年增长8%，增速比2015年回落1.2个百分点，扣除物价因素，实际增长6.7%。城镇私营单位就业人员年平均工资为42833元，比2015年增长8.2%，增速比2015年回落0.6百分点，扣除物价因素，实际增长6.0%。城镇单位就业人员工资增长与劳动生产率提高基本同步。

随着供给侧结构性改革的持续推进，我国经济结构不断优化，新旧动能转换加快，对相关行业工资增长产生了明显的影响。以城镇非私营单位为例，工资增长呈现三大变化。一是去才能工作取得进展，部分行业市场价格回升，企业效益改善，工资增长情况有所好转。采矿业由2015年下降3.7%转为增长1.9%；黑色金属冶炼和压延加工由2015年微增0.8%转为增长7.4%，增幅扩大了6.6个百分点。二是随着创新驱动发展战略的深入实施，一些新材料产业和准备制造业行业、汽车制造业、仪器仪表制造业平均工资分别比2015年增长12.3%、9.2%和9.7%。增幅分别扩大7.4个、1.0个和1.1个百分点。通用设备制造业和专用设备制造业增幅虽然相对较低，分别比上年增长7.9%和6.1%，但增幅分别扩大1.8个和0.5个百分点。三是随着现代服务业的蓬勃发展，相关行业工资增幅大多高于平均增幅。其中，信息传输、软件和信息技术服务业增长9.3%，水利、环境和公共设施管理业增长9.7%，教育业增长11.9%，卫生和社会工作增长11.7%，文化、体育和娱乐业增长9.8%，均超过8.9%的平均增幅。

随着信息技术产业的持续快速发展，信息传输、软件和信息技术服务业的平均工资得以快速增长，2016年的平均工资为122478元，比2015年增长9.3%，平均工资水平首次超过金融业，排名位于各行业门类首位。金融业工资水平退居次席，这主要是受银行业高管限薪以及股市低迷等因素影响，2016年平均工资为117418元，比2015年仅增长2.3%，增幅排各行业门类倒数第二位。

从工资水平看，2016年城镇私营单位就业人员年平均工资为42833元，相当于城镇非私营单位平均工资的63.4%，二者之间工资差距明显。从增长幅度看，城镇私营单位就业人员平均工资比上年增长8.2%，低于城镇非私营单位0.7个百分点，但比上年1.3个百分点的差距有所缩小。

思考：我国城镇单位就业人员的平均工资为何能够持续稳步增长？

三、收入分配平等化政策

在现代社会，存在着三种收入分配标准，即贡献、需要和平等标准。按要素分配以贡献论收入，能保证经济效率，但因个人要素差异会引起贫富两极分化；按需要分配是按社会成员对生活必需品的需要分配国民收入，能保障人们的基本生活需要，但以生产力高度发达为基础；平均分配以公平为原则来分配国民收入，能保障收入分配的平等化，但不利于经济效率的提高。

三种分配标准各有利弊，按要素分配有利于经济效率但易行成收入分配的不平等，后两种方式有利于收入分配平等但有损经济效率，故而在现实中常结合使用，并遵从效率优先，兼顾公平的原则。效率优先，即以贡献为收入分配的基本标准；而兼顾公平，则要借助政府的相关政策来实现。

1．税收政策

税收是国家为满足社会公共需要，凭借公共权力，按照法律所规定的标准和程序，参与国民收入分配，强制取得财政收入的一种特定分配方式。税收对调节个人收入，防止贫富悬殊，实现社会公平分配以及正确处理各种分配关系都具有重要作用。税收对个人收入分配的调节主要体现在以下几个方面：

第一，征收个人所得税，直接调节收入分配。一方面通过累进税率调节高收入者的收入；另一方面通过合理的费用扣除给予低收入阶层税收优惠。

第二，征收消费税，间接调节收入分配。通过税收选择性调节高收入阶层的高消费，间接影响个人收入分配。

第三，征收财产税，调节收入差距。通过对财产的保有及转移征税使富有财产者多纳税，无产者不纳税，从而缩小收入 分配差距。

2．社会福利政策

社会福利政策是通过给穷人补助来实现收入分配公平化。从当前西方各国的情况来看，社会福利政策主要有以下内容：

（1）社会保障与社会保险，包括：失业经济金制度，即对失业工人按一定标准发放能使其维持生活的补助金；老年人年金制度，即对退休人员按一定标准发放年金；对有未成年子女家庭的补助；对收入低于一定标准（即贫困线）的家庭与个人的补助。这些补助金主要是货币形式，也有发放食品券等实物的。其资金来源，或者是个人或企业缴纳保险金，或者是政府的税收。

（2）向贫困者提供就业机会与培训，收入不公平的根源在于贡献的大小，而贡献的大小与个人的机遇和能力有关。这样，政府就可以通过改善穷人就业的条件和通过教育提高穷人的能力来实现收入分配的公平化。在这方面，首先，是实现机会均等，尤其是保证所有人拥有公平的就业机会，并按同工同酬的原则支付报酬；其次，是使穷人具有就业的能力，包括采取免费或低收费的文化教育、职业培训等有助于提高穷人的文化技术水平的措施，使他们能从事收入更高的工作。

（3）医疗保险与医疗援助，医疗保险包括住院费用保险、医疗费用保险，以及出院后部分护理费用的保险。这种保险主要由保险金支付。医疗援助则是政府出钱资助医疗卫生事业，使每个人都能得到良好的医疗服务。

（4）对教育事业的资助，包括兴办国立学校，设立奖学金和向大学生提供低息助学贷款，帮助学校改善教学条件，资助学校的科研等。从社会福利的角度来看，对教育事业的资助有助于提高公众的文化水平与素质，这样也是有利于实现收入分配公平化的。

（5）各种保护劳动者的立法，包括最低工资法和最高工时法、环境保护法，以及食品和医疗卫生法等。这些都有利于增加劳动者的收入，改善他们的工作与生活条件，从而也减少了收入分配不公平的程度。

（6）改善住房条件，包括以低房租向穷人出租国家兴建的住宅，对私人出租的房屋实行房租限制，资助无房者建房，实现住房房租补贴等。这样改善了穷人的住房条件，也有利于实现收入分配公平化。

项目小结

收入分配理论研究生产成果如何在社会成员之间分配的问题，厂商销售产品所取得的销售收入，按照参加生产的各要素所发挥的功能（即贡献）分配给要素所有者，形成要素收入。各种生产要素的价格即各种生产要素所得报酬或收入，收入分配理论归结为生产要素的价格决定问题。

工资是劳动这种生产要素的价格，是劳动者提供劳务所得的报酬。工资是由劳动的供求关系决定的。

利息是资本所有者出让资本使用权所得到的收入。利率是一定时间内利息与资本价值的比率，是资本的使用价格。利率是由资本的供求关系决定的。

地租是土地这种生产要素的价格，由土地的需求与供给决定。

一般把利润分为正常利润与超额利润。正常利润是企业家才能这种生产要素所得的收入。超额利润来源于创新、承担风险与垄断。

衡量社会收入分配平等程度的方法主要有洛伦兹曲线和基尼系数，各国政府主要通过税收政策和社会保障政策缩小收入分配差距。

习题与实训

一、名词解释

1. 工资
2. 利息
3. 地租
4. 基尼系数

二、选择题

1. 在下列各项中，不属于生产要素的是（　　）。
   A．农民拥有的土地　　B．企业家的才能
   C．在柜台上销售的产品——服装　　D．煤矿工人采煤时所付出的劳动
2. 厂商的要素需求曲线向右下方倾斜的原因在于（　　）。
   A．边际成本递减　　B．边际产量递减
   C．边际效用递减　　D．规模报酬递减
3. 已知生产要素M、N的价格分别为8元、10元，产品的边际收益为2元，则在M、N的边际产量为（　　）时，该生产厂商才能获得最大利润。
   A．8，10　　B．16，20
   C．4，5　　D．2，2.5
4. 劳动的市场供给曲线通常是（　　）。
   A．向后弯曲的
   B．将单个劳动者的劳动供给曲线沿横轴相加而得到的
   C．向左上方倾斜
   D．以上均不是
5. 市场中单个厂商对某种要素的需求曲线同全体厂商对该种要素需求曲线之间的关系表现为（　　）。
   A．二者是重合在一起的　　B．前者较后者平坦
   C．前者较后者陡峭　　D．无法确定
6. 若劳动的边际产品价值大于工资率，则其属于下列的（　　）情况。
   A．产品市场的垄断　　B．要素市场的垄断
   C．产品市场的竞争　　D．A和B
7. 在完全竞争市场上，土地的需求曲线与供给曲线分别是（　　）状。
   A．水平，垂直　　B．向左下方倾斜，向右下方倾斜
   C．向右下方倾斜，向左下方倾斜　　D．向右下方倾斜，垂直于数量轴

8. 基尼系数的增大将表明（　　）。
A．收入不平均程度的加大　　B．收入不平均程度的减轻
C．洛伦兹曲线与横轴重合　　D．洛伦兹曲线与纵轴重合
9. 收入分配绝对平均时，基尼系数（　　）。
A．等于0　　B．等于1
C．大于0小于1　　D．小于1
10. 衡量社会收入分配平等程度的曲线是（　　）。
A．洛伦兹曲线　　B．菲利普斯曲线
C．预算线　　D．收入消费曲线

三、简答题

1. 生产要素的市场需求曲线是怎样形成的？
2. 简述要素价格与收入分配之间的关系。

四、课外实践题

登录国家数据库，在“年度数据”页面“指标—人们生活”下查询“城乡家庭人均收入及恩格尔系数”，将数据填入下表，并计算城乡收入比，分析改革开放后我国城乡居民的收入差距发生了什么样的变化。

我国城乡收入比计算表

年度	城镇居民家庭可支配收入/元	农村居民家庭可支配收入/元	城乡收入比
1978	343.3	133.6	1∶2.57
1985	739.1	397.6	1∶1.86
1990	1510.2	686.3	1∶2.20
1995	4283.0	1577.7	1∶2.71
2000	6280.0	2253.4	1∶2.59
2002	7702.8	2475.6	1∶3.11
2004	9421.6	2936.4	1∶3.21
2006	11759.5	3587.0	1∶3.28
2008	15780.8	4760.6	1∶3.31
2010	19109.4	5919.0	1∶3.23
2011	21809.8	6977.3	1∶3.13
2012	24564.7	7916.6	1∶3.10

续表

年度	城镇居民家庭 可支配收入/元	农村居民家庭 可支配收入/元	城乡收入比
2013	26955.1	8895.9	1 : 3.03
2014			
2015			
2016			
2017			
2018			
2019			
2020			
2021			

项目七

市场失灵与政府干预

知识目标

1. 了解市场失灵的含义和原因
2. 掌握垄断的影响及政府对垄断采取的措施
3. 掌握公共物品的含义和特征及其与市场失灵的关系
4. 了解外部性的含义、类型及影响

能力目标

能初步运用所学理论分析现实经济中的市场失灵现象并提出应对措施

案例导入

“APEC蓝”的背后

综合媒体报道，北京曾由于PM2.5数值很高，而被网友戏称为“雾都”。而2014年11月中旬，亚太经济合作组织（APEC）2014年北京峰会（以下称“北京峰会”）期间，北京市城六区PM2.5浓度为每立方米37微克，接近一级优水平，网友戏称天空的蓝色为“APEC蓝”。

据分析，“APEC蓝”基于以下因素共同作用：首先，停止了污染性的工业活动。从2014年11月3日开始，北京全市所有施工工地停止拆除、渣土运输、喷涂粉刷等扬尘作业工序，五环内和怀柔区停止所有混凝土振捣及搅拌、结构浇筑等作业；其次，全市机动车实行单双号行驶、机关和市属企事业单位停驶70%的公车、对渣土运输、货运车辆以及外埠进京车辆实施管控，会议前期北京周边地区也实行汽车限行；再次，停止重污染行业生产，据统计，在北京峰会期间，全市大气污染物排放重点企业中，69家停产、72家限产；最后，天津部分地区配合北京峰会停止供暖。当然，不得不承认，还要加上冷空气的一份功劳。

“APEC蓝”来之不易，北京及周边地区为了北京峰会期间的北京形象做出了巨大的努力，包括停产、限产、限行和停暖等一系列举措，在这一现象的背后，是空气污染的产生及其所带来的严重后果。

启发思考：

（1）北京市政府采取哪些措施解决“APEC蓝”？

（2）什么原因导致北京空气污染？

1776年，英国古典经济学的创始人亚当·斯密在他的著名的《国富论》中就告诉人们，在自由竞争的市场经济中，有一种力量引导着各种经济活动，使主观上的自私行为最终能达到增进社会福利的目的，这就是“看不见的手”的神奇力量。美国著名经济学家曼昆在《经济学原理》中说：“市场做了许多好事，但并不能做好每一件好事。”“APEC蓝”的例子表明，市场不能做好所有的事情，市场也有失灵的时候。当存在市场失灵问题时，就需要市场之外的社会干预，以预防和减少市场失灵。

任务一　市场失灵

市场失灵是指当市场经济中出现某些不能符合完全竞争市场的假定的状况时，市场机制不能正常发挥作用，使得社会资源的配置产生扭曲，无法实现有效率的状态。如垄断、公共物品、外部性和信息不对称，它们既是导致市场失灵存在的原因或条件，也是市场失灵的表现。

一、市场失灵的原因

市场经济条件下，市场失灵的实质是价格机制对某些问题无能为力表现出的局限性。引起价格调节局限性的主要原因有垄断、公共物品、外部性及信息不对称。

1. 垄断

垄断是指对市场的直接控制和操纵。市场经济条件下，自由竞争不可避免地会导致垄断，而且程度会越来越高，从而产生对消费者的掠夺和欺诈。例如，垄断者为了维持较高的价格常常人为地限制产量，以造成一种供不应求的局面。自由竞争无力消除垄断，市场机制本身孕育着垄断。要防止垄断，获得竞争的好处，必须借助市场以外的力量。

2. 公共物品

公共物品通常是指提供给社会共同享用的物品。在提供人们需要的物品方面，市场能否完美地发挥作用，取决于所涉及的物品。私人物品既有排他性又有竞争性，市场机制只能提供私人物品，而不能提供公共物品。但是，任何一个社会的生存与发展都离不开公共物品，所以必须依靠市场以外的机制来提供公共物品。

3. 外部性

外部性也称外在效应，主要是指一个经济主体的活动对社会其他成员福利的影响。这种影响并不是在有关各方面以价格为基础的交换中发生的，因此，其影响是外在的。

外部性有正外部性和负外部性之分。当外部性存在时，社会对市场结果的评价扩大到市场买者和卖者的社会福利范围之外，私人成本同社会成本、私人福利同社会福利不相一致，价格机制被扭曲，结果市场均衡并不能使资源达到有效率的配置。

4．信息不对称

信息不对称是指在市场经济活动中各类人员对有关信息的获得是有差异的，掌握信息比较充分的人员往往处于比较有利的地位，而信息贫乏的人员则处于比较不利的地位。

信息不对称是我们生活中常见的现象。在市场上，卖者总是掌握着比买方更多的关于商品的信息，由于这种信息的不对称，卖方可以随时根据顾客调整商品的价格，以获得较好的收益。

二、市场失灵中的政府职能和微观经济政策

1．政府的主要经济职能

市场失灵的事实说明仅仅依靠价格机制并不能实现社会资源配置最优，政府必须运用经济政策参与调节。在现实经济中，政府对市场经济主要行使以下职能：

（1）提高经济效率。政府的一个重要经济目标是从社会整体利益出发，帮助市场促成资源的有效配置。政府可以通过取消和下放行政权限，鼓励和促进竞争，控制诸如污染等外部性问题以及提供公共物品等来提高效率。如下面案例中，政府可通过非行政权限的取消和部分行政权限下放，让市场在资源配置中起决定性作用，创造市场环境，以促进竞争，提高市场经济效率。

案例

政府行政权限瘦身，旨在提高生产效率

2018年4月27日，湖南省政府行政审批制度改革工作领导小组发布了“关于公布省政府工作部门第一批取消证明事项的通知”，共取消53项证明事项，大幅减少前置审批，规范行政审批管理，推广企业征求意见投资项目网上并联核准，完善事中、事后监管措施，使简政放权和行政审批制度改革成为持续激发市场活力、优化市场环境的“长效药”。

对于公布取消的行政许可事项中，其中，市场已具备自我调节能力的事项改革后，相关部门的管理职能重点转向制定行业标准规范，加强事中、事后监管，惩处违法违规行为，维护市场秩序；由同一部门对相同内容进行重复审批的事项改革后，相关部门在消减重复审批、合并办事环节的同时，要进一步强化保留审批事项的准入把关作用，发挥认证管理的积极作用，落实监管责任，防止出现监管盲区；由不同部门多道审批改为负主要责任的部门一道审批的事项改革后，不再实施审批的部门负责制定有关行业标准规范，负责审批的部门按标准规范审核把关，遇到特殊疑难问题通过内部征求意见解决，部门间要优化工作流程，压缩审批时限，便利企业办事。

（2）维护市场秩序。现实经济中，市场是不完全竞争的，即市场结构中会有垄断竞争、完全垄断和寡头垄断形式存在。垄断性市场力量的存在必然引起不公平竞争，出现价格战，干扰正常的市场秩序，依靠市场本身的力量是无法消除这些情况的。这时，政府干预就显得十分重要。

（3）促进公平。即使市场经济运行良好，能够实现资源的有效配置，也有可能产生不公平的收入分配状况。收入再分配一般是通过税收和支出政策来进行的，有时管制也起一定的作用。各国政府通常通过一定的微观经济政策来调节收入分配关系，防止收入分配过于悬殊，努力实现公平目标。

（4）促进经济稳定增长。一国总期望国民经济能持续稳定增长，但现实经济却常常伴随着经济的周期性波动甚至陷入危机。在危机无法由市场自行消化和解决的情况下，政府担负了稳定经济和促进经济增长的职责。

2．政府干预经济的微观政策

从实际操作来看，政府干预经济的政策有两种类型：一种是宏观经济政策，另一种是微观经济政策。前者以宏观经济理论为依据，着眼于对经济总量的调控；后者以微观经济理论为依据，着眼于纠正市场机制本身的不完美之处。这里主要介绍微观经济政策。

微观经济政策是指政府为了解决微观经济问题或主要由微观经济主体带来的经济问题，以及调节微观经济行为而采取的政策措施。

微观经济政策总体上可分为四类：①促进市场竞争的政策，如反垄断政策；②消除外部性影响的政策，如征税和补贴；③在市场机制无法发挥作用的领域采取的政策，如提供公共物品；④政府制定并监督实施关于提供真实信息的，其具体内容包括反对交易中的欺诈性行为、真实包装法、披露证券信息的法规等。

任务二　垄断

在前面的章节中，我们对基本市场结构和厂商的类型做了讨论和分析，研究了不同市场结构的特征、厂商在追求利润最大化目标时的均衡条件，以及各种市场结果的利弊。此节进一步探讨垄断对经济效率和社会福利的影响，以及怎样对垄断施加一定的规则。

一、垄断造成的损失

1．垄断条件下产量水平低，产品价格高

垄断的存在，造成了一系列社会损失，主要表现为资源浪费和社会福利损失。如图7-1所示，假定某产业长期平均成本和长期边际成本是不变的，则该产业的长期供给曲线为一条与横轴平行的直线P_NB。若该行业的需求曲线为DD，则在完全竞争的市场结构中，长期均衡时的产量为OQ_N，价格为OP_N。但是，在完全垄断的市场结构中，该厂商为了追求利润最大化，将产量定位于长期边际成本与边际收益的交点，即产量为OQ_M，价格为OP_M。由此可见，垄断情况下的产量OQ_M小于完全竞争条件下的产量OQ_N，而价格OP_M也高于完全竞争条件下的产业均衡价格OP_N，因而存在资源浪费。资源浪费表现在两个方面：一是垄断厂商本身效率低，手中所掌握的资源被大量浪费，靠垄断高

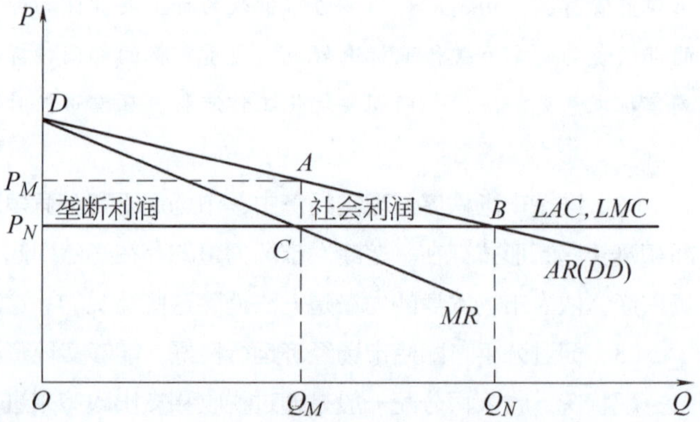

图7-1　垄断对社会造成的损失

价维持生存；二是垄断高价会扰乱市场信号，对资源配置造成误导。

2．垄断高价给消费者带来的损失

因为产量减少以及垄断利润的存在，消费者支付了较高的价格，所以消费者剩余减少。在完全竞争条件下，消费者剩余为三角形DBP_N的面积所代表的价值，而在垄断条件下，消费者剩余只剩下三角形DAP_M面积所代表的价值，减少了梯形ABP_NP_M面积所代表的价值。其中四边形ACP_NP_M面积为厂商获得的垄断利益，三角形ABC的面积为社会福利损失，它是由垄断厂商限制产量造成的。

案例

垄断寻租产生低效率

寻租是指试图获得一种可以赚取经济利润的垄断活动。一个垄断企业可以通过占有一部分消费者剩余而获得经济利润。因此，企业便千方百计谋求和维持垄断地位，以获取经济利润，并为此花费一定的费用，这就是寻租活动。企业为获得和维持垄断地位而支出的费用，是一种纯粹的浪费：它不用于生产，没有创造出任何收益的产出，完全是一种非生产性活动的支出。

寻租活动会产生经济损失。就购买垄断权利的单个寻租者而言，其愿意花费在寻租活动上的费用不会超过垄断地位带来的经济利润，否则就不值得进行寻租活动。如果有经济利润可得，便会有新的寻租客参加进来以取得某些经济利润，寻租客之间的竞争提高了必须为垄断权利支付的价格，结果把垄断权利的价格抬高到使寻租客能获得正常利润的水平，经济利润完全落入最初拥有垄断权利的人的腰包。

由于寻租，垄断产生了超过净损失的社会成本，这些社会成本等于净损失加上用于寻租的资源的价值，即加上整个垄断的经济利润。这表明，在存在垄断因而进行寻租活动的情况下，产生了社会成本，根本无从实现只有市场方能实现的经济效率，无法达到帕累托最优状态。

二、反垄断措施

政府反垄断的措施主要有立法和政府管制。

1．反垄断法

对于市场垄断，西方国家大都通过制定一系列反垄断法加以限制。很多国家都不同程度地制度了反垄断法，其中，最突出的是美国。1890—1950年，美国国会通过了一系列法案反对垄断，这些法案相互补充，从不同侧面对垄断加以限制，形成了一个完整的反垄断法律体系。

（1）谢尔曼法（1890年）。它是美国的第一部反垄断法规。该法规规定：任何以托拉斯或其他垄断形式所进行的兼并活动，任何限制或企图限制洲际或国际贸易活动，均被认为是犯罪。谢尔曼法的核心思想是保护竞争，防止和反对形成大的垄断企业。直到今天此法仍然是美国政府反垄断的重要武器。

（2）克莱顿法（1914年）。该法规定：任何以托拉斯或其他形式进行的兼并或共谋，任何限制洲际或国际贸易或商业活动的合同，均属于非法；任何人垄断或者企图垄断，或同其他人或多人联合，或共谋洲际或国际的一部分商业和贸易的，均被认为是犯罪。违法者要受到罚款或判刑。该法案的目的主要是限制不公平竞争。

（3）联邦贸易委员会，依据联邦贸易委员会法（1914年）建立联邦贸易委员会，作为独立的管理机构，授权其防止不公平竞争及商业欺诈行为，包括禁止虚假广告和商标等。

（4）罗宾逊–帕特曼法（1936年）。该法宣布卖主为消除竞争而实行的各种形式的不公平价格歧视为非法，以保护独立的零售商和批发商。

（5）惠特–李法（1938年）。该法修正和补充了联邦贸易委员会法，宣布损害消费者利益的不公平交易为非法交易。

（6）塞勒–凯弗维尔反合并法（1950年）。该法补充了谢尔曼法，宣布任何公司购买竞争者的股票或资产，从而实质上减少民间竞争，或企图造成垄断的做法，均为非法。该法禁止一切形式的兼并。法令规定，联邦贸易委员会和司法部对企业之间的合并有管制权。企业在合并之前，必须先把合并计划提交给这两个机构，由这两个机构对合并计划进行审核批准。如果企业未经批准擅自合并，司法部就可以对它提起诉讼。

上述反垄断法均由美国国会制定，负责强制执行这些法律的国家机构是美国联邦贸易委员会和司法部反托拉斯局，前者主要负责反不正当贸易行为的工作，后者主要负责反垄断活动的工作。如果公司被指控违反了反垄断政策，则要受到各种惩罚，如法院警告、罚款、赔偿受损人损失、改组公司直至判刑等。

案例

中国汽车业的反垄断风暴

2008年，中国出台了《中华人民共和国反垄断法》。2014年成为该法颁布以来反垄断调查最密集的“反垄断年”。

2014年5月29日，国家发改委发布公告称，依视路、尼康、蔡司、豪雅等主要框架镜片生产企业和博士伦、强生、卫康等主要隐形眼镜片生产企业，普遍存在对下游企业经营者进行不同形式的转售价格维持以及固定镜片转售价格或限定镜片最低转售价格的行为，对这些企业罚款1900多万元。

2014年7月28日，国家工商总局专案组对微软公司在我国内地的4个经营场所，即微软中国有限公司以及其在上海、广州、成都的分公司，同时进行反垄断突击检查。

2014年反垄断风暴让人印象最深刻的莫过于汽车企业。

2014年8月20日，国家发改委宣布，对日本住友等8家零部件企业价格垄断行为依法处罚约8.3亿元，对日本精工等4家轴承企业价格垄断行为依法处罚4亿元，合计罚款约12.4亿元。这是我国反垄断部门迄今为止开出的最大罚单。

针对汽车行业的反垄断调查效应得以显现。广汽本田于2014年8月8日率先宣布，同年9月1日起下调部分零部件价格。随后，雷克萨斯中国也宣布于同年8月18日起下调部分零部件价格。

与此同时，各地反垄断执法部门对克莱斯勒、奥迪、奔驰等汽车经销商的反垄断调查也在推进。

2．政府管制

政府对自然垄断的限制，通常采取对企业行为实行管制的方式。政府机构主要通过价格决定、产品标准与类型以及新企业进入一个行业的条件的制定对经济活动进行管理和限制。管制适用于银行与金融服务、通信、煤气和电力、铁路、公路和公共汽车交通等许多行业。管制的措施主要包括价格控制或者价格和产量的双重控制、税收或补贴，以及国家直接经营。

任务三　公共物品

社会经济中的产品可以分为私人物品和公共物品。私人物品是指消费者从市场上所购买的各种商品和劳务，是由市场提供给个人享用的物品。私人物品具有竞争性和排他性两个特点。竞争性是指如果某人已经消费了某种商品，则其他人就不能再消费该商品，不付费就不能消费。竞争性和排他性是市场机制正常运行的必备条件。

一、公共物品的特点及分类

公共物品是指在消费和使用上不具有排他性和竞争性特征的商品。“公共”带有共享的含义，是指在既定的价格条件下某个消费者在使用某一公共物品时并不排除其他消费者同时使用该物品，如国防、法律、警务和教育等，都属于公共物品的范畴。

1．公共物品的特征

与私人物品相应，公共物品有以下两个特征：

（1）非竞争性。非竞争性是指某一公共物品一旦被提供，无论增加多少消费者，都不会影响或减少其他人对该公共物品的消费。如良好的社会治安、优美的环境，一个人独享和成千上万人共享，都具有相同的效果。

（2）非排他性。非排他性是指某一公共物品一旦被提供，任何人都可以无偿使用，或不能阻止未付费的人享用或消费该物品。“搭便车”、享受国防安全等都属于这种情况。

2．公共物品的分类

按照公共物品所具有的非排他性和非竞争性程度的不同，公共物品可以分为两大类：纯公共物品和准公共物品。

（1）纯公共物品。纯公共物品是指具有完全的非竞争性和非排他性的物品。它的主要特点是除了具有广泛的外部性以外，还包括无拥挤性和选择性，通过纳税间接购买与被动消费，消费时无法分割，只能由政府提供等。比如，国防、外交、灯塔和港口等。

（2）准公共物品。准公共物品是指具有竞争性但无排他性或具有排他性但无竞争性的物品。准公共物品可以分为两类：一类是与规模经济有联系的产品，称为自然垄断型公共物品，如下水道系统、供水系统、铁路运输系统等，这类公共物品一般来说都属于社会基础设施；另一类称为优效物品，即那些不论人们的收入水平如何都应该消费或应该得到的公共物品，如社会卫生保健、住房、中小学教育等。

这两类准公共物品有一个共同的特点——拥挤性。在准公共物品的消费中，当消费者的数目从零增加到某一个可能是相当大的正数即达到了拥挤点时，就显得十分拥挤了。没有超过拥挤点时，增加额外的消费者不会发生竞争。因为在达到拥挤点之前，每增加一个消费者的边际成本是零，比如，在音乐厅欣赏音乐、人们在街道和桥梁上行走等。随着消费者的不断增加，超过拥挤点以后，新增加的消费者的边际成本开始上升并同时减少全体消费者的效用，当达到容量的绝对限制时，增加额外消费者的边际成本便趋于无穷大。鉴于准公共物品的拥挤性，有的学者称之为“有限的公共物品”。

在现实中，纯公共物品是少数，多数是准公共物品，并且两者在一定条件下可以转化。例如，电视节目本来具有非竞争性和非排他性，但通过有线频道可以做到排他使用，因而成为可收费的准公共物品。此外，不同国家对公共物品的界定标准也有所不同。例如，教育在高福利国家从小学到大学都是免费的，而在其他国家则可能指实行从小学到初中的义务教育。

案例

灯塔理论

在早期的英国，灯塔设施的建造和管理都是由私人提供的。由于海上航行经常出事故，为了满足航海者对灯塔服务的需要，一些临海人家自己出钱修建了灯塔，然后根据过往船只的大小和次数向船只收费，以此作为维持灯塔日常开销的费用并获取利润。经营一段时间后，灯塔的建造者们渐渐发现，过往的船只总是想方设法逃避缴费，他们或者绕过灯塔行驶，或者以自己熟悉海路为名，干脆拒绝缴费。建造者们只能增雇人手也增加了成本，建造者们慢慢就变得入不敷出了。于是，私人建造的灯塔慢慢地就关闭了。可是，海上航行对灯塔的需求是一直存在的，所以只能由政府出面来建设灯塔了。

刚开始，政府经营灯塔让过往船家很高兴，因为使用灯塔不用自己缴费了，好像节约了费用。但没过多久大家就发现，这时的灯塔比私人经营时损坏率高了很多，因为反正是公用的东西，谁也不爱护。最后，政府花在灯塔维修上的费用要远远超过私人经营时的费用。而且，表面上过往船只并没有交钱，但实际上政府拨下来用于修造灯塔的费用也是纳税人的钱，从整个社会资源配置的角度看，这部分资源是无效率的。

二、公共物品的供给

公共物品具有的特征导致市场无法正常提供，必须由政府来提供社会需要的公共物品。政府提供公共物品并不等于全部的公共物品都由政府来直接生产。

1．政府提供公共物品的方式

发达国家政府增加提供公共物品的方式通常有三种：

（1）中央政府直接供给经营。在一些国家，中央政府直接经营军工、医院、自来水和燃气等准公共物品，而另一些国家对这些产品的经营是由于私人经营亏损或破产时转而由政府通过国有化来实现的。各国中央政府在提供公共物品时差异较大，美国在公共物品生产方面更多地偏向于私人提供。

（2）地方政府直接经营。在欧洲的大多数国家，主要由地方各级政府直接经营保健事业、医院、自然资源保护、街道、警察、防火、供电和图书馆等。欧洲各国地方政府在许多绩优型产品供应方面，表现出直接经营的一些特点，而美国则更多的是通过私人企业予以间接经营。

（3）地方公共团体经营。最典型的是日本和法国。日本的国有企业是由地方公共团体来经营的，这样做有利于地方居民的福利事业，其法定事业有自来水、工业水、汽车运输、地方铁路、电气、煤气等。

2．私人部门提供公共物品的形式

发达国家在公共物品的私人提供与经营方面有以下几种方式：

（1）签订合同。政府与私人公司签订经营公共物品的合同是发达国家十分普遍的一种形式。这种方式主要针对规模经济效益的自然垄断产品，如各类基础设施和公共服务行业。政府选择私人厂商的方式一般是公开招标，借助于投标者的竞争，把价格压到合理水平。此外，许多国家还允许私人通过建设—经营—转让的方式参与公共基础设施和服务的提供，即允许私人投资建设基础设施，并通过若干年特许经营许可收回投资后，再由政府收回此项公共基础设施。

（2）授权经营。这种方式适合于提供那些外在性显著的公共物品，如自来水供应、电信、供电、广播电台、航海灯塔等。在发达国家，自来水、电话、供电等许多公共领域都以授予经营权的方式委托私人公司经营，这种方式或多或少使私人公司具有了一定的垄断地位。

（3）政府经济资助。主要适用于那些盈利性不高或者只有在未来才能盈利且风险大的公共物品。资助的方式有补贴、津贴、优惠贷款、无偿赠款、减免税。高精尖技术的基础研究和应用技术的超前研究以及教育，是政府资助的主要领域。欧美国家对民营公共物品经济资助的途径和方法很多，如补助津贴、优惠贷款、无偿赠予、减免税收等。

（4）政府参股。主要适用于初始投入大的基础设施项目，如桥梁、道路、发电站、高速公路等。政府参股又分为政府控股和政府入股。政府控股针对那些具有举足轻重地位的项目，政府入股主要是向私人企业提供资本和分散私人投资风险。比较引人注目且效果较好的参股领域之一是高科技开发研究。

（5）社会服务。只要遵守宪法和有关法律，发达国家的许多公共领域均允许个人、团体、宗教事业、慈善事业等营利性和非营利性机构和组织参与经营。

案例

我国公共产品供给主体的变化

法国历史学家托克维尔曾说：“当政府像上帝一样包揽一切的时候，别人就要把所有的、跟其有关系没关系的，连最自然的灾害也都归咎于它，甚至生老病死。”

大包大揽式的政府在特殊时期对我国社会稳定、经济发展确实起到过积极的推动作用。然而，随着社会经济发展和改革深化，市场在资源配置中将起到决定性作用，政府权力将不断受到约束，政府职能将转向“法定责任必须为”与“法无授权不可为”。提供充足而优质的公共产品和公共服务，是政府的法定职责。

如正文中所述，私人部门也可以提供公共产品。进入21世纪，我国公共产品的供给有什么变化呢？

据民政部数据显示，截至2017年年底，全国共有社会组织80.3万个，比2016年增长14.3%。社会组织快速成长，这使得公共产品的提供不必由政府部门一手包办，社会组织的参与成为可能。

报道显示，湖南省开启了“互联网+智慧养老”“互联网+社区养老”模式，为养老插上互联网的翅膀。采取政府主建企业运营，汇集社会力量深度参与，政府与社会组织合作的公共产品、公共服务供给模式，使政府不再是公共产品的唯一提供者。

任务四　外部性

外部性是个人或企业的行为直接影响到其他个人或企业，但其他个人或企业并没有因此而支付任何成本或得到任何补偿。

一、外部性的分类及特点

1. 外部性的分类

按照个人或企业的行为对其他个人或企业所产生的影响是有利还是不利，外部性可以划分为两种类型：正外部性和负外部性。

案例

20世纪初的一天，一列火车在绿草如茵的英格兰大地上飞驰。车上坐着英国经济学家阿瑟·塞西尔·庇古。他边欣赏风光边对同伴说：“火车在田间经过，机车喷出的火花（当时是蒸汽机车）飞到麦穗上，给农民造成了损失，但铁路公司并不用向农民赔偿。这正是市场经济无能为力之处，称为市场失灵。”

将近70年后，也就是1971年，美国经济学家乔治·斯蒂格勒和阿尔钦同游日本。他们在高速列车（这时已经是电气列车）上想起了庇古当年的感慨，就问列车员，铁路附近的农田是否因受到列车的损害而减产。列车员说，恰恰相反，飞驰而过的列车把吃稻谷的飞鸟吓走了，农民反而受益了。当然，铁路公司也不能向农民收取赶鸟费。这同样是市场经济无能为力的表现，也称市场失灵。

正外部性是指个人或企业的行为对其他个人或企业所产生有利的影响，但这些个人或企业却没有得到补偿，而得到有利影响的个人或企业也没有支付成本。正外部性的典型事例是企业的发明创造。

负外部性是指个人或企业的行为对其他个人或企业所产生不利的影响，但这些个人或企业却没有支付任何成本，而遭受不利影响的个人或企业也没有得到任何补偿。负外部性的典型事例是企业的环境污染。

根据经济活动主体及其带来的结果不同，外部性分为以下几种：

（1）生产活动的正外部性。当一个生产者采取的经济行为对他人产生了有利影响，而自己却不能从中得到报酬时，便产生了正外部性。如一个企业培训的工人可能转而为另一个企业工作，而后者却不必向前者支付培训费。

（2）生产活动的负外部性。当一个生产者采取的行动给他人带来了不利影响，而其对此付出的代价或成本不足以弥补给他人或社会造成的影响时，便产生了负外部性。如一个企业排放污水污染了河流或者排放了烟尘污染了空气，这种行为使附近的人们和整个社会都遭受到了损失，即对他本人来说是一种成本，而污染的制造者却不必为自己造成的环境质量下降支付费用。负外部性表明，生产者为这种生产活动承担的成本小于社会为此活动承担的成本。

（3）消费活动的正外部性。当一个消费者所采取的行动对他人产生了有利影响，而自己却不能从中得到补偿时，便产生了消费的正外部性。如某个人播放动听优美的乐曲给周围的人都带来了美的享受；某个人在自家住宅周围种植花草，不仅会使自己受益，也会使邻居受益等。

（4）消费活动的负外部性。当一个消费者采取的行动对他人产生了不利影响，而又未对此付出代价时，便产生了消费的负外部性。最典型的例子就是一个人在公共场所吸烟，危害其他人的健康，但他却通常并不为此支付任何东西。还有，在手机的彩铃中设置恐怖的音乐，让打电话的人害怕或受到惊吓，也是一种消费的负外部性。

一般而言，经济学家分析作为市场失灵表现的外部性问题时，通常是指负的外部问题。

案例

中国经验打造“柬埔寨深圳”

作为“一带一路”沿线“中国造”工业区的典范，西港特区被当地人民称为“柬埔寨深圳”，并长期受到中柬两国领导人的高度关注。经过10年发展，已经崛起为当地乃至整个柬埔寨经济发展的重要发动机。

2007年，当红豆集团派驻的先遣人员来到西港特区规划点进行勘测和施工的时候，他们震惊于这里的荒凉和贫穷，到处是茂密的杂草荆棘，碰到吸血的蚂蟥和东南亚特有的毒蛇更是家常便饭。在附近村子，人们主要依靠着伐木和简单的农耕维持生计。在村子里，房屋都是用简单的砖、石头、木头搭建，只有屋顶的铁皮告诉外来者，这是一个在工业时代被遗忘的落后地区。

10年过去了，这一地区的面貌早已“翻天覆地”。截至2017年10月中旬，西港特区已经有入驻企业116家，解决了当地1.7万人的就业问题。西港特区是柬埔寨政府批准的最大的经济特区，总体规划面积11.13平方公里，目前开发的是首期，开发面积为5.28平方公里。

西港特区在“一带一路”树立了“民心相同”的样板。西港特区的快速崛起，并不只是经济发展“中国经验”的简单复制，它背后更是儒家传统崇尚个人奋斗和中国民营企业“家文化”的有机融合。

2．外部性的特点

一般而言，外部性有以下几个特点：

（1）外部性的产生独立于市场机制。外部性的影响不是通过市场发挥的作用，它不属于买者和卖者的关系范畴，换句话说，市场机制无力对产生外部性的厂商给予惩罚或补偿。

（2）外部性产生具有明显的伴随性。企业在追求其利润最大化目标时，总是考虑其私人成本，而不是社会成本。就污染排放而言，厂商的决策动机不是为了排污而生产，排污本身只是生产过程中的伴随物，而不是故意制造的效应。换言之，外部性并不是人刻意追求的结果，外部性是伴随着生产或消费而产生的。

（3）外部性与受众之间具有某种关联性。外部性所产生的影响并不一定明确表示出来，但它必定有某种正的或负的福利意义。当受损者对外部性并非漠不关心的时候，它与受众就是相关的，否则就不是相关的。例如，水流从邻居家灌进你的院子，使你的出入不便，于是便产生了负外部性。但如果你不介意，那么这种负外部性就是不存在的。

（4）外部性有某种强制性。在很多情况下，不管你是否同意，外部性加在承受者身上时具有某种强制性，例如住宅附近飞机场的轰鸣声，这种强制性是不能通过市场机制解决的。

（5）外部性不可能完全消除。任何行为都必然产生外部性，人们可以采取措施来限制、缓解外部性的影响，但不可能完全消除。工业污染是不可能完全消除的，市场机制的作用无能为力，政府干涉也只能限制污染使之达到人们能够接受的某种标准，要想完全消除是不可能的。

案例

不诚信的外部性

某留洋博士刚毕业，回国到一所重点大学应聘，对方告知，他的履历相当不错，条件也都符合，但是因为他们夫妻两地分居，来了之后可能“军心不稳”，还得“考虑考虑”。

留洋博士一打听，原来她所应聘的学院去年连续走了4个入职不过一两年的年轻教师，理由都是“两地分居，生活不便利”。4人同年离职，对于不过几十人的团队规模来说，可谓大动荡。“不明真相”的学界因此盛传该学院待遇太差，评职称太难，逼走了年轻教师。

学院领导颇为气愤，却无可奈何，只好定下了“两地分居者不再录用”的“潜规则”。

留洋博士求职心切，找领导反复陈情，说明自己的特殊情况，并表态说，如果被录用，一定会安心工作，不会见异思迁，充当“学术跳蚤”。领导用一种看透世事的语气说，那4个人刚来的时候说得比你还真切。留洋博士一听，顿时语塞，陷入了“第22条军规”般的荒谬困境。

二、解决外部性的对策

外部性的存在导致资源配置缺乏效率，那么应当如何纠正它呢？西方经济学提出的方法主要有征税或补贴、外部影响内部化以及产权确定。

1．征税或补贴

阿瑟·塞西尔·庇古在《福利经济学》一书中提出了“庇古税”方案，强调通过征税或补贴方案纠正因经济当事人的私人成本与社会成本不相一致而产生的外部性。其具体设计：对造成社会成本大于私人成本的外部性，即造成负外部性的企业和个人，征收相当于社会成本大于私人成本的价值的税收，使私人成本与社会成本一致。这样，会把原先对于当事人来说是外在成本的社会成本内在化为当事人自己的成本，迫使其从自身利益出发来调整和控制外在性。同理，对于造成社会收益大于私人收益的企业和个人，政府应给予他们相当于多出部分受益的补贴，以鼓励此类行为。“庇古税”的原则是“污染者付费的原则”，这是国际公认和倡导实行的原则。征收污染税是目前各国普遍采用的一种控制污染的方法，但有人指责它是一种花钱买污染权的原则。

2．外部影响内部化

外部影响内部化主要是通过合并企业的方式来实现的。合并企业是指如果某类企业的行为对另一个企业产生了外部性，那么可以将这两个企业合并为一个企业，这样可以使企业外部影响内部化。如一个化工厂对附近的一家养殖场造成了污染、纠纷不断，则可以由政府出门协调，促使两家企业兼并重组，使外部成本内部化。这样，化工厂在生产时就会考虑对自己的养殖场带来的损失，从而使化工厂的边际收益等于养殖场的边际损失。

3．产权界定

科斯定理认为：只要产权是明确的且交易费用为零，即使面临严重的外部性，完全竞争的市场经济机制也能够有效地实现资源的最优配置。例如，假设在一条河流的上游有企业，下游有用水户，那这里有两种可能，一种是存在负外部性，另一种是存在正外部性。在第一种可能下，企业污染水流，下游的用水户拥有使用洁净水的权利。如果污染高于法定标准，下游用户有权向上游企业索取赔偿。而上游企业考虑到自身的利益，为了减少成本，将自动地把污染降到社会最优污染控制水平。在第二种可能下，假设上游企业能提高水质，那么他有权向下游用水户索取代价以补偿成本。在这两种场合，企业和用水户之间就赔偿问题都可以通过协商来解决，这样就不会出现私人成本同社会成本、私人利益同社会利益之间的差异。

任务五　信息不对称

一、信息不对称的含义

在经济交易中，交易的双方（或多方）对于同一交易所掌握的信息通常是不一样多的，这种情形叫作信息不对称。掌握信息多的一方在交易中占优势，而另一方则处于劣势。反之，市场上买卖双方掌握的信息一样多的情况被称为信息对称。

信息不对称一般有两种情况：一种情况是卖方掌握的信息多于买方，一般商品市场和要素市场上都是这种情况，如计算机、食品、服装等的卖者比买者更了解产品的性能，劳动力的卖者比买者更了解劳动力的水平及技能；另一种情况是买者掌握的信息更多，如保险购买者比保险公司更了解保险的标的物（如自己的身体健康）的情况，信用卡的申请者比提供信用卡的金融机构更了解自己的信用度的好坏。

案例

卖辣椒的人总是会不断遇到买家的提问：“这辣椒辣吗?”——回答“辣”，也许买主是个怕辣的，转身走人；回答“不辣”，也许买家是个喜欢吃辣的，还是转身走人。

有一天我没事就站在一个卖辣椒的妇女三轮车旁，看她是怎么解决这个难题的。趁着眼前没有买家，我自作聪明地对她说：“你把辣椒分成两堆儿吧。”没想到卖辣椒的妇女向我笑了笑，轻声说："用不着。"

说着就来了一个买主，问的果然是："辣椒辣吗?"卖辣椒的妇女很肯定地告诉他："颜色深的辣，颜色浅的不辣!"买家信以为真，挑好后满意地走了。也不知今天怎么回事，大部分人都是买不辣的，不一会儿，颜色浅的辣椒就所剩无几了。我于是又说："把剩下的辣椒分成两堆儿吧，不然就不好卖了。"然而，她仍是笑着摇摇头，说："用不着!"又一个买家来了，问的还是那句话，卖辣椒的妇女看了一眼自己的辣椒，答道："长的辣，短的不辣!"买家依照她说的挑起来。这一轮的结果是，长辣椒很快售罄。

看着剩下的都是深颜色的短辣椒，我没有再说话，心里想：这回看你还有什么说法。没想到，当又一个买家问时，卖辣椒的妇女信心十足地回答："硬皮的辣，软皮的不辣。"

卖辣椒的妇女卖完辣椒，临走时对我说："你说的那个方法卖辣椒的人都知道，而我的办法只有我自己知道!"

认识能力的局限性和差异性，使人们不可能掌握全部的信息，充分占有信息的一方为了自身利益有隐蔽的倾向，再者，获得信息需要成本，这些信息都会引起信息不对称。

二、信息不对称与市场失灵

不对称性发生在当事人签约之前，这会形成"逆向选择"；发生在当事人签约之后，这会形成"道德风险"问题。

逆向选择是指交易双方信息不对称和市场价格下降产生的劣品驱逐良品，进而出现市场交易产品平均质量下降的现象。例如，有买主愿意高价购买好的产品或服务，而市场服务实现将好的产品或服务从卖主手里转移到需要的买主手中，此时，就出现逆向选择。

案例

在二手车市场，买家和卖家对于二手车质量情况的掌握也是不一样多的。卖家知道所售二手车的真实情况。但在一般情况下，潜在的买家要想确切地掌握二手车市场上汽车质量的好坏信息是很困难的。他最多只能通过外观、介绍及简单的现场试验等方法来获取有关汽车质量的信息。而这很难准确判断出二手车的真实质量，因为车的真实质量只能通过长时间的使用才能看出，但这在二手车市场上是不可能的。因此，二手车市场上的买家在购买汽车之前并不知道哪辆汽车是高质量的，哪辆汽车是低质量的，他只知道二手车市场上汽车的平均质量。

在这种情况下，典型的买家只愿意根据平均质量支付价格。不妨假设二手车的买家对高质量车愿意支付的价格是10万元，而对低质量的车愿意支付的价格是5万元。如果二手车市场上高质量车和低质量的车各占一半，则二手车买家购买到高质量和低质量的车的可能性都是0.5，其愿意为一辆车支付的期望价格为$10\times0.5+5\times0.5=7.5$万元。因为无论是高质量的车还是低质量的车只能按照这一价格成交，所以那些高质量二手车的所有者就会把他们的车撤出，而低质量的车会选择留在市场里。其最终结果就是高质量的车全部退出市场，市场上全是低质量的车。这违背了市场竞争中优胜劣汰的选择法则。

道德风险是指交易双方在签订交易协议后，占据信息优势的一方在使自身利益最大化的同时，损害处于信息劣势一方的倾向性。道德风险是一个事后的信息不对称问题。它产生的原因在于交易协议给交易双方建立了一种关系，在关系中处于信息劣势的一方无法观察到处于信息优势一方的行为，最多只能观察到行为产生的不利后果，但又无法确定这种不利后果的产生是否与处于信息优势一方的行为不当有关。

案例

售货员的工资

如果某个百货公司的老板对所雇用的售货员支付固定工资，那么这个老板可能会遭遇道德风险：售货员可能会付出最小努力且不积极售货。这会减少百货公司的利润。由于这个原因，通常售货员的工资收入分为两部分：一部分是基本工资，与售货量无关；另一部分是业绩工资，与售货量挂钩，销售越多，这部分工资就会越高。

三、解决信息不对称的对策

1. 发出市场信号

发出市场信号，即市场上的卖方向买方用令人信赖的方式发出信号，以显示产品或其他交易对象的质量信息。例如，在二手车市场上，为防止出现逆向选择，政府或汽车行业协会可以规定二手车出售者必须向购买者发送有关二手车的质量信号，如提供二手车运行公里数及事故或大修次数等，还可以让出售者提供一定时间的保修记录等。汽车出售者可以自行做出一些可信的承诺或发出一些关于汽车质量的信号，这些都可以抑制逆向选择的产生。

2. 政府管制

在信息不对称的市场失灵的情况下，政府对信息问题可以做出相应规定。首先，政府可以强制性制定信息公开制度，为消费者获取企业信息提供多个渠道，避免消费者权益受到损害。其次，政府可以对虚假广告、虚假信息进行惩罚，增加企业提供虚假信息和违法的成本，减少或杜绝这一现象出现。最后，出台相关法律，保证信息提供的真实性。例如，《中华人民共和国证券法》规定，必须真实地披露债券信息等。

项目小结

市场失灵是指市场机制不能正常发挥作用，使得社会资源的配置无法实现有效率的状态。市场失灵的情形主要表现为垄断、外部性、公共物品、信息不对称等。

政府干预是指政府为实现一定的经济目标，通过采取适当的措施和手段对市场失灵进行治理的行为，微观经济政策以维持正常的市场秩序、促进资源有效配置和社会公平为目标。

垄断是指对市场的直接控制和操纵，垄断降低资源配置效率，对整个社会造成损失。政府主要通过立法和政府管制对垄断加以限制。

外部性是指人们的经济活动对他人造成的非市场化的影响。政府治理外部性的主要措施有政府管制、补贴和征税、合并企业与界定产权等。

公共物品是指在消费和使用上不具有竞争性和排他性的物品。公共物品可分为纯公共物品和准公共物品。通常情况下，公共物品由政府直接生产或间接生产提供。

信息不对称是指参与经济活动的当事人一方比另一方拥有更多的相关信息。信息不对称导致逆向选择和道德风险等市场失灵情形。政府主要采取提高市场透明度、加强标准化管理等措施解决。

习题与实训

一、名词解释

1. 外部性
2. 公共物品
3. 价格管制
4. 市场失灵

二、选择题

1. 外部性是（　　）。
   A. 归市场上买者的利益
   B. 归市场上卖者的利益
   C. 一个人的行为对旁观者福利无补偿的影响
   D. 对企业外部顾问支付的报酬
2. 正外部性引起（　　）。
   A. 一种物品的社会成本曲线高于供给曲线（私人成本曲线）
   B. 一种物品的社会价值曲线高于需求曲线（私人价值曲线）
   C. 一种物品的社会价值曲线低于需求曲线（私人价值曲线）
   D. 以上各项都不是
3. 当一个人在一个拥挤的城区买了一辆汽车时，这就引起了（　　）。
   A. 有效率的市场结果　　B. 技术溢出效应
   C. 正外部性　　D. 负外部性
4. 最有效率的污染控制应该确保（　　）。
   A. 每个污染等量地减少其污染
   B. 减少污染成本最低的污染者减少的污染量最多
   C. 对环境的任何污染都不能被容忍
   D. 管制者决定每个污染者应该减少多少污染
5. 根据科斯定理，在以下哪种情况下私人双方可以自己解决外部性问题（　　）。
   A. 受影响的各方在谈判中有相等的权利
   B. 受外部性影响的一方有不受影响的初始产权
   C. 没有交易成本
   D. 政府要求他们相互谈判

6. 政府对在校学生发放助学金和奖学金，其结果是（　　）。
 A. 产生正的外部效应　　B. 产生负的外部效应
 C. 正的外部效应内在化　　D. 负的外部效应内在化
7. 以下难以满足社会成员对公共物品的多样化需求的是（　　）。
 A. 联合融资　　B. 私人融资
 C. 政府融资　　D. 自愿融资
8. 公共产品的非竞争性意味着每新增一个消费者的（　　）等于零。
 A. 社会成本　　B. 边际成本
 C. 社会效益　　D. 边际收益
9. 由于公共物品存在消费上的非排他性，理性的个人倾向于他人付费，而自己坐享其成，这就是（　　）。
 A. 免费搭车　　B. 外部经济
 C. 外部不经济　　D. 逆向选择
10. 公共产品的特征决定了公共产品不能由（　　）提供。
 A. 竞争性的市场　　B. 公共部门
 C. 政府　　D. 国家

三、简答题

1. 简述公共物品或服务的三个特性。
2. 什么叫免费搭车者？如何解决免费搭车者问题？
3. 简述外部性及解决对策。

四、综合实训

思考生活中市场失灵的例子，利用本项目的相关知识加以解释，并提出相应的解决措施。

项目八

国民收入核算

知识目标

1. 掌握国内生产总值的含义及核算方法
2. 了解国民经济核算中的其他指标
3. 掌握两部门经济、三部门经济和四部门经济中的储蓄—投资恒等式

能力目标

能初步运用国民收入决定的基本原理分析现实经济问题

案例导入

20世纪末，中国绝大部分家庭已经摆脱贫穷，年轻的读者可能对贫穷、饥饿没有太多印象，也许对父辈和祖辈辛勤工作、努力挣钱还有少许的不理解。俗语讲“穷爱财，富惜命”，读者祖辈曾经历的贫穷使他们追求财富的动力更为强劲，鸦片战争之后100多年的中国贫穷、落后、饱受欺凌，也一样使国人对国家富强充满渴望。

各位读者，我们已经过上小康或富裕的生活，我们的中国呢？富强了吗？读者可先看以下几组数据：

1980年，中国国内生产总值（1894亿美元）世界排名13位，落后于印度（1896亿美元）；

1990年，中国国内生产总值（3569亿美元）世界排名第11位，落后于巴西（4619亿美元）；

1994年，中国国内生产总值（5592亿美元）世界排名第8位，落后于加拿大（5760亿美元）；

1999年，中国国内生产总值跻身“万亿俱乐部”（10833亿美元），世界排名第7位，落后于意大利（12082亿美元）；

2007年，中国国内生产总值（34941亿美元）世界排名第3位，落后于日本（ 43563亿美元）、美国（144803亿美元）；

2010年，中国国内生产总值（59305亿美元）超越日本（54954亿美元），排名世界第2位，虽然排名上升，但离美国的149583亿美元好像还很遥远；

2014年，中国国内生产总值突破10万亿美元（104242亿美元），距离富足的美国（173926亿美元）似乎已经不再遥远；

2017年，中国国内生产总值超过127238亿美元，据相关机构测算，2024年，中国国内生产总值将达到208139亿美元，将超越美国的205996亿美元，并且超越还将一路领先，到2031年，中国的国内生产总值将是美国和日本两国国内生产总值之和，中国将屹立于世界民族之林，成为全球唯一强国。

2013—2017年以人民币计量的国内生产总值及其增长速度如图8-1所示。

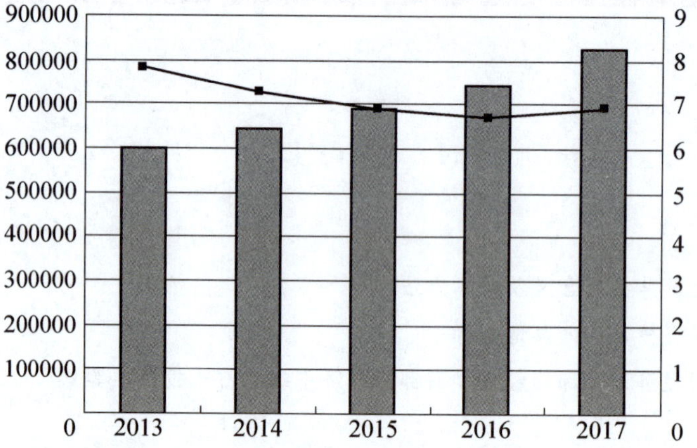

图8-1 2013—2017年中国国内生产总值及其增长速度

启发思考：

国内生产总值是什么？它可以衡量国家的富裕程度吗？用它衡量合理吗？

微观经济学以个体为研究对象，个体对财富的拥有量可以以个人收入、家庭收入和企业收入表示，宏观经济学则以地区、国家为单位，其财富的多寡也同样应该有表示的方法，这就是国民收入。

衡量国民收入的指标有很多，目前运用最广泛也最受关注的是国内生产总值。美国著名经济学家保罗·萨缪尔森曾说："国内生产总值是20世纪最伟大的发现之一。"因为透过国内生产总值，我们不但可以看到国内的经济形势和趋势，而且可以看到国与国财富的差距，以及各国经济发展的排位趋势。

本项目将解读国内生产总值等国民收入指标，这将有助于读者了解经济报告、新闻中相关数据的实质。

任务一 国民收入的指标体系

一国经济的运行情况可以通过一定的指标体系来反映。既然国民收入是揭示国民经济总体运行趋势和规律的重要指标，那么如何衡量国民收入，即如何核算国民收入，是宏观经济学最基本的问题。国际上通常用国内生产总值和国民生产总值这两个统计数据来反映国民收入，随着世界经济一体化的深入，国内生产总值的核算显得尤为重要，不只因为世界上大多数国家运用国内生产总值来反映国民收入，便于进行国家间比较，更因为这个指标适应了世界经济一体化的进程，在以国民为原则的生产总值的核算中，要想把本国企业与外国企业所创造的商品和劳务价值明确地分割开来，已经越来越困难。

一、国内生产总值

通常所说的国内生产总值，是用来评价一国经济增长状况的指标。

1．国内生产总值的概念

国内生产总值（GDP）是指一定时期内、一个国家的国土范围内，本国和外国居民所生产的最终产品和劳务的市场价值总和。其中，最终产品是指以消费和投资为目的现期生产和出售的产品。最终产品是相对于中间产品而言的，国内生产总值不包括中间产品的价值。

在理解国内生产总值的定义时，需要注意以下四点：

（1）国内生产总值是指当年生产出来的产品的总值，因此，在计算时不应该包括以前所生产的产品的价值，即以前生产而在该年出售的存货，或以前建成而在该年转手出售的房屋等。如某厂商一年生产了100万元产品，只卖掉80万元，那所剩的20万元产品可以看作是厂商自已买下来的存货投资，应计入国内生产总值。相反，虽然厂商只生产了100万元产品，却卖掉了120万元产品，则计入国内生产总值的仍然是100万元产品，只是库存减少了20万元。

（2）国内生产总值是指最终产品价值，因此，计算时不应包括中间产品，以避免重复计算。如购买了一辆汽车，该汽车便是最终产品，而用来制造汽车的轮胎、玻璃和引擎等，则都是中间产品。所有中间产品的价值都已经包含在最终产品的价值里面了，如果再计算中间产品的价值，就会导致重复计算。在现实经济中，许多产品难以区分是最终产品还是中间产品，所以只计算生产各阶段上所增加的价值。在表8-1中，服装是最终产品，总价值为60元，按增值法计算也是60元。如不区分最终产品和中间产品，则会有80元的重复计算。而只要用增值法统计，无论把上述哪种产品作为最终产品，都不会造成重复计算。

表8-1　最终产品价值与增值法的一致性　　　　单位：元

产品类型	生产阶段	产品价值	中间产品成本	增加价值
中间产品	棉花	15	—	15
	棉纱	25	15	10
	棉布	40	25	15
最终产品	服装	60	40	20
合计	—	140	80	60

（3）国内生产总值中的最终产品不仅包括有形的产品，还包括无形的产品——劳务。第三产业提供劳务，虽然劳务无形，但却是社会经济发展不可或缺的部分，因此，第三产业所提供的劳务价值也应计入国内生产总值。

（4）国内生产总值指的是最终产品市场价值的总和。市场价值一定要有市场交易行为才能形成，这样一国经济中有些活动不进入公开市场，因而没有价格，也就无法计入国内生产总值，这主要有两种情况：一是地下经济，主要指为了逃避政府管制所从事的经济活动，如逃税、走私和贩毒等。曾有数据显示，美国地下经济的规模估计为4000亿~13000亿美元，占其国内生产总值的9%~30%。二是非市场经济活动，是指那些公开的但没有进行市场交易行为的经济活动。自给自足的生产和家务劳动等都是典型的非市场经济活动，没有经过交换，没有市场价值，不计入国内生产总值。

知识点滴

用市场价格来衡量产品价值，对于统计国内生产总值提供了很大方便，也符合市场经济原则，但是也存在一些不足；其一，不经过市场交易的自给性产品和劳务无法统计；其二，市场价格经常变动会影响国内生产总值的准确统计。

2．国内生产总值的局限性

一般来说，GDP尤其是人均GDP是衡量一国经济和国民富裕程度的指标。例如，卢森堡、瑞士等国家人均GDP位居世界前列，它的国民富裕程度和经济福利水平也是世界上最高的。从人均GDP来说，卢森堡大约是希腊的4倍。那么，据此我们是否可以说卢森堡居民的生活水平就是希腊居民的4倍呢？我们说，人均GDP可以大致反映一个国家居民的富裕程度，但是因为它并未囊括所有经济活动，所以GDP并不能完全衡量一国生活水平或者福利水平的好坏。这主要有以下几个原因：

（1）GDP是市场交易指标而非生产指标。GDP不能反映出未经过市场交易的产出，下列的经济活动并不能用来交换。

①家务经济或者家庭生产。如果你雇用一个工人粉刷你的房间，那么这会记录到GDP统计数字中去。然而，如果你自己粉刷，就不会计入GDP中；同样，在家中可以选择自己做饭菜也可以选择外出就餐；诸如此类的例子很多，一个典型例子是花工和花园女主人结婚前后同样工作对于GDP影响截然不同：婚前是为工钱工作，婚后是为自己家庭而工作。

②物物交易活动，它没有以货币作为等价物的市场价格。

③地下经济也是经济的一部分，它不光涉及赌（非法赌博）、毒（毒品交易）、黄（色情交易）、黑（军火交易）和走私、黑市交易等非法活动，也包括诸如服务员、出租车司机赚取的小费，家庭教师在业余时间赚取的额外收入等合法经济活动。

如果一个国家的物物交易活动和地下经济过多，则该国真实的GDP较难统计。

（2）GDP是产出指标而非消耗指标。GDP仅能反映经济活动中产出的部分，体现了经济发展、繁荣的一面，而不能反映经济增长的成本。经济高速增长的背后往往存在着对社会、资源、环境的消极影响，一味追求GDP的高速增长往往忽略了经济增长带来的环境污染、生态破坏、收入分配不公等成本。一味追求增长也忽略了休闲和人力资本。比如说，西欧国家和美国相比，GDP低，但是休闲的时间多（周工作时间较少），也许欧洲人觉得自己的生活比美国人更好。

（3）GDP是流量指标并非存量指标。它反映了财富的创造部分而没有反映财富的积累。一国穷兵黩武甚至发动战争也会导致GDP上升，自然灾害后的重建家园也会导致GDP上升。但是战争和自然灾害却不能给老百姓带来真正生活水平的提高。

（4）GDP是一个名义指标，并不能代表真正生活水平。GDP是一个总数，有时候人口增加，生产自然也增加，但人均产值未必增加甚至减少；不同国家相同数字的GDP背后代表了不一样的生活水平：一国生产出大量的武器弹药，而另外一国则生产出了大量的消费品；另外，各国之间购买力之比并不完全等于汇率之比。举例来说，月收入同样为1000美元的两个家庭，由于美国的物价普遍高于中国，在中国月收入为1000美元的家庭比美国月收入为1000美元的家庭购买力要好。

（5）人均GDP是一个平均指标，并不能代表大多数人的真正生活水平。如果一国十分富有，人均GDP很高，但是该国家的收入分配很不平均，即少数人拥有了这个国家大多数的财富和收入，那么这个国家大多数居民的真正生活水平还是比较低的。

总之，GDP有助于了解一国的经济实力与市场规模，人均GDP有助于了解一国的富裕程度与生活水平。产出率大于出生率，人均GDP则上升，人们的生活水平也会上升。但同时，用人均GDP来衡量生活水平还不是很全面。因为，许多重要的生活质量指标没有包括在内。例如，休闲时间、休闲内容、安全舒适的工作环境、健康清洁的生活环境、社会治安，甚至政治自由与社会公正等难以量化的指标。

3．名义国内生产总值与实际国内生产总值

由于国内生产总值是用货币来计算的，一国国内生产总值的变动由两个原因造成：一是所生产的物品和劳务的数量的变动；二是物品和劳务的价格的变动。国内生产总值不仅要受产品和劳务数量的影响，而且要受到价格水平的影响。为了弄清国内生产总值变动究竟是因产量还是价格引起的，需要区分名义国内生产总值和实际国内市场总值。

按当年价格计算的某一年国内生产总值，称为名义生产总值。按不变价格计算的某一年国内生产总值，称为实际国内生产总值。

不变价格是指统计时确定的某一年（称为基年）的价格。因为实际国内生产总值不受价格的影响，只反映生产的产量变动，反映经济满足人们需要与欲望的能力，所以在衡量经济福利时，实际国内生产总值是比名义国内生产总值更好的一个指标。当讨论一国经济增长时，往往是用该国实际的国内生产总值的变动百分比来衡量经济增长率。两者之间的关系可以用公式表示：

$$\text{实际GDP}=\frac{\text{名义GDP}}{\text{物价指数}}\times 100\%$$

为了准确反映一个国家生产的真实变动情况，使国民收入具有纵向可比性，就需要消除价格变动的影响，用物价指数（或平减指数）来比较各个年度的国民收入的真实情况：

$$\text{GDP物价指数（或平减指数）}=\frac{\text{名义GDP}}{\text{实际GDP}}\times 100\%$$

这一指数衡量的是相对于基期价格的现期物价水平，是用来监视经济中物价水平的重要物价指数之一，能反映通货膨胀的程度。

二、国内生产总值与国民生产总值的关系

国民生产总值是指一定时期内本国国民所生产的最终产品和劳务价值的总和。它所依据的是国

民原则，以本国人口为统计标准，凡是本国国民，无论是在国内还是在国外，其所生产的最终产品的价值都计入国民生产总值，它不包括外国国民在本国领土上所创造的价值。

国内生产总值与国民生产总值的关系表示为：

GDP = GNP + 外国人在本国生产的最终产品价值–本国人在外国生产的最终产品价值

案例

国内生产总值能反映一国的经济实力吗?

过去西方国家曾经把国民生产总值作为衡量一国总体经济活动的核心指标。国内生产总值计算时使用国土原则，国民生产总值计算使用的是国民原则。在使用国民生产总值时，强调的是民族工业，即本国人办的工业；在使用国内生产总值时，强调的是境内工业，即在本国领土范围之内的工业。在全球经济一体化的当代，各国经济更多地融合，很难找出原来意义上的民族工业。联合国统计司1993年要求各国在国民收入统计中用国内生产总值代替国民生产总值正反映了这种趋势。现在各国基本采用国内生产总值这一指标。

20世纪80年代以前，包括许多发达国家在内的大多数国家和地区的国内生产总值与国民生产总值之间的差额正在逐渐发生变化。许多发达国家的国民生产总值都大于国内生产总值，而许多发展中国家的情形则截然相反。

国内生产总值只能反映一个地区、一个国家经济增长与否，而不能说明资源消耗和环境质量的变化情况。1946年希克斯提出绿色国内生产值（绿色GDP）的概念，旨在把资源和环境核算纳入国内生产总值，以实现经济的可持续发展。联合国统计署于1989年和1993年先后发布了《综合环境与经济核算体系》，为建立绿色国民经济核算总量、自然资源账户和污染账户提供一个共同的框架。

从国内生产总值中扣减自然部分的虚数（环境污染、自然资源退化和损失成本），称为狭义的绿色国内生产总值；在此基础上再扣除人文部分的虚数（如疾病支出、失业损失、管理不善造成的损失等），则称为广义的绿色国内生产总值。

挪威是世界上第一个进行自然资源核算的国家。以美国为代表的发达国家根据联合国和世界银行的基本思路，在1991年对其国家基本资源进行了核算。在发展中国家，墨西哥率先开展绿色国内生产总值核算，印度尼西亚、泰国等国纷纷效仿，并已开始实施，我国也进行了多年的探索。绿色国内生产总值统计的复杂性和计算标准的难确定性，使其在短期内推广尚有困难。

三、国民收入核算中的其他总量指标

除国内生产总值与国民生产总值两个指标外，国民收入的核算指标还有很多，最常用的有下面几个。

1．人均国内生产总值

用当年的国内生产总值除以同一年的人口数量，则可以得出当年的人均国内生产总值。国内生产总值有助于了解一国的经济实力与市场规模，而人均国内生产总值则有助于了解一国的富裕程度与生活水平。

人均国内生产总值的计算公式为：

$$\text{某年人均GDP}=\frac{\text{某年GDP}}{\text{某年人口数}}$$

这里所用的人口数量是当年年初与年末的人口数的平均值，或者是年中（当年7月1日零时）的人口数。世界部分国家人均国内生产总值见表8-2。

表8-2　世界部分国家人均国内生产总值

国家	人均国内生产总值（美元）				国家	人均国内生产总值（美元）			
	1980年	2000年	2010年	上年度		1980年	2000年	2010年	上年度
中国	193.0	949.2	4433.3		美国	12597.6	36449.9	48377.4	
印度	271.2	457.3	1417.1		英国	10070.3	26296.4	38363.4	
巴西	1930.5	3694.5	10978.3		日本	9307.8	37291.7	43117.8	
南非	2910.8	3019.9	7175.6		法国	12739.3	22466.2	40706.1	
俄罗斯	—	1771.6	10709.8		德国	12092.4	23685.4	41723.4	

2．国内生产净值

国内生产净值是指一个国家在一定时期内（通常为一年）在本国领土范围内所生产的全部最终产品（包括产品与劳务）按市场价格计算的净值，即在国内生产总值中扣除生产资本的消耗后得到的国内生产总值，等于国内生产总值减去折旧：

$$\text{NDD} = \text{GDP} - \text{折旧}$$

3．国民收入

国民收入这一概念有广义和狭义两种用法。宏观经济学中有“国民收入核算理论”“国民收入决定理论”，这里的国民收入都是广义的。当说到五个总量中的国民收入指标时，国民收入是狭义的。

狭义的国民收入是指一个国家一定时期内（通常指一年）用于生产的各种生产要素所得到的实际收入，即工资、利息、地租和利润的总和。

（1）工资在这里指税前工资，包括社会保险和个人所得税，以及货币工资之外人们获得的各种事务补贴。

（2）租金包括地租、房租、专利使用费和版权收入等。人们的自由住房即使没有出租，它可能获取的房租也计入租金。

（3）利息是用于生产目的的资本报酬，即净利息，它等于总利息扣除政府公债利息与消费信贷利息之后所剩的余额。政府发行公债所筹得的资金主要用于非生产活动，消费信贷所资助的也是典型的非生产活动，只有净利息才是用于生产目的的资本报酬。在开放经济中，净利息还要加上本国由国外得到的利息，并减去本国向国外支付的利息。

（4）利润指公司税前利润，包括股息、红利和未分配利润。对于非公司企业，业主收入纳入广义的利润范围。这部分收入既包括业主所获利润，也包括自有土地、资金、劳动的报酬。

从国内生产净值中扣除间接税和企业转移支付再加上政府补助金，就可以得到一国要素在一定时期内所得的报酬，即狭义的国民收入。间接税指货物税、消费税、周转税、关税等不是直接与要素收入挂钩的税种。它可以在销售过程中通过产品加价转移到买者身上，在国民生产净值所统计的销售额中包括间接税。国民收入则不包括间接税，但是其中包括直接税，即直接与要素报酬挂钩的税种，如个人所得税和公司所得税。

狭义的国民收入（NI）可用公式表示为：

NI = NDP–企业间接税–企业转移支付+政府补助金

案例

转移支付

转移支付包括企业的转移支付、政府的转移支付和政府间的转移支付。

企业的转移支付通常是指企业对非营利组织的赠款或捐款，以及对非企业雇员的人身伤害赔偿等。

政府的转移支付主要是指政府财政资金的单方面的无偿转移，大多具有福利支出的性质，如社会保险福利津贴、抚恤金、养老金、失业补助、救济金，以及各种补助费等；农产品价格补贴也属于政府的转移支付。因为政府的转移支付实际上是把国家的财政收入还给个人，所以有的经济学家称为负税收。

政府间的转移支付一方面是指一国向他国政府提供的单方面无偿转移，另一方面是指国内不同政府之间的无偿转移。后者主要体现在中央政府向地方政府的补助上，其主要目的是平衡各地区由于地理环境不同或经济发展水平不同而产生的政府收入的差距，以保证各地区的政府能够有效地按照国家统一标准为社会提供服务。

4. 个人收入

个人收入是指一个国家或地区，在一定时期内（通常为一年），所有个人得到的各种来源的收入总和。个人收入具体包括劳动收入、业主收入、租金收入、利息和股息收入、政府转移支付和企业转移支付等，但不包括个人之间的转移支付。个人收入这个概念是用来表示个人实际得到的收入的，并以此区别于国民收入。个人收入的构成可用公式表示为：

PI = NI–社会保险税–公司未分配利润–净利息+红利+政府向个人的转移支付+个人利息收入

5. 个人可支配收入

个人可支配收入（PDI）是指一个国家或地区所有个人在一定时期内（通常指一年）所得到的收入总和减去个人所得税和非税支付部分后可以由个人直接支配的收入，也就是个人可以随意支配的收入。个人税包括个人所得税、财产税、房地产税等；非税支付包括罚款、教育费和医疗费等。

个人可支配收入用于两个方面：一是个人消费支出，包括食品、衣物、居住、交通、文娱和其他杂项；二是个人储蓄，包括个人存款、个人购买债券等。个人可支配收入用公式表示为：

PDI = PI–（个人税+非税支付）=个人消费支出+个人储蓄

任务二　国民收入核算的基本方法

在国民经济核算体系中，最重要的是计算国内生产总值这个指标。因此，我们从国内生产总值出发来介绍国民收入核算的基本方法。国内生产总值的基本核算方法有支出法、收入法和部门法。理论上三种核算方法得出的国内生产总值（或国民生产总值）应该是一致的，因为它们是使用不同的方法对同一事物进行核算，但在实际操作中因为资料来源的不同以及基础数据质量上的差异，三种方法计算的国内生产总值之间存在着一定的计算误差。下面我们介绍最常用的两种方法——支出法和收入法。

一、支出法

支出法又叫产品流量法或最终产品法。这种方法是从产品的使用出发，把一定时期内购买各项最终产品的货币支出加总，计算出该时期生产的最终产品的市场价值总和。

用支出法核算国内生产总值，是从对最终产品的需求方面来衡量的，通过核算在一定时期内整个社会购买最终产品的总支出即社会购买最终产品的总卖价来计量国内生产总值。支出法计算时一般不直接以产量乘价格，而是将各种支出分类加总。用于购买最终产品的全部支出可分为消费、投资、政府购买和净出口。一定时期内这四类支出的总和，就构成了一个国家在这一时期生产的国内生产总值。

如果用Q_1，Q_2，Q_3，…，Q_n表示购买的各种产品和劳务的数量，用P_1，P_2，P_3，…，P_n表示购买的各种产品和劳务的价值，则国内生产总值可表示为：

$$\text{GDP}=Q_1\cdot P_1+Q_2\cdot P_2+\cdots+Q_n\cdot P_n=\sum_{i=1}^{n}Q_i\cdot P_i$$

1. 个人消费支出

个人消费支出（C）包括一年内居民户除了购买住房外的一切满足消费者欲望的消费品和劳务的购买支出。消费者的购买支出通常分为三大类：

（1）耐用品，一般是指在较长时间内消费的物品，如汽车、家具、电器等。

（2）非耐用品，一般是指短期内消耗完的物品，如毛巾、牙膏等日用品和食品。这时的短期内并无严格限制，如衣服可以穿好几年，有的甚至可以穿十几年，但也将其归在非耐用品中。

（3）消费性劳务，如理发、旅行、娱乐和医疗等。

2. 私人国内投资

私人国内投资（I）是指厂商和居民户不是为了现期消费而是为了扩大再生产所添置的新厂房、耐久性生产设备（包括居民住宅）和企业存货变动的净增加额。投资又可分为固定资产投资和存货投资两大类。固定资产投资是指用来增加新厂房、新设备、营业用建筑物和住宅用建筑物的支出。存货投资是指厂商持有的存货价值的变动，从总投资的用途来看可以把它分为两个部分，即净投资和重置投资。只是净投资才能增加资本存量。重置投资是指弥补当期资本设备的生产消耗和意外损耗的投资支出，总投资减去重置投资就是净投资。

3. 政府购买

政府购买（G）包括各级政府购买物品和劳务的支出。政府出资设置法律系统、国防系统、兴建道路、港口、开办学校等，都属于政府购买，都要作为对最终产品的购买支出计入国内生产总值。政府购买也包括政府雇员的薪金支出。需要注意的是，政府购买支出和政府支出是有区别的。政府购买支出只是政府支出的一部分，政府支出的另一部分是政府转移支付，转移支付不能计入国内生产总值。

4. 净出口

净出口是商品和劳务的出口价值减去其进口价值的差额。如果用X表示出口，用M表示进口，则净出口就是（$X-M$）。国家间贸易往来的普遍存在，会使一个国家公众、企业和政府在购买最终产品方面的支出和这个国家的总产出经常不相等。进口是本国对外国生产的商品和劳务的购买，进口产品不应计入国内生产总值。相反，国内有些产品出口到国外，被国外购买，这些出口产品应计入国内生产总值。

通过以上分析，用支出法计算国内生产总值的公式，可以表示为：

$$\text{GDP}=C+I+G+(X-M)$$

二、收入法

收入法又称成本法或要素收入法。它是从收入角度出发，把投入生产的各种生产要素（土地、资本、劳动和企业家才能）所获得的各种收入相加来计算国内生产总值。在采用收入法计算国内生产总值时，一般包括以下项目：

（1）工资，指税前工资，是因工作而取得的酬劳的总和，既包括工资、薪水，也包括各种补助或福利项目，如雇主依法支付给雇员的社会保险金、养老金等。这是国内生产总值中数额最大的组成部分。

（2）租金。在租金收入中，既包括个人出租房屋、土地而得到的租金收入，专利所有人的专利使用费收入，也包括使用自有房屋、土地等的估计租价。

（3）净利息。个人及企业因进行储蓄在本期内发生的利息收入与因使用由他人提供的贷款而在本期发生的利息支出之间的差额，不包括在以前发生但在本期收入或支付的利息，也不包括政府公债利息等转移性支出。

（4）非公司企业收入。指合伙企业和个人经营企业的收入，如医生、律师、农民和小店铺主的收入。他们使用自己的资金，自我雇用，其工资、利息、利润、租金常混在一起作为非公司企业收入。

（5）公司税前利润。公司经营所得的全部收入，包括即将向国家缴纳的公司所得税、将要分配给股东的股息、以企业存款形式留存的企业未分配利润、对存货及折旧进行的调整。

（6）企业间接税。指税收负担不由纳税人本人承担的税种，这种税负可以通过流通渠道转嫁出去。例如，对商品征收的货物税由生产厂商支付，但厂商可以把税收加入成本，通过提高价格转嫁给消费者。营业税、消费税和进口关税等都属于间接税。尽管这些税收不是生产要素获得的收入，却是消费该商品时所必须支付的，故应作为成本。

（7）资本折旧。指对一定时期内因经济活动而引起的固定资本消耗的补偿。折旧与企业间接税一样不属于生产要素的收入，但因为折旧已被分摊在商品和劳务的价格中，所以在计算国内生产总值时要加上折旧。

综上所述，按收入法核算的国内生产总值可表示为：

GDP =工资+净利息+租金+非公司企业收入+公司税前利润+企业间接税+资本折旧

按支出法和收入法两种方法计算得出的结果，从理论上说应该是一致的，因为它们是从不同角度来计算的同一国内生产总值，但在实际中这两种方法所得出的结果往往不一致。在实际经济中，因为最终产品的使用去向比较清楚，资料收集比较容易，所以世界各国政府比较重视支出法。如果两种核算方法得出的结果不一致，一般以支出法统计的结果为准，然后利用统计误差调整收入法和支出法所得的数值。

任务三　国民收入核算中的恒等关系

一、总需求与总供给的恒等关系

从支出法和收入法所得出的国内生产总值理论上的一致性，说明了国民经济中的一个基本平衡关系。总支出代表社会对最终产品的总需求，而总收入代表社会对最终产品的总供给。因此，从国内生产总值核算方法中可以得出通用恒等式：

总需求=总供给

总需求（aggregate demand，*AD*）是一定时期内整个社会对产品与劳务（最终产品）的需求总量。在现实经济中，它由消费需求、投资需求、政府需求和国外需求构成。这些需求最终都是以支出的形式表现出来的，即总需求所衡量的是国民经济活动中各种行为主体的总支出。因此，总需求可以用总支出来表示。

总供给（aggregate supply，*AS*）是一定时期内国民经济各部门提供的物质产品和劳务的总和，是全社会经济活动的总成果。总供给是由各种生产要素生产出来的，是各种市场要素供给的总和，而生产要素（劳动、资本、土地、企业家才能）供给的总和又可以用它们相应得到的收入（工资、利息、地租、利润）的总和来表示。因此，总供给也可以用总收入来表示。可以用公式表示总支出、总收入和总需求、总供给的关系为：

总支出=总收入=GDP

总支出=AD = GDP

总收入=AS = GDP

因此，AD = AS = GDP

二、两部门经济中的储蓄—投资恒等式

两部门经济实际上是一种理论的简化，它是指一个假设的经济社会仅由厂商和居民这两种经济单位组成，不存在企业间接税。同时，为了方便大家理解，我们忽略折旧问题（假设它为零）。两部门经济是一种最简单的经济。在两部门经济中，居民户向厂商提供各种生产要素并且得到相应

的收入，并用这些收入购买与消费各种产品、劳务；厂商根据居民户提供的各种生产要素进行生产，并向居民户提供各种产品与劳务。这时，两部门经济流量循环模型如图8–2（a）所示。

面对上述问题，每个生活在现实经济中的人都会说，不可能。没有政府，只有企业和居民的社会那一定是无政府主义的社会，这样的社会是很难存在的。但为了简化理论分析，我们必须做这样的假定，并以两部门经济的收入流量循环模型为基础，去分析三部门、四部门经济的国民收入流量循环模型。

如果居民户把一部分收入用于购买厂商生产的各种商品和劳务，把另一部分收入用于储蓄，通过金融机构形成了厂商新的投资来源，那么两部门国民收入流量循环模型如图8–2（b）所示。

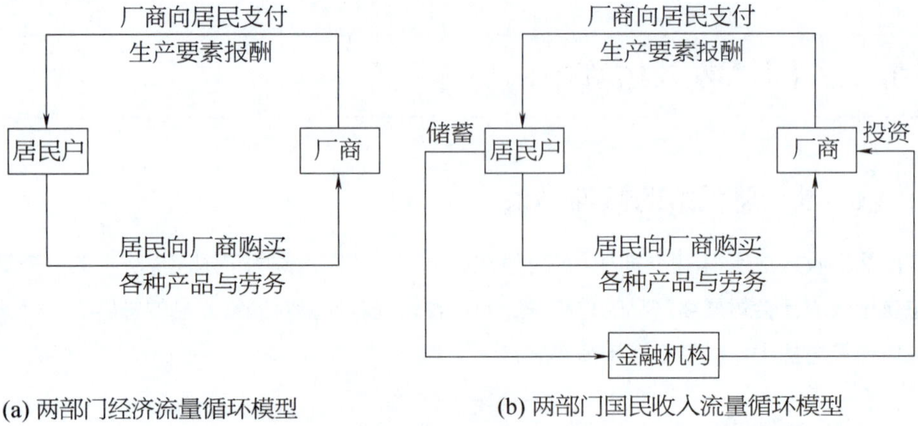

图8–2　两部门经济的收入循环模型

因为居民户的消费支出和厂商的投资支出都是总需求的构成部分，所以在包括居民户与厂商的两部门经济中，总需求分为消费需求（C）和厂商的投资需求（I）。消费需求与投资需求可以分别用消费支出与投资支出表示，于是有：

$$AD = C + I$$

总供给是各种生产要素收入的总和，这些收入可分为消费（C）、储蓄（S）两部分，用公式表示为：

$$AS = C + S$$

由于$AD = AS$，所以，$C + I = C + S$

如果两边同时消去C，则总需求与总供给的恒等式可以表示为：

$$I = S$$

三、三部门经济中储蓄—投资恒等式

三部门经济是指由厂商、居民户和政府这三种经济单位组成的经济社会。在三部门经济中，政府的经济活动包括两个方面：一方面是政府收入，主要是政府向企业和居民征税；另一方面是政府支出，包括政府对商品和劳务的购买，以及政府给居民的转移支付，如救济金、福利开支等。因此，政府与居民、政府与厂商之间的货币流向是双向的，这时收入循环模型如图8–3所示。

在三部门经济中，总需求不仅包括消费需求（C）、投资需求（I），而且包括政府需求，政府需求可以用支出（G）来表示。上述关系可以用公式表达为：

$$AD = C + I + G$$

三部门的总供给除各种生产要素供给之外，还包括政府供给。政府供给是指政府为整个社会提供国防、基础设施等公共物品。政府由于提供这些公共物品而得到相应的收入——税收（T）。因此，三部门经济中，总供给的构成可以用公式表达为：

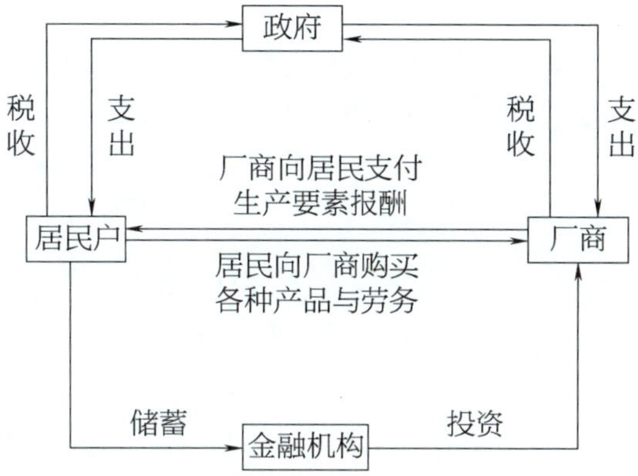

图8-3　三部门经济的收入循环模型

$$AS = C + S + T$$

因为：$AD = AS$

所以：$C + I + G = C + S + T$

两边同时消去C，则总需求与总供给的恒等关系可以用公式表示为：

$$I + G = S + T$$

这样，$I = S + (T - G)$，也就是三部门中的储蓄（私人储蓄和政府储蓄的总和）—投资恒等式。

四、四部门经济中的储蓄—投资恒等式

在三部门经济中加入一个国外部门，就成了四部门经济。在四部门经济中，国外部门的经济功能主要体现在两个方面：一是作为国外生产要素的供给者，向国内各部门提供产品和劳务，构成社会总供给的一部分，对国内来说，就是进口（M）；作为国内产品与劳务的需求者，向国外进行购买，对国内来说，就是出口（X）。这时收入循环的模型如图8-4所示。

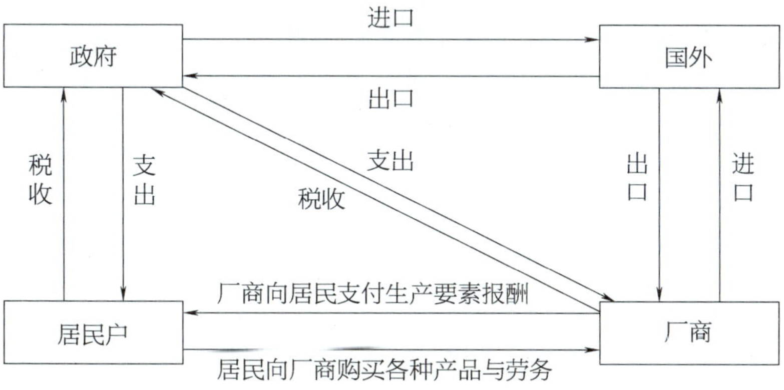

图8-4　四部门经济的收入循环模型

因此，在四部门经济中，总需求除了包括消费需求、投资需求、政府需求之外，还包括国外需求，即本国的出口，用公式可以表示为：

$$AD = C + I + G + X$$

相应地，四部门经济的总供给除了各种生产要素的供给和政府的供给之外，还有国外供给，即本国的进口，用公式可以表示为：

$$AS = C + S + T + M$$

因为：$AD = AS$

所以，$C + I + G + X = C + S + T + M$

两边同时消除C，则总需求与总供给的恒等关系可以用公式表示为：

$$I + G + X = S + T + M$$

这样，$I = S + (T - G) + (M - X)$，也就是四部门经济中的储蓄（私人储蓄和政府储蓄）—投资恒等式。

项目小结

国内生产总值是一个国家或地区一定时期在其领土范围内生产的所有最终产品和劳务的市场价值总和，是衡量一国总收入或总支出的最基本的宏观经济总量指标。

人均国内生产总值是用当年的国内生产总值除以同一年的人口数量。国内生产总值有助于了解一国经济实力与市场规模，而人均国内生产总值则有助于了解一国的富裕程度与生活水平。

用支出法计算国内生产总值，是把一定时期内购买各项最终产品的货币支出加总，计算出该时期生产的最终产品的市场价值总和。用收入法计算国内生产总值，是将经济系统内各生产要素取得的收入相加，计算出考察期内一个国家生产的最终产品和劳务的价值总和。

两部门经济是指由厂商和居民户这两种经济单位所组成的经济，也是一种最简单、最抽象的经济。两部门经济的恒等关系式是$I = S$。

三部门经济是指由厂商、居民户与政府这三种经济单位所组成的经济。政府的经济职能是通过税收与政府支出来实现的。三部门经济的恒等关系式是$G + I = S + T$。

四部门经济是指由厂商、居民户、政府和国外四种经济单位所组成的经济。在这种经济中，作为国外生产要素提供者向国内各部门提供产品和劳务，对国内来说就是进口；作为国内产品和劳务的需求者，向国内进行购买，对国内来说就是出口。四部门经济的恒等关系式是$I + G + X = S + T + M$。

习题与实训

一、名词解释

1. 国内生产总值
2. 国民生产总值
3. 实际GDP

二、单选题

1. 一国的国内生产总值大于国民生产总值，则该公民从国外取得的收入（　　）外国公民从该国取得的收入。
   A. 大于　　B. 小于
   C. 等于　　D. 不能确定
2. “面包是最终产品，而面粉是中间产品”这一命题（　　）。
   A. 一定是对的　　B. 一定是不对的
   C. 可能是对的，也可能是不对的　　D. 在任何情况下都无法判断
3. 以下（　　）不属于国民收入核算的同一类。
   A. 利润　　B. 政府转移支付
   C. 企业净利息支付　　D. 租金收入
4. 下列项目中，（　　）不属于要素收入，但要计入个人收入（*PI*）。
   A. 房租　　B. 养老金
   C. 红利　　D. 银行存款利息
5. 在四部门经济中，国内生产总值是指（　　）的总和。
   A. 消费、净投资、政府购买和净出口
   B. 消费、总投资、政府购买和净出口
   C. 消费、总投资、政府购买和总出口
   D. 消费、净投资、政府购买和总出口
6. 在一般情况下，国民收入核算体系中，数值最小的是（　　）。
   A. 国民生产净值　　B. 个人收入
   C. 个人可支配收入　　D. 国民收入
7. 下列各项指标中，由现期生产要素报酬加总得到的是（　　）。
   A. 国民收入　　B. 国民生产总值
   C. 可支配收入　　D. 国民生产净值

8. 以下因素不会影响国内生产总值测量的是（　　）。
   A. 产品价值的变化　　B. 对政府提供的服务价格的估计
   C. 出口的增加　　D. 对非市场商品价值的估计
9. 国内生产总值等于工资、利息、租金、利润以及间接税支付的总和，也可以表述为（　　）。
   A. 总需求等于总供给　　B. 总供给等于总产出
   C. 总产出等于总收入　　D. 总收入等于总需求
10. 已知，C=3000亿元，I=800亿元，G=960亿元，X=200亿元，M=160亿元，折旧=400亿元，则（　　）不正确。
   A. GDP=3800亿元　　B. NDP=4400亿元
   C. 净出口=40亿元　　D. GDP=4800亿元

三、问答题

1. 在计算国内生产总值时，必须注意哪几个问题？
2. 为什么居民购买住宅不被看作消费而被看作投资？
3. 政府购买在计入国内生产总值时有何特点？

四、思考讨论题

“藏富于民”还是“藏富于国”

国富民穷不仅使经济增长失去意义，而且也使政府失去道义。

“藏富于民”还是“藏富于国”，争论了上千年，古今中外的执政者，往往做出不同的诠释，并实施不同的政策。《吕氏春秋》卷十八就有一则故事，卫嗣君为积聚粮食而课征重税，以致百姓惶惶不安。卫嗣军对薄疑说：“民甚愚矣。夫聚粟也，将以为民也。其自藏之与在于上，奚择？”薄疑说：“不然。其在于民而君弗知，其不如在上也；其在于上而民弗知，其不如在民也。”这则故事，正是这一千古争议的开端。在卫嗣君看来，“藏富于民”与“藏富于国”是一样的，老百姓不理解，太愚昧了。他的思维却不肯再深入一层，既然“藏富于民”与“藏富于国”没有区别，为什么还要“重税以聚粟？”

对于这一争议，薄疑只是劝导卫嗣君“反求诸己”，并未提供更多的思想内容，倒是荀子的观点更为明确：“田野荒而仓廪实，百姓虚而府库满，夫是之谓国蹶（国家颓败）。”荀子认为，“藏富于国”而致“国富民穷”，是会导致国家衰亡的。18世纪法国思想家孟德斯鸠也提问：“国家先以臣民贫困潦倒作代价而使自己变富呢？还是让国民先富起来而后实现自己的富裕呢？”他的结论是：“如果国家把自己的财富与个人的财富调节到一种适当的比例的话，那么个人的富裕将会很快推动国家的富强。”其中所蕴含的辩证思维，不仅否定了卫嗣君的做法，而且对热衷于“举国体制”而“藏富于国”的后人们，也是一种启蒙。

“藏富于民”还是“藏富于国”，往往体现为执政者如何处理积累与消费的关系。改革开放40多年，我国的综合国力有了显著的提高，然而，社会生产的发展与社会财富的增加并未使人民公平地享有发展成果。国家财政部公布的数据显示，在我国，10%富裕家庭的财产占城市居民全部财产的45%，而10%贫困家庭的财产只占城市居民全部财产的1.4%，已经超越欧美的社会分配不公和财富、贫富的两极分化，这与财富大量集中于资本和政府手中并非没有关系。从GDP分配来看，从1998年到2011年的13年中，居民收入占GDP的比重从69%降到57%，降了12个百分点。当然绝对数没减少，居民收入还在提高，但是占GDP的比例下降十分严重。没有钱，居民如何消费？这12个百分点给了谁呢？给了企业8个百分点，给了政府4个百分点。企业这8个百分点主要就是国企垄断行业，如金融、石油和电信等行业，这个钱不是靠技术创新或优质服务，而是靠垄断。政府增加了4个百分点，从17%增加到21%。

“藏富于国”显然要以“取之于民”为前提。然而，“藏富于国”却不必然“用之于民”，这已经是经过千百次检验的社会“真理”。2012年我国人均GDP就已经超过6100美元，然而，与人民利益直接相关的教育、医疗和社会保障方面的公共服务支出，占政府总支出的比重合计只有30%左右，与世界上人均GDP3000美元以下国家和人均GDP3000～6000美元国家相比，分别低了13.5和24.8个百分点。与此相反，社会财富大量集中于政府其实是官员手中，在权力制约、舆论监督等严重缺位的社会条件下，官员与老板的结盟，权力与资本的联姻，必然且已经产生大量的丑恶与悲剧。

国富民穷不仅使经济增长失去意义，而且也使政府失去道义。改变发展思路，还富于民，藏富于民。不能只让人民承担改革成本，也应让人民共享发展成果，这不仅是保证经济持续发展的健康途径，也是保障民众安居乐业的必由之路。

请思考：“藏富于民”的阻力在哪里？

项目九

失业与通货膨胀

知识目标

1. 了解失业和通货膨胀的含义及类型
2. 了解失业和通货膨胀产生的原因
3. 理解失业和通货膨胀对经济的影响
4. 掌握失业和通货膨胀的治理对策

能力目标

能初步运用失业与通货膨胀理论分析现实问题，正确解读宏观经济形势及政策

案例导入

就业竞争依然激烈

新浪湖南2017年10月20日报道，智联招聘发布的长沙市2017年秋季雇主需求与白领人才供给方面的数据与分析显示，长沙市竞争指数排名前五位的行业中，房地产/建筑/建材/工程行业的竞争指数最高，其次是医药/生物工程行业，大型设备/机电设备/重工业行业排在第三，快速消费品（食品/饮料/烟酒/日化）行业和能源/矿产/采掘/冶炼行业的竞争指数分别位列第四和第五位，如表9-1所示。

表9-1　长沙市竞争最激烈的五大行业

排名	行业
1	房地产/建筑/建材/工程行业
2	医药/生物工程行业
3	大型设备/机电设备/重工业行业
4	快速消费品（食品/饮料/烟酒/日化）行业
5	能源/矿产/采掘/冶炼行业

长沙市2017年秋竞争最为激烈的职业是交通运输服务、财务/审计/税务和高级管理，如表9-2所示。

表9-2　长沙市竞争最激烈的五大职业

排名	行业
1	交通运输服务
2	财务/审计/税务
3	高级管理
4	土木/建筑/装修/市政工程
5	采购/贸易

近年来，长沙市成立多个经济技术开发区，发展高新产业，进一步提高经济实力。为了吸引人才，长沙市推出“长沙人才新政22条”，吸引近万高校毕业生落户，在新一轮人才抢夺战中表现抢眼，吸引人才，留住人才，是长沙下一步需要思考的经济命题。

从全国范围来看，2019年的就业竞争依然激烈，对于企业来说，自身的发展状况是考虑招聘计划及人才储备的主要标准；结合招聘市场的整体状况，把握好招聘的节奏，充分地利用招聘资源。对于广大求职者来说，不管在任何情况下，保持自身的职场竞争力仍是“第一要务”，只有具备坚实的职场技能和知识，才能立于不败之地。

启发思考：

就业竞争激烈对劳动力市场来说意味着什么？会有什么不利影响？政府该如何应对呢？

任务一　失业理论

一、失业的定义

尽管衡量经济健康状况的首要指标就是GDP，但是这种衡量方法却不太有人情味。实际GDP增长率反映的是产品市场波动，失业率反映的是要素投入，尤其是劳动力就业的波动情况，这两个市场是相联系的。产出多，必然投入多，因此，经济增长快，就业增长就快，失业率就低。1990—1991年美国经济衰退过程中，超过200万人失去了工作，大学生毕业之后很难找到工作，这是经济衰退在人力资源方面的表现。

国际劳工统计大会对失业者的标准定义为特定年龄以上在参考期内满足下列条件的所有人：

（1）“没有工作”，即没有处于有薪就业或自主就业。

（2）“目前可以工作”，即具有工作能力。

（3）“正在寻找工作”，即在特定最近时期内已经采取具体步骤寻找有薪或自主就业。

更明确地说，凡是在一定年龄范围内愿意工作但没有工作，并在寻找工作的人称为失业。

属于失业范围的人包括：

（1）新加入劳动力队伍第一次寻找或重新加入劳动力队伍正在寻找工作的人。

（2）为了寻找其他工作而离职，在找工作期间作为失业者登记注册的人。

（3）被暂时辞退并等待重返工作岗位的人。

（4）被企业解雇而且无法回到工作岗位的人，即非自愿离职者。

失业人数是全部劳动力人数与就业人数之差。失业率是失业人数占全部劳动力人数的百分比，其公式可以表示为：

$$失业率=\frac{失业人数}{全部劳动力人数}\times 100\%$$

美国劳工部每月对大约6万个家庭进行定期调查，根据调查资料，把每个受调查家庭中16岁以上的成年人分别划入就业者、失业者和非劳动力三个组别。其中，就业者是指有工作的人，失业者包括工作且在之前4周内努力找工作但没有找到工作的人及被暂时解雇正在等待重返工作岗位而连续7日未得到工资的人，非劳动力是指不属于前两个组别的人，如全日制大学生、家务劳动者和退休人员。汇总各组别的人数，计算劳动力总数，运用失业率计算公式，即得出失业率，并于每月第一个周五公布。2012年6月美国失业率为8.2%。

由于我国的国情所致，农业中就业人数有很大的不真实性，包含着大量的隐蔽失业，而政府公布的城镇登记失业率指标并没有反映全国劳动力市场的全貌，我们就用二三产业的每年新增就业人数来观察就业市场的波动。图9-1列出了1988—2011年二三产业就业人数的增长情况。很明显，在20世纪80年代末、90年代初就业人数增长很快，到了20世纪90年代二三产业的就业增长放慢，尤其是在1997—2003年，每年新增就业人数二三产业人数已不足1000万人，2004年后，二三产业的就业增长超过1900万人以上，之后的几年都维持在年增长1000万人以上的规模。从图9-2也可以发现，2008年以来，就业增长速度有所下降。

国际劳工组织在1982年推出了“标准失业率”的统计方法，但目前各国公布的失业率在口径上并不一致，但在纵向比较时仍不失其价值。失业率指标反映了一国生产要素尤其是劳动力资源的利用状况，不同国家造成失业的原因并不相同。在成熟市场经济国家，失业率是反映宏观经济形势的重要指标，一般而言，失业率与经济增长率成反比。

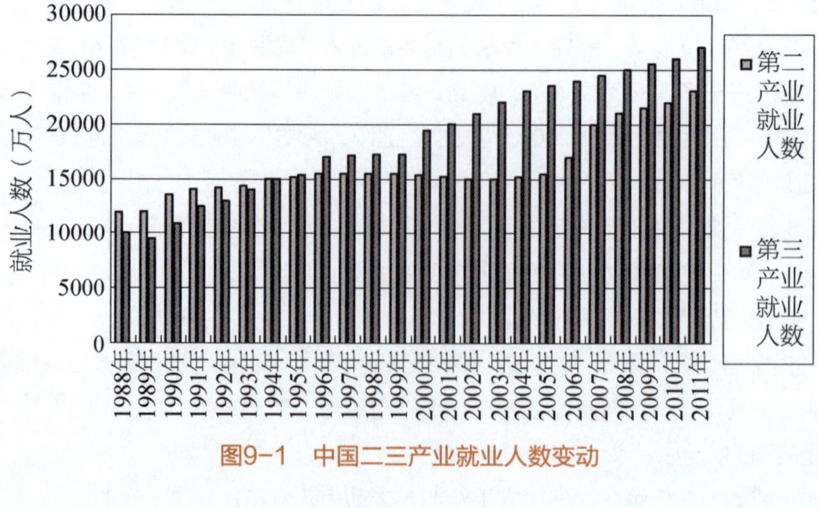

图9-1　中国二三产业就业人数变动

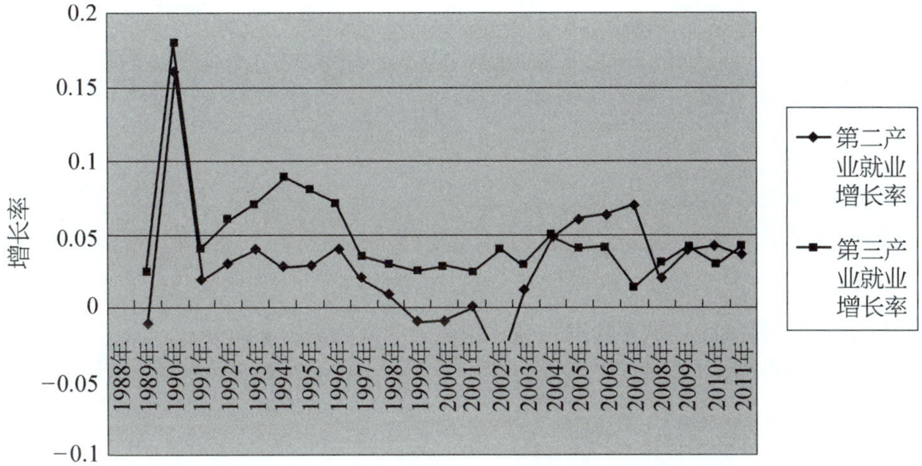

图9-2　中国二三产业就业人数增长率

二、失业的类型

根据失业产生的原因，通常可以将失业分为三类——自然失业、周期性失业和隐蔽性失业。

（一）自然失业

自然失业是指实现充分就业时仍然存在的失业。自然失业由经济中某些难以克服的原因如劳动力的正常流动等引起。自然失业的存在是必然的，这是因为任何经济系统都处于动态运动之中，人员的流动和产业的兴衰不会停止，任何时候总会有一部分劳动力处于失业状态。自然失业的程度以自然失业率来衡量。自然失业率是指实现充分就业时的失业率，即一国经济实现长期均衡时的失业率，通常认为是经济健康运行状态下的失业率。自然失业率一般由各国政府根据本国实际的调研数据来确定，各国在不同时期所确定的自然失业率不同，以美国为例，公认的自然失业率曾为4%，20世纪90年代中期以来为5%。

自然失业按其产生的具体原因不同，分为摩擦性失业、结构性失业和古典失业。

1．摩擦性失业

摩擦性失业是指人们在不同地区、职业或生命周期的不同阶段不停地变动而引起的失业。由于社会存在着迁徙自由，人们常从一个城市迁往另一个城市，在迁徙过程中会产生短暂的失业。由于就业者有选择职业的自由，人们通常愿意辞去现有工作，寻找工作环境更好、更适合自己才能的工作或者担任同样工作但工资待遇比较高的工作。在辞去旧工作，尚未找到或已找到尚未办理新的就业手续时也会产生短暂的失业。这种失业即使在经济处于充分就业的状态时也是会存在的。

影响摩擦性失业的主要因素有：

（1）劳动力流动性的大小。一般而言，摩擦性失业与劳动力流动性呈同向变化。影响劳动力流动性大小的因素主要有制度性因素、社会文化因素和劳动力的构成状况，如户籍制度及“父母在不远游”的传统思想会限制劳动力流动，而年轻人跳槽的频率相对较高等。

（2）寻找工作的成本。一般而言，摩擦性失业与寻找工作的成本呈反向变化。寻找工作的成本主要取决于获得有关供求信息的成本、寻找工作的时间、失业者承受失业的能力及社会保障制度等因素。人们在生活有一定保障的条件下，就可能花更多的时间寻找工作，失业救济等社会保险制度及劳动力市场的完善服务都可降低人们寻找工作的成本。

2．结构性失业

结构性失业是指因技术进步、市场需求发生变化而引起的经济结构变化所造成的失业。随着科学技术的发展，有些部门萎缩或淘汰消失，而有些新部门大量出现，这样由旧部门排挤出来的工人在经过一段时期的培训后才能适应新的工作，如果不接受培训，就可能找不到工作。此外，人们生活水平的不断提高，使消费需求不断发生变化，会导致市场需求不断变化。为了适应市场需求的变化，企业就必须对生产进行调整，在产业结构、产品结构调整期，必然导致一些行业的劳动者失业。

影响结构性失业的主要因素有：

（1）经济结构变化。随着技术进步及消费需求发生变化，一些传统行业衰落，大量人员失业；而一些新兴行业蓬勃发展，缺少合格的技术人员。另外，由于各地区经济发展的不平衡性，一些地区因经济落后而存在失业，另一些地区则因经济快速发展而出现“用工荒”。

（2）劳动力供求信息的非对称性。由于信息的非对称性，导致劳动力的供给结构调整往往滞后并具有一定的盲目性，与需求结构难以完全一致，如一些大学生毕业即失业，与此同时，不少厂商却人才难觅。

（3）季节性因素。一些行业如农业、建筑业、旅游业等行业，其生产具有季节性，旺季时，对劳动力的需求大幅增加，存在职位空缺；淡季时，对劳动力需求大幅减少，导致季节性失业。

（4）雇主歧视用工。雇主歧视某类人，如种族、性别、年龄、学历等歧视有可能引起结构性失业。

3．古典失业

由于工资刚性所引起的失业称为古典失业。工资是劳动的价格。根据古典经济学思想，如果工资如同一般商品的价格一样随行就市灵活调整，则通过工资的调节，使劳动的供求均衡，实现人人都有工作；但工资具有特殊性，由于长期形成的社会习惯，人们普遍期望工资不断上升，而不愿接受工资下降，并且工会的存在及最低工资法限制了工资的下降，从而使工资具有能升不能降的特性，即工资刚性。工资刚性的存在，表明工资高于均衡水平，使得劳动的供给量增加，同时，厂商对劳动的需求量减少，导致劳动供过于求，出现失业。

（二）周期性失业

周期性失业又称需求不足失业，是指因经济的短周期波动而造成的失业。周期性失业随经济的扩张而下降，随经济的衰退而上升。在经济繁荣阶段，整个经济对劳动的需求大幅上升，众多失业者被迅速吸收，失业率下降；在经济衰退和萧条阶段，大量企业倒闭，幸存的企业也会减小产量，整个经济对劳动的需求急剧减少，失业率迅速大幅上升。周期性失业与经济波动的周期相一致，故称为周期性失业。

凯恩斯用三大心理规律来说明总需求不足的原因，这三大心理规律分别是边际消费倾向递减规律、资本边际效率递减规律和流动偏好规律。

1．边际消费倾向递减规律

边际消费倾向递减规律是指人们的收入越增加，消费支出占增加收入的比重就越小。由于消费是总需求的一个重要组成部分，边际消费倾向递减会导致总需求不足。边际消费倾向递减规律是由人类的天性所决定的。由于这一心理规律的作用，增加的产量在扣除个人增加的消费以后，就留下了一个缺口，即总需求紧缩缺口。假如没有相应的投资来填补这个缺口，产品就会有一部分无法销售出去，于是就出现了消费不足，引起生产紧缩和失业。

2．资本边际效率递减规律

资本边际效率递减规律是指资本投入越增加，利润占资本投入的比重就越小。投资需求取决于资本边际效率与利息率的对比关系。资本边际效率，就是厂商增加投资与所增利润之比。投资需求是总需求的另外一个重要组成部分。投资是一种牺牲当前消费以获取未来收益的行为，所以投资获得利润率和资本边际效率的高低直接影响着投资需求的大小，两者呈正比关系。如果利息率不变，利润率和资本边际效率越高，则越能刺激人们投资的积极性。然而，资本边际效率递减规律的作用，使人们对投资前景缺乏信心，必然会使投资需求不足。

3．流动偏好规律

流动偏好规律是指人们在心理上总喜欢以现金的形式保存自己的一部分收入，这种以货币形式保存收入的心理动机，就是流动偏好。正是由于流动偏好的存在，为了鼓励人们放弃流动偏好进行储蓄，就要提高利息率。流动偏好造成利息率提高的压力，使得利润率和资本边际效率更低，从而使投资需求“雪上加霜”。

（三）隐蔽性失业

隐蔽性失业者是指表面上有工作，实际上对生产没有做出贡献的人，或者说，这些工人的边际生产力为零甚至是负数。当经济中减少就业人员而产量仍没有下降时，就存在着隐蔽性失业。这种失业在发展中国家存在较多，尤其是农业部门，隐蔽性失业更严重。

案例

三一电气“裁员”风暴

腾讯财经2012年7月11日报道　由于受到美国次贷危机的影响，从2011年下半年开始，国内风电产业形势急转直下。行业龙头华锐风电2011年净利润同比下降72.84%。2012年第一季度持续低迷，降幅扩大至87.06%。而金风科技2011年净利润也同样下滑73.50%，2012年第一季度更是下降了97%。

在这种行业形势下，原本就未盈利的三一电气亏损严重。坚持自主研发和全产业链的发展战略，导致三一电气错过了成立后头两年的市场爆发，同时带来了投资成本大和回收期过长的问题。这种依靠集团不断投入资金的发展方式，也带来集团层面不同的声音，甚至有出售三一电气部分股份的传言。

有关人士透露，除了张家口的产业园，其余的几个生产基地均在2012年上半年停工或很少开工，工人大部分已经解散。而张家口风电原有180个员工，除了4位“善后”工作者及部分管理层人员回归北京总部之外，剩余的100多个工人，只有20个左右转到了搅拌机公司，按此计算，“裁员”比例接近70%。

“裁员”之所以加上引号，是因为这100多个工人大部分是主动离职，并非直接意义上的裁员。公司的“优势优得”综合工资制，再加上风机叶片的订单稀少，没有活干，使得工人收入普遍降低一半甚至更多。大部分工人被逼无奈，主动离职。

此外，公司还采取了几个生产基地工人相互调动的办法，例如，吉林通榆的工人调往张家口，张家口的工人调往云南泸西。由于工人多为本地人，多数不愿意背井离乡，不愿调动的工人则被停岗培训，只拿600元的基本工资，这也导致部分工人主动离职。

除了几个风电生产基地工人解散，北京总部大量的研发和管理人员也因停岗培训等被迫主动辞职。由于停岗培训只发基本工资，不再有绩效工资，更别提项目奖金，导致每月收入缩水近80%。另有部分员工在5月被正式裁员，拿到了离职补偿。

启发思考：

（1）分析案例所涉及的失业类型，并说明理由。

（2）在市场经济中，失业现象能否被消灭？

三、充分就业

充分就业并非人人都有工作，消除了周期性失业的非自愿失业状态，就是充分就业状态。充分就业与自然失业的存在并不矛盾甚至可以并存。实现了充分就业的失业率称为自然失业率或充分就业的失业率。

充分就业时仍然有一定的自然失业。这是因为，经济中有些造成失业的原因是难以克服的，劳动力市场总是不十分完善的。自然失业的存在不仅是必然的，而且是必要的。因为这种失业者的存在，能作为劳动后备军随时满足经济对劳动的需求，能作为一种对就业者的“威胁”而促使就业者提高生产效率。此外，各种福利支出（失业补助、贫困补助等）的存在，也使得存在一定水平的失业不会成为影响社会安定的因素，因而社会是可以接受的。

自然失业率的高低，取决于劳动力市场的完善程度、经济状况等各种因素。自然失业率由政府根据情况确定，各国在各个时期所确定的自然失业率都不同。

案例

美国失业危机加重

2013年12月18日，美国劳工部公布，截至12月14日当周，美国首次申请失业救济（以下简称首申）人数为37.9万人，这是近9个月来的最高水平，此前市场预期33.6万人，实际公布数据与预期的差距为2013年3月以来最大。上周公布的此前一周首申人数为36.8万人，当时为两个月来最高水平，今日公布数据将其上修为36.9万人。至此，上周环比首申增加1万人。

美联储主席伯南克指出，提高劳动技能是当前美国社会面临的重大挑战之一。伯南克同时认为，解决就业市场结构性矛盾、提升美国劳动参与率的问题迫在眉睫，而如果此问题未能得以解决，会有越来越多的人“要么失业”“要么就业不足”“要么仅能获得低薪”。

2013年11月，美国失业率下跌至7.0%，尽管失业率降至低点，但劳动参与率（劳动参与率是包括就业者和失业者的经济活动人口占劳动年龄人口的比率，是用来衡量人们参与经济活动状况的指标）只部分收复了10月的巨大跌幅，现在63.0%的劳动参与率仍比9月的水平低0.2%。连续令人失望的劳动力供应促使美联储内部的一些反思。此前，美联储一直认为，一旦新增就业岗位开始加速，劳动参与率将会反弹。而事实上，在过去的两年里，美国劳动力市场已经创造了接近450万个工作岗位，但劳动参与率仍持续下跌。截至11月，美国约有410万长期失业人口，这个数字约为其劳动力人口的3%。虽然较2010年，该数据已下降4个百分点，但长期失业人数之庞大，依旧是美国未曾面对过的问题。

美国城市研究所公布的数据显示，大部分长期失业者都拥有良好的劳动能力。这些失业人口中近一半拥有大学本科学历，1/5的人曾工作在专业领域或管理岗位上。然而，随着时间的流逝，他们找到新工作的机会日渐渺茫。这些劳动力人口的损失，无疑是在损害国家的经济生产力。对上述问题，伯南克认为，“培训我们的劳动力，是教育部门需要肩负的工作”，美联储会在经济“接近于充分就业”的前提下，在一定程度上解决劳动参与率下降的问题。

业内机构同时指出，当时美国就业市场所面临的最大问题在于，越来越多的求职者在技术与能力方面无法满足雇主的需求。虽然在过去的四年，随着美国经济的逐渐复苏，美国空缺职位的数量在不断增加，但同时仍有大量民众无法物色到合适的工作。

所谓结构性失业，主要是由于经济结构发生变化，现有劳动力的知识、技能、观念、区域分布等不适应这种变化，与市场需求不匹配而引发的失业。因此，尽管美国有一支庞大的“失业大军”，但“用工荒”问题依旧困扰着当下的美国企业。相关统计显示，美国失业人口已达1330万，近30%的失业者失业至少一年，180万人已两年多没有工作。

启发思考：

美国的做法对我们有什么启示？

四、失业对社会的影响

在现实经济中，失业的危害很容易被人认识，可以肯定，失业率上升时几乎没有人能从中获益。因为失业率的上升意味着总产量会下降，人们的总实际收入会下降。

对于个人来说，如果是自愿失业，则会给他带来闲暇的享受。但如果是非自愿失业，则会使他的收入减少，从而生活水平下降。

对社会来说，失业增加了社会福利支出，造成财政困难，同时，失业率过高又会影响社会的安定，带来其他社会问题。从整个经济看，失业在经济上最大的损失就是实际国民收入的减少。

曾任美国总统约翰逊首席经济顾问的经济学家阿瑟·奥肯，研究了失业率变动对实际国民收入的影响，提出了奥肯定律。

奥肯定律的含义是失业率与实际国民生产总值之间存在一种高度负相关关系。其主要内容：失业率如果超过充分就业的界限（通常以4%的失业率为标准）时，失业率每降低1%，实际国民生产总值则增加3%。反之，失业率每提高1%，实际国民生产总值则减少3%。

五、失业的治理对策

失业的类型及根源不同，所采取的治理对策也不相同。

1. 自然失业的治理对策

经济中的自然失业在所难免，有针对性的治理对策可有效地减少自然失业。

（1）完善劳动力市场，全方位提供就业服务。建立多种类多层次的就业服务机构，预测并发布劳动供求走势，提供招聘信息，举办各类招聘会，开展就业指导，协助并加速劳动力的流动。

（2）加强职业技能培训。大力发展职业教育，开展职前培训、在职培训、转岗培训和创业培训，提高劳动者的就业能力。

（3）出台调控劳动力供求量的政策。主要措施有：①推迟就业年龄或提前退休年龄。延长人口受教育年限，从而延缓新增劳动力就业；或提前退休年龄，使劳动力提前退出劳动年龄人口，可有效地减少劳动力供给，减缓就业压力。②缩短就业者的劳动时间。此举既有利于吸收更多的劳动力就业，又能增加劳动者的休闲时间，提高劳动者的生活品质。国外许多企业对雇员实行“带薪休假”制度。我国实行的五天工作制及近年来推出的“清明节”“五一节”“端午节”“中秋节”等“小长假”制度，也有这方面的考虑。③降低工资指导线水平，以减少劳动力的供给并增加劳动力的需求，从而减少失业。④建立完善的社会保障制度。建立和完善失业保险制度及失业救济金制度，保障失业人口的基本生活，有利于减轻就业压力。⑤反对就业歧视。对于弱势群体出台就业扶持政策，如在我国，企业安置残疾人就业可享受增值税、营业税、企业所得税、房产税、城镇土地使用税多项税收优惠政策。

2. 周期性失业的治理对策

凯恩斯主义理论认为，周期性失业的根源在于社会总需求不足，提出政府运用扩张性财政政策和货币政策，通过增加政府支出、减税、降低利率等刺激总需求，促进消费，扩大投资，繁荣经济，促进就业。

案例

如何在未来一段时间实现更高质量的就业

党的十九大报告提出要推动实现更高质量的就业。“更高质量的就业”主要是充分的就业机会、公平的就业环境、良好的就业能力、合理的就业结构、和谐的劳动关系等。人力资源和社会保障部有关人士表示，现阶段我国实现更高质量的就业需要从以下5个方面着手。

（1）深入实施就业优先战略。在转变经济发展方式和推动经济结构调整中扩大就业，在统筹城乡发展，积极稳妥地推进工业化、城镇化和农业现代化中创造更多的就业机会。

（2）努力营造公平的就业环境。深入贯彻实施就业促进法，统筹做好以高校毕业生为重点的青年就业、农村劳动力转移就业、困难人员就业工作，有效地防止和消除就业歧视，促进公平就业。大力实施更加积极的就业政策，动员全社会力量共同参与做好工作，切实营造更加有利于就业、创业的宽松环境。

（3）着力提高劳动者的就业能力。大力加强职业培训，加强高技能人才队伍建设，形成面向所有劳动者终身学习的职业培训体系，促进劳动者整体素质的提高，帮助劳动者实现更稳定的就业。同时，加快完善覆盖城乡的公共就业服务体系，推动建立统一、规范、灵活的人力资源市场。

（4）不断优化就业结构。着力提高第三产业就业比重，稳定第二产业就业份额，挖掘第一产业特别是现代农业的就业潜力，以结构的优化推动就业质量的提高。

（5）积极构建和谐的劳动关系。推行工资集体协商机制，建立工资正常增长机制，使工薪劳动者增长和劳动生产率提高同步。进一步扩大社会保障覆盖范围，稳步提高社会保障待遇水平，全面建成覆盖城乡居民的社会保障体系。让就业不但成为劳动者谋生的手段，而且成为劳动者不断发展的有效途径。

启发思考：

为什么要实现更高质量的就业？如何实现？

任务二　通货膨胀理论

案例

10万元面额的大钞

抗日战争和解放战争期间，国统区财政金融极端混乱，赤字惊人。为了改变这种状况，国民政府一面增加苛捐杂税，一面滥发纸币，靠通货膨胀来弥补财政赤字，结果造成货币贬值、物价飞涨。那个时候，上海有5家专门印刷钞票的印刷厂，一分钟就可以印刷1600万元的纸币。五家印刷厂日夜赶制仍不能满足需求，甚至还要到英国和美国去印，后来只好发行10万元面额的大钞。当时舆论说，在百业萧条的中国，唯一仍在全力开动的工业就是钞票印刷业。那时候，货币贬值速度惊人。同样的100元钞票，1937年可买一头牛，到了1947年却只能买三分之一盒火柴。

讨论：10万元面额的大钞能否挽救国统区的经济问题？

案例中，国统区物价飞涨、货币疯狂贬值，正是处于恶性通货膨胀时期，在当时，平均价格水平成千上万倍上涨，整个经济处于混乱乃至瘫痪的状态。在这种情况下，不要说发行10万元面额的大钞，即使发行100万元、1000万元面额的大钞也无济于事。因为，货币已贬为一张废纸，价格实际上已毫无意义。

一、通货膨胀的含义

通货膨胀是指一般物价水平持续上涨和货币不断贬值的经济现象，对这一含义的理解，必须注意以下几点：

（1）通货膨胀是一种货币现象。如果不存在货币或者不出现货币供给过多，就不会出现通货膨胀。导致通货膨胀最直接的原因是货币供给量超过货币需求量。

（2）通货膨胀指的是一般价格水平的上升，即商品平均价格水平的上升。仅仅某一商品的价格上升并不是通货膨胀，只能说该商品的相对价格上升了，而平均价格水平则不一定发生变化。

（3）通货膨胀是一般物价水平的持续上升。季节性、暂时性和偶然性的价格上升，不能看作通货膨胀。例如，某地区规定该区域内所有商品的价格在一夜之间上涨10%，虽然价格水平上涨的幅度较大，但这种上涨只是物价水平的一次性上涨，其他大多数时间，物价水平是保持不变的。只有平均价格水平在一定时间内（一年及一年以上）持续地上升才能说明发生了通货膨胀。

（4）发生通货膨胀时，货币不断贬值。一旦物价水平普遍而持续地上升，人们就需要更多的货币来进行交易，导致单位货币的价值越来越低，货币的购买力下降。

案例

适度通胀为什么是政府追求的目标？

请设想一下：如果钱总是在变得更值钱，会发生什么情况？如目前早餐时间8块钱可以买到A套餐，3个月后7块钱就可以买到，一年后6块钱就可以买到，其他物品也是这样，在这种情况下，大家一定会选择存钱，控制消费和投资，因为“现金为王”了，持有现金回报率非常高。在这种情况下，企业要挣钱是很困难的，企业家肯定不愿意去贷款，因为贷款成本会越来越高，负担会越来越重。这样，经济的车轮就会慢下来，股票就会下跌，房价就会下跌，最终工资下跌，所有人的收入都下降，经济进入低通胀或者进入通货紧缩期。因此，对现代政府，一般认为通货紧缩非常可怕，可怕程度甚至超过了中度通胀。通货紧缩这种情况在金属货币统治时代时有发生。

再设想一下有适度通胀的情况。例如，每年有3.5%左右的通胀率，物价呈现一种慢慢上升趋势，那么有消费能力、投资能力的人，自然会消费、投资，因为钱存着会贬值，或者仅仅只能保值。暂时没有消费能力、投资能力的人，也能看到希望：物价虽然在涨，但非常缓慢，他们有信心通过奋斗让工资追上通胀，也有信心存钱买房。

而且，由货币超发引起的通胀在推动经济增长的同时，还可以使政府获得铸币税。一般来说，只有国家才有铸币权。假如在使用金属货币的时代，铸造1块钱的成本是0.4元，那么0.6元就成为政府的收入，这被称为“铸币税”，因为这样可以轻松获取“铸币税”，这是一种隐形税收，成本低，利润高。在信用货币时代，“铸币税”的内涵发生了很大的变化，且负责的中央银行不会直接超发货币，但仍存在“铸币税”现象。

因此，适度通胀是信用货币制度下所有政府和央行追求的目标。当然，政府会通过各种货币工具，试图将通胀控制在适度范围内。

不仅当代社会，古代也有类似情况。铜钱是秦朝之后两千多年中我国最主要的货币，虽然铜钱也非足值货币，但限于铜料的缺乏，政府铸币不可能太多，这使币值相对稳定。但某些时期所铸造的“一当十”“一当百”甚至“一当千”铜钱，或者以铁代铜，则和当代各国政府推动货币超发极为相似，但这种行为带来的通货膨胀相对较低；元朝、明朝纸币的过度发行则产生了严重的通货膨胀，以致纸币失去价值。

二、通货膨胀的衡量

衡量通货膨胀的水平就是通货膨胀率。通货膨胀率就是一个时期的价格指数比另一个时期的价格指数增加的百分比，计算公式为：

$$通货膨胀率=\frac{本期价格指数-上期价格指数}{上期价格指数}\times 100\%$$

衡量通货膨胀率的价格指数一般包括以下三种。

1. 消费者物价指数

消费者物价指数（consumer price index，CPI）是衡量一定时期居民个人所购买商品劳务零售价格变化的指标。消费者物价指数反映消费环节的价格水平，与人们的生活水平关系最为密切，是国际通用的衡量一个国家或地区通货膨胀或通货紧缩程度的指标。

我国居民消费价格指数CPI涵盖全国城乡居民生活消费的商品、烟酒及用品、衣着、家庭设备用品及维修服务、医疗保健和个人用品、交通和通信、娱乐教育文化用品及服务、居住8大类262个基本分类的商品与服务价格。数据来源31个省（区、市），500个市县，6.3万家价格调查点，包括食杂店、百货店、超市、便利店、专业市场、专卖店、购物中心以及农贸市场与服务消费单位等。CPI数据采用抽样调查方法抽选确定调查网点，按照“定人、定点、定时”的原则，直接派人到调查网点采集原始价格，经过汇总计算获得。例如，2013年10月，全国居民消费价格总水平同比上涨3.2%。其中城市上涨3.2%，农村上涨3.3%；商品价格上涨6.5%，非食品价格上涨1.6%；消费品价格上涨3.2%，服务价格上涨3.1%。1～10月全国居民消费价格总水平比2012年同期上涨2.6%。2013年10月，全国居民消费价格总水平环比上涨0.1%。其中，城市上涨0.1%，农村持平；食品价格下降0.4%，非食品价格上涨0.3%；消费品价格下降0.1%，服务价格上涨0.4%。食品价格同比上涨6.5%，医疗保健和个人用品价格同比上涨1.0%，交通和通信价格同比下降0.6%，娱乐教育文化用品及服务价格同比上涨2.5%，居住价格同比上涨2.6%。

2. 生产者物价指数

生产者物价指数（PPI），又称批发价格指数，是衡量一定时期生产资料与消费资料批发价格变化的指标。生产者物价指数反映生产环节的价格水平，整个价格水平的波动一般首先出现在生产领域，然后通过产业链向下游产业扩散，最后波及消费品，影响消费者物价指数。因此，生产者物价指数是整个价格水平变化的一个信号，被作为经济周期的指示性指标之一，受到各国政策制定者及企业经营者的密切关注。

我国工业生产者价格指数包括工业生产者出厂价格指数（PPI）和工业生产者购进价格指数。工业生产者出厂价格指数反映工业企业产品第一次出售时的出厂价格的变化趋势和变动幅度；工业生产者购进价格指数反映工业企业作为中间投入产品的购进价格的变动趋势和变动幅度。工业生产者出厂价格统计调查涵盖1702个基本分类的11000多种工业产品的价格；工业生产者购进价格统计调查涵盖900多个基本分类的6000多种工业产品的价格。

3. 国内生产总值缩减指数

国内生产总值缩减指数是衡量一国在一定时期内所生产的最终产品和劳务的价格总水平变化程度的指标，是名义国内生产总值与实际国内生产总值的比率。

以上三类物价指数由于观察角度不同、统计范围不同，所计算的通货膨胀率数值不同，但其变动趋势基本相同。从理论的角度来看，国内生产总值缩减指数由于反映了国内生产的所有商品和劳务的价格，统计范围全面，并且各种商品和劳务的结构即权重随着时间的推移而自动变化，从而比前两种指数更为全面、客观与准确；从实践的角度来看，生产者物价指数与消费者物价指数针对性更强，生产者物价指数反映生产环节的价格水平，消费者物价指数反映消费环节的价格水平，较国内生产总值缩减指数更为具体与明确。

与通货膨胀相对应的概念是通货紧缩，它指的是总体物价水平的下降，如1998—1999年所表现的价格持续下降的现象。

物价的过快上升或下跌都表明总产出与总需求之间的失衡。经济学家追求的是物价相对稳定，即0~3%的低通货膨胀。

通货膨胀率与经济波动密切相关，这是又一个重要的经济现象。通货膨胀率是经济中所有商品的平均价格变化的百分比。一般而言，当经济运行接近峰顶时，价格上升加快；当经济运行接近谷底时，价格上升的速度放慢，甚至会出现通货紧缩现象。价格的这种上升或下降一般滞后于实际GDP的波动。

图9-3描述了1978—2002年中国的通货膨胀率所经历的变动。1988—1990年及1993—1997年这两个时期经历了较为明显的通货膨胀，而在1998年、1999年出现物价负增长，即通货紧缩。结合前面有关经济增长图，可得出经济高增长与物价上涨之间有一定的联系。

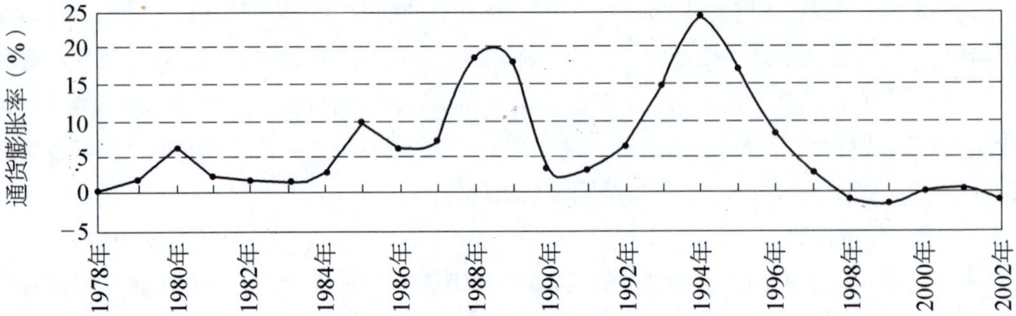

图9-3 中国通货膨胀率变动曲线

三、通货膨胀的种类

按照不同的划分标准，可以把通货膨胀划分为不同的类型。

通货膨胀按物价上涨的速度和趋势可分为以下三类：

（1）温和的通货膨胀。它是指每年物价上涨的幅度在10%以内的通货膨胀。许多国家都曾有过这种温和的通货膨胀，凯恩斯主义者认为这种温和的通货膨胀虽然使物价有些上升，但却增加了社会需求，促进了资源的利用和就业的增加，对整个社会发展是有利的。

（2）奔腾式的通货膨胀。它是指两位数的通货膨胀，即年物价上涨幅度在10%以上，100%以下的情况。对于这种通货膨胀，政府必须采取强有力的政策措施加以控制，以免对一国经济和人民生活造成不良影响。

（3）恶性通货膨胀。它是指年物价上涨幅度在100%以上的通货膨胀。发生这种通货膨胀时，物价持续上涨，货币体系崩溃，正常经济秩序遭到破坏，会导致经济崩溃乃至政府更迭。

案例

委内瑞拉陷入恶性通货膨胀

石油价格在2014年见顶回落之后，委内瑞拉陷入恶性通货膨胀。委内瑞拉官方货币急剧贬值，使得购买一些基本的日用品也需要“一麻袋”钞票，甚至劫匪也放弃了抢劫钞票。2018年8月20日新货币“主权玻利瓦尔”替代原有货币“强势玻利瓦尔”，兑换比率为1：10万，与美元的官方汇率从1：28.5万变为1：600万，贬值95%。新货币与其加密货币——石油币挂钩，石油币作为该国的国际记账单位，以及国内工资和商品、服务定价的基准。

通货膨胀按照对价格影响的性质，可分为以下两类：

（1）平衡式的通货膨胀。它是指各种商品（包括生产要素）的价格以相同比例上升的通货膨胀。

（2）非平衡式的通货膨胀。它是指各种商品和生产要素的价格上涨幅度不相同的通货膨胀。

通货膨胀按照人们对通货膨胀的预期程度，可分为以下两类：

（1）可预期的通货膨胀。又称为惯性通货膨胀，主要指一国政府、厂商和居民对未来某一时期通货膨胀可以在一定程度上加以预期的通货膨胀。

（2）不可预期的通货膨胀。它是指物价上涨的速度超出人们的预料，或者人们对未来的物价变化趋势无法预测的通货膨胀。这种类型的通货膨胀在短期内对就业与产量有扩张效应。

四、通货膨胀的原因

1. 需求拉动的通货膨胀

当总供给相对稳定时，因总需求过度增长，使得总需求超过总供给而引起的通货膨胀，称为需求拉动的通货膨胀。在总需求—总供给模型中，需求拉动的通货膨胀表现为总需求曲线AD右移造成的价格上升，如图9-4所示。

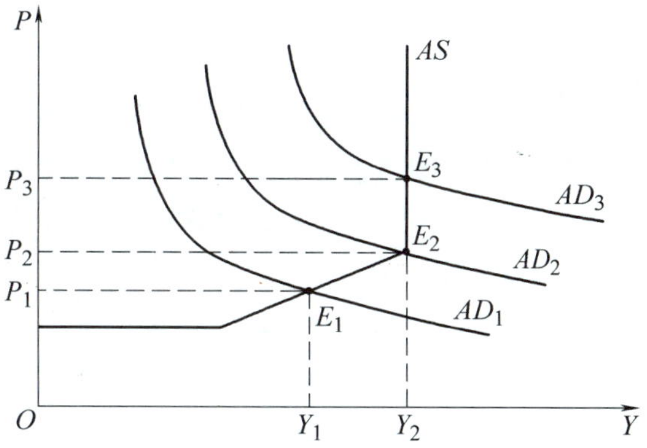

图9-4　需求拉动的通货膨胀

在图9-4中，当经济未实现充分就业时，总需求曲线AD_1与总供给曲线AS相交于点E_1，决定均衡国民收入为Y_1，价格水平为P_1。随着总需求的增加，总需求曲线AD_1向右平移至AD_2，与总供给曲线AS相交于新的均衡点E_2，均衡国民收入由Y_1上升至Y_2，价格水平为P_1上升至P_2，总需求增加在引起价格水平上升的同时，也引起收入增加的状态，称为半通货膨胀。

当经济处于充分就业状态即均衡点E_2时，随着总需求的继续增加，总需求曲线由AD_2向右平移至AD_3，与AS相交于E_3，此时，国民收入不变，而价格水平由P_2上升至P_3，总需求增加的唯一结果是引起价格水平上升的状态，称为完全通货膨胀，凯恩斯称之为“真正的通货膨胀”。

社会总需求由总消费、总投资、政府支出和净出口构成，其中任何一个构成部分的增加，都会引起总需求增加，当总需求过度增加时形成需求拉动的通货膨胀。

2．成本推动的通货膨胀

成本推动的通货膨胀又称供给通货膨胀，是指在总需求不变的情况下，由于成本提高等供给方面的原因，使总供给减少，引起的物价水平普遍而持续的上涨。工资、利润及进出口原材料成本的增加都会引起产品价格的上升，形成成本推动型的通货膨胀。在总需求—总供给模型中，成本推动的通货膨胀表现为总供给曲线向左上方平移造成的价格上升，如图9-5所示。

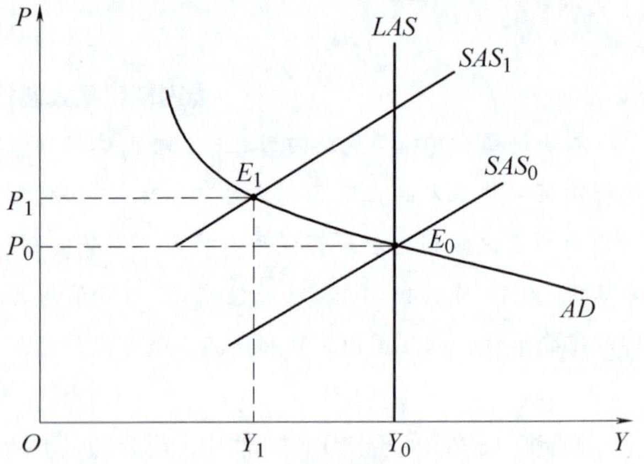

图9-5　成本推动的通货膨胀

在图9-5中，初始的短期总供给曲线SAS_0与长期总供给曲线LAS及总需求曲线AD相交于E_0，此时的收入Y_0为充分就业收入，价格水平为P_0。当短期总供给减少时，短期总供给曲线由SAS_0向左上方平移到SAS_1，与总需求曲线AD相交于点E_1，价格水平由P_0上升到P_1，发生通货膨胀；而与此同时，收入或产出水平由Y_0下降到Y_1，形成滞胀。

3．供求混合型通货膨胀

由需求拉动和成本推动共同作用而引起的通货膨胀，称为混合型通货膨胀。现实经济中的通货膨胀往往是总需求与总供给共同作用的结果，两种原因相互作用，互为因果。假设通货膨胀由需求拉动开始，过度的需求增加必然导致物价总水平上升，物价总水平上升推动工资上涨，而工资上涨则导致成本推动的通货膨胀；反之，如果通货膨胀由成本推动开始，工资上涨、利润上涨导致大众收入增加，消费上升，从而总需求增加，形成需求拉动的通货膨胀。

4．结构性通货膨胀

单纯由经济结构因素变动所引起的物价水平普遍而持续的上升，称为结构性通货膨胀。这一理论认为，即使整个经济的总需求和总供给处于均衡状态，但由于经济结构方面的因素发生变动，如各经济部门发展不平衡、总供给与总需求结构不一致等，也有可能造成通货膨胀。

在一国的经济体系中，各经济部门兴衰进展状况不同，与世界市场关系密切程度不同，其劳动生产率存在差异，那些劳动生产率增长率比较高的部门，货币工资的增长率相应较高；而那些劳动生产率增长率比较低的部门，其货币工资增长率按理来说应该比较低，但因“攀比效应”的作用，其货币工资增长率也比较高，并与前者趋同，从而引起这些部门产品平均成本及价格上升，使整个社会的货币工资增长率超过劳动生产率增长率，产生由工资成本推动的通货膨胀。

此外，产品需求结构的变化、劳动力市场结构的变化等也有可能引发结构性通货膨胀。

5．预期的通货膨胀

由于预期因素所引发的通货膨胀，称为预期的通货膨胀。一般说来，当经济中已经存在通货膨胀时，人们普遍会认为通货膨胀将持续存在，并据此来计划和安排经济活动，如签订合同时因考虑通胀因素事先提高商品售价，在进行工资谈判时因考虑通胀因素而事先要求工资按一定比率增加，等等，从而使本来不应延续的通货膨胀可能延续，本来不严重的通货膨胀可能加剧。由于人们会将预期的通货膨胀考虑到交易契约中去，对已有通货膨胀的适应性预期常常变成惯性通货膨胀，年复一年地持续下去。预期既影响需求，也影响供给，因此，预期的通货膨胀往往表现为混合型通货膨胀。

五、通货膨胀的影响

通货膨胀既影响经济活动，更深刻地影响着社会的政治稳定。

（一）通货膨胀的经济效应

通货膨胀对经济的影响主要表现在对收入和财富的再分配效应和产出效应。

1．通货膨胀的再分配效应

通货膨胀是物价普遍而持续的上升，意味着货币购买力下降。由于各种商品价格变化的程度不同，人们所持有货币的状况不同，因而通货膨胀会影响收入和财富在不同成员间的再分配。经济学理论认为，在通货膨胀可完全预期的情况下，通货膨胀率较为稳定，名义工资、名义利率等各种名义变量可根据通货膨胀率进行调整，从而使各种实际变量保持不变，此时通货膨胀对收入和财富再分配的影响很小；在通货膨胀不能完全预期的情况下，人们无法准确地根据通货膨胀率及时调整各种名义变量及自身的经济行为，通货膨胀产生明显的再分配效应，具体表现为如下三个方面：

第一，使收入和财富从工资收入者转移到利润收入者。因为在通货膨胀期间，名义工资的增加不仅滞后于物价的上升，而且往往赶不上物价上升的幅度，实际工资下降，而利润收入者可通过提高产品价格转嫁通货膨胀带来的损失。

第二，使收入和财富由债权人转移至债务人。因为实际利率等于名义利率减去通货膨胀率，发生通货膨胀时，实际利率下降。

第三，使收入和财富由公众转移至政府。通货膨胀往往是由货币发行量过多引起，政府印发货币，筹集收入，并以此进行支付、弥补赤字或偿还债务，直接剥夺公众财富；通货膨胀能够在现行税率下自动提高政府的税收收入，在通货膨胀过程中，随着名义工资的增加，在实行累进所得税率的情况下，个人所得税增加；同时，通货膨胀使政府的内债负担下降，政府获得通货膨胀税。

2．通货膨胀的产出效应

一般认为，从短期来看，温和的、未被预期的、需求拉动的通货膨胀能刺激产出增加，促进就业；成本推动的通货膨胀使产出减少，导致失业；恶性通货膨胀导致产出和就业下降，甚至经济崩溃。从长期来看，决定经济增长的是劳动、资本、自然资源及生产技术等实际因素，而不是价格水平，再者，人们通过预期通货膨胀率调整名义变量，使各种实际变量保持不变，因此，由货币量变动引起的通货膨胀不影响产出水平。

（二）通货膨胀的社会影响

通货膨胀使相当一部分人实际生活水平下降，加剧贫富差距，滋生对政府和社会的不满情绪，引起社会动荡。凯恩斯曾将通货膨胀的影响描述为：当通货膨胀来临时，货币的实际价值每月都产生巨大的波动，所有构成资本主义坚实基础的、存在于债权人和债务人之间的永恒关系，都变得混乱不堪甚至几乎完全失去意义，获得财富的途径退化到依靠赌博和运气的境地。

西方经济学家认为，通货膨胀给经济造成的影响本身并不严重，真正的严重性在于收入和财富再分配所导致的政治后果。特别是在恶性通货膨胀条件下，利益再分配引起社会各阶层的冲突和对立，经济停滞和混乱造成社会不安和动乱。

总之，通货膨胀有利有弊，其影响具有具体性和复杂性。从第二次世界大战后各国的情况来看，通货膨胀的弊大于利，借助于通货膨胀来发展经济非上策。

六、通货膨胀的治理

严重的通货膨胀不利于经济发展和社会安定，治理通货膨胀、稳定物价是各国政府的重要任务。通货膨胀产生的原因不同，相应的治理对策也不相同。

1．控制货币供应量

货币供应量过多是引发通货膨胀最直接的原因。控制货币供应量，使货币的供应量与需求量相适应，可有效地抑制通货膨胀。主要手段有控制货币的发行量，采取紧缩性货币政策，通过提高法定存款准备金率和再贴现率、央行在公开市场上出售各种政府债券，减少货币供应量。

2．抑制总需求

对于需求拉动的通货膨胀，抑制总需求是关键，通常采取紧缩性的财政政策与货币政策。采取紧缩性的财政政策，即减少财政支出与增加税收，通过削减政府预算与财政赤字，压缩政府购买，减少政府对商品和劳务的需求；通过减少政府的转移支付，降低社会福利，减少居民可支配收入，抑制消费需求；通过增加税收，抑制厂商的投资需求和居民的消费需求。采取紧缩性的货币政策，即通过减少货币供应量，提高利率，抑制消费和投资需求。

3．增加总供给

增加总供给，特别是有效供给，是治理通货膨胀的根本之策。增加总供给的具体措施主要有：

（1）采取扩张的财政政策和货币政策，通过降低税率及利率等刺激厂商增加总供给。

（2）鼓励技术创新，以提高资源利用率，降低成本。

（3）改善产业结构，通过减免税收、给予财政补贴或提供低息甚至无息贷款等，支持短缺商品的生产。

（4）减少或取消管制，鼓励竞争，增加有效供给。

任务三　失业与通货膨胀的关系

失业与通货膨胀是宏观经济运行中的两个主要问题，那么这两者之间有什么关系呢？这就是非利普斯曲线所要研究的问题。

1．菲利普斯曲线

1958年，伦敦经济学院教授菲利普斯发表其成名作《1861—1957年英国的失业和货币工资变动率之间的关系》。该论文分析了英国1861—1957年的统计资料，其研究显示，失业率低的年份往往货币工资增长率高，而失业率高的年份往往货币工资增长率低，由此推导出著名的菲利普斯曲线，如图9-6所示，横轴表示失业率，纵轴表示通货膨胀率，菲利普斯曲线是一条向右下方倾斜的曲线。菲利普斯曲线是指失业率与通货膨胀率之间存在负相关或交替关系。

菲利普斯曲线表明在经济繁荣阶段，失业率低，而工资与物价水平高，通货膨胀率高；在经济萧条阶段，失业率高，而工资与物价水平低，通货膨胀率低。失业率与通货膨胀率反方向变动的原因是：在经济繁荣阶段，厂商用工需求旺盛，失业率低，厂商间因用工竞争激烈而导致工资走高，通货膨胀率相应上升；在经济萧条阶段，厂商用工需求减少，失业率高，工人间因就业竞争激烈而工资走低，通货膨胀率相应降低。

失业率与通货膨胀率交替变化的关系意味着政策选择的两难性，即选择低失业率的政策目标要付出高通胀的代价，而选择低通胀的政策目标则要付出高失业率的代价。一般认为，在图9-6的菲利普斯曲线中，阴影部分表示社会可以接受的安全区域，临界点为（5%，5%）。临界点值因各国实际情况不同而异，如经济学家厉以宁提出现阶段我国宏观调控的临界点应定位在（4%，4%）。当菲利普斯曲线处于安全区域时，政府无须干预；当菲利普斯曲线超出安全区域时，政府必须干预；当菲利普斯曲线向右上方平移，远离安全区域时，政府必须加强干预力度。

菲利普斯曲线所反映失业与通货膨胀之间交替变化的关系基本符合20世纪50-60年代西方国家的实际情况。20世纪70年代末期，滞胀的出现，使失业与通货膨胀之间的关系有了新的解释。

2．在长期内通货膨胀与失业不存在交替变化关系

从长期来看，失业率与通货膨胀率之间不存在交替关系，菲利普斯曲线变为一条垂直于横轴的直线。从长期来看，不论通货膨胀率上升多少都不能使失业率降下来，如图9-7所示。

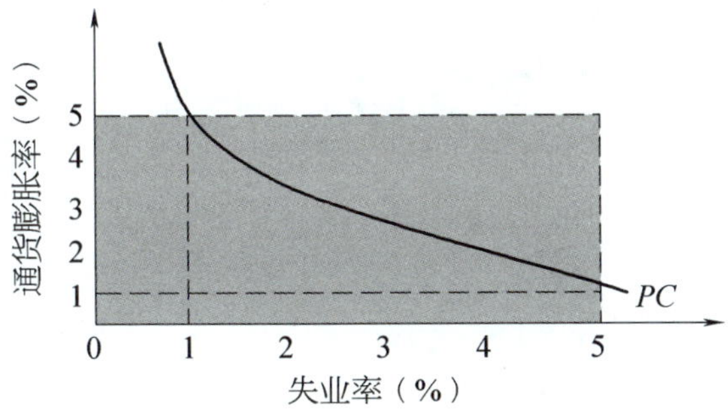

图9-6　菲利普斯曲线

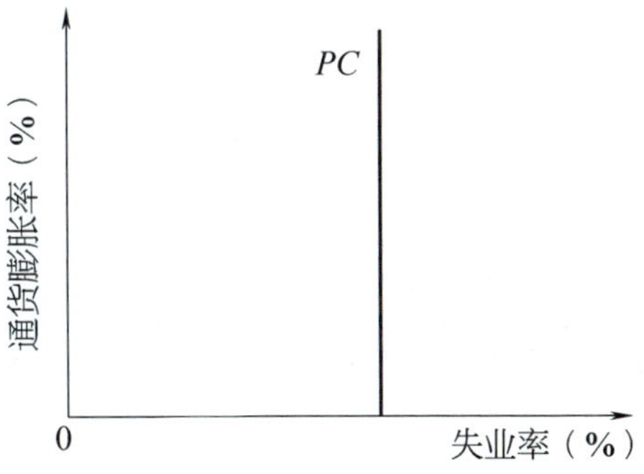

图9-7　长期的菲利普斯曲线

项目小结

失业是指在法定年龄范围内的有劳动能力者愿意工作而没有工作，且在积极寻找工作的状态。失业率是失业人数占劳动力总数的百分比。根据失业产生的原因，通常可将失业划分为自然失业与周期性失业。对于自然失业，主要采取提供完善的就业服务、加强职业技能培训、出台调控劳动力供求量的政策等治理对策；对周期性失业，治理对策是采用扩张性的宏观经济政策。

通货膨胀是指物价水平普遍而持续的上升。通货膨胀率是一定时期内物价指数的变动率，常用的物价指数主要有消费者物价指数（CPI）、生产者物价指数（PPI）和国内生产总值缩减指数。通货膨胀既影响经济中收入和财富的再分配，影响经济的短期产出水平，更深刻地影响着社会的政治稳定。通货膨胀按形成原因不同分为需求拉动、成本推动、供求混合型、结构性及预期的通货膨胀五种类型。针对不同类型的通货膨胀，相应的治理对策主要有控制货币供应量、抑制总需求、增加总供给等。

关于失业与通货膨胀的关系，菲利普斯认为，短期内失业与通货膨胀两者交替变化；在长期内通货膨胀与失业不存在交替变化关系。

习题与实训

一、名词解释

1. 失业
2. 消费者物价指数
3. 奥肯定律
4. 工资推进的通货膨胀

二、选择题

1. 通货膨胀的实质是（　　）。
   A. 货币发行量超过了流通中商品的价值量
   B. 货币发行量过多引起物价水平的普遍的持续上涨
   C. 货币发行量超过了流通中的货币量
   D. 以上都不是
2. 需求拉动的通货膨胀（　　）。
   A. 通常用于描述某种总需求的增长引起的价格波动
   B. 表示经济制度已调整过的预期通货膨胀率
   C. 通常用于描述某种供给因素所引起的价格波动
   D. 以上都不是
3. 在下列引起通货膨胀的原因中，成本推进的通货膨胀的原因可能是（　　）。
   A. 投资增加　　B. 进口商品价格上涨
   C. 预算赤字　　D. 银行贷款的扩张
4. 为了抑制需求拉动的通货膨胀，应该（　　）。
   A. 减少税收　　B. 解除托拉斯组织
   C. 降低工资　　D. 控制货币供应量
5. 应对通货膨胀，理性消费者的选择应当（　　）。
   A. 花光所有储蓄以扩大消费支出　　B. 减少消费，扩大储蓄比例
   C. 保持原有的消费、储蓄比例　　D. 以上说法都不对
6. 假设某个国家的总人口数为8000万人，就业者为4000人，失业者为1000万人，则该国的失业率为（　　）。
   A. 12.5%　　B. 20%
   C. 25%　　D. 以上都不对

7. 在充分就业的情况下，下列（　　）最可能导致通货膨胀。
   A. 进口大幅增加　　B. 政府支出不变同时税收减少
   C. 出口大幅减少　　D. 工资不变但劳动生产率提高
8. 菲利普斯曲线可以用来说明（　　）。
   A. 通货膨胀会加剧失业　　B. 通货膨胀是由失业引起的
   C. 通货膨胀率与失业率正相关　　D. 通货膨胀率与失业率负相关
9. 引起周期性失业的原因是（　　）。
   A. 经济结构的调整　　B. 货币工资的刚性
   C. 经济中劳动力的正常流动　　D. 经济体对劳动力的总需求不足
10. 在通货膨胀不能完全预期的情况下，通货膨胀将有利于（　　）。
   A. 债权人　　B. 债务人
   C. 在职工人　　D. 离退休人员

三、简答题

1. 简述失业的种类及异同。
2. 说明通货膨胀的类型。
3. 通货膨胀的影响有哪些？

四、思考题

与高通货膨胀不同，通常把过低的通货膨胀视为通货紧缩。价格指数低位运行对消费者而言是好消息，但也意味着需求不够旺盛，这时经济扩张步伐放缓。2018年5月我国居民物价总水平（CPI）同比增长1.8%，同比涨幅有所回落（见下表）。

中国年度居民消费价格指数（CPI，年度居民消费物价指数，上年=100）

年度	1978	1979	1980	1981	1982	1983	1984	1985	1986	1987
CPI	100.7	101.9	107.5	102.5	102	102	102.7	109.3	106.5	107.3
年度	1988	1989	1990	1991	1992	1993	1994	1995	1996	1997
CPI	118.8	118	103.1	103.4	106.4	114.7	124.1	117.1	108.3	102.8
年度	1998	1999	2000	2001	2002	2003	2004	2005	2006	2007
CPI	99.2	98.6	100.4	100.7	99.2	101.2	103.9	101.8	101.5	104.8
年度	2008	2009	2010	2011	2012	2013	2014	2015	2016	2017
CPI	105.9	99.3	103.3	105.4	102.6	102.6	102	101.4	102	101.6
年度	2018	2019	2020	2021	2022	2023	2024	2025	2026	2027
CPI	102.1									

问题：

1．根据上表，请回答哪些年份是通货膨胀、哪些年份属于通货紧缩，是否存在奔腾式的通货膨胀年份？

2．讨论通货膨胀或通货紧缩对个人、家庭、企业有什么影响？

项目十

经济周期与经济增长

知识目标

1. 了解经济周期的含义、类型和阶段划分
2. 理解经济周期的成因
3. 了解经济增长的含义与衡量标准
4. 了解可持续发展的含义

能力目标

能初步运用所学经济周期、经济增长与可持续发展理论判断经济形势，分析现实经济问题

案例导入

美国经济尚未走出丛林

美国总统奥巴马2009年4月19日说，美国经济依然面临压力。他的首席经济顾问萨默斯当天也表示，经济复苏尚有漫长的一段路要走。

当时，正在特立尼达和多巴哥首都西班牙港参加美洲国家峰会的美国总统奥巴马说："我们还没有走出丛林。经济仍然处在困难时期，信贷仍在紧缩。"

同一天，白宫国家经济委员会主席萨默斯在接受全国广播公司电视访谈时说："现在出来的数据喜忧参半，但经济复苏是一个漫长的过程。重新创造就业岗位需要时间，支撑金融体系需要时间。"他表示，美国经济仍存在重大风险。

萨默斯4月上旬曾乐观地表示，美国经济已不会再出现自由落体式下落，金融危机有望在数月内结束。而受到几家主要银行第一季度盈利财报鼓励，美国股市随后走势良好，令市场对经济尽早复苏充满憧憬。

启发思考：

如何理解美国经济尚未走出丛林？

自2007年爆发的金融危机对美国经济造成了严重的影响，股市震荡，投机横行，破产、失业席卷全美。布什政府尝试一系列措施来挽救美国经济，但收效甚微。2009年1月20日，奥巴马正式就任美国第44任总统。然而，热闹非凡的就职庆典活动尚未落幕，这位新任总统就不得不面对棘手难题。踏入白宫后，奥巴马即刻宣布用一个总金额达8000亿美元的刺激经济计划来重新振兴美国经济，并以此创造出300万个就业岗位。一揽子计划的实施，在一定程度上缓解了美国经济的颓势，但经济复苏仍任重道远。

事实上，受经济危机的影响，美国经济进入了经济周期的衰退期。在这一阶段，经济增长持续下滑甚至出现负增长，生产发展缓慢甚至停滞或下降，市场需求疲软，就业机会减少，失业率提高，亏损和破产的企业增多。此时，政府必须采取一定的措施来刺激经济，促使经济尽早复苏。

任务一　经济周期

一、经济周期的含义

任何一个经济实体，从一个比较长的历史时间来考察它的运行状态，一般都会沿着向上的路径增长，即实际GDP的趋势是增长的。但是经济在增长的过程中并不稳定，它不可能以一种不变的速度进行，所以又是不规则的：有些年份，产出和就业迅速上升；而在其他年份，经济增长却十分缓慢，有时甚至出现衰退，如图10-1所示。

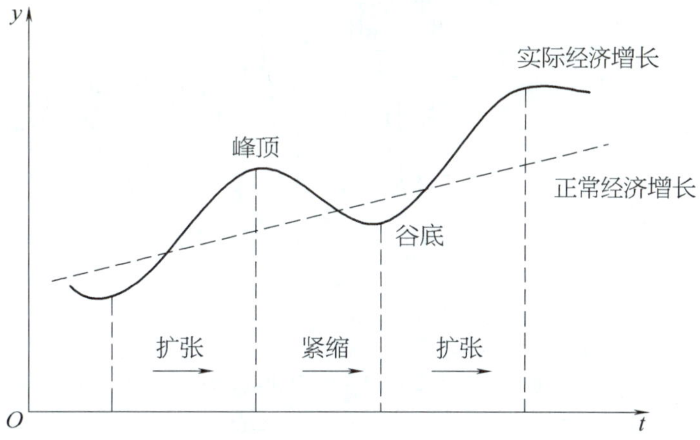

图10-1　经济周期变动曲线

以美国为例，20世纪美国实际GDP的年增长率是3%左右。但是，增长率是不固定的，经济增长的轨迹并不是一条光滑的曲线，而是有波峰和谷底的曲线。20世纪30年代的大萧条期间，经济增长率急剧下降（1929—1945年实际GDP大约下降了30%）；到了20世纪60年代，美国经济经历了创纪录的高速增长，年均增长率为4.4%；但到了70年代中期却跌入了谷底，年均增长率仅为2.6%。20世纪80年代中期经济开始回升，但进入20世纪90年代再一次陷入收缩，经济增长率又回到较低水平。从90年代中期开始，美国经济再次出现了强劲的增长势头（最高达5%），并一直持续到20世纪末。

再例如，从1978—2002年，中国经济年均增长9.1%左右，但波动较大，有些年份高，如1992年达到14.1%；有些年份低，如1990年的经济增长率只有3.8%。20世纪90年代以来，中国经济大致经历了1989—1990年的经济萧条、1992—1993年的经济高涨、1998—1999年的轻度紧缩和2003年后的经济增长高峰。

在市场经济条件下，经济运行由于受到无法事先预料的因素干扰，其扩张速度往往不稳定，甚至有时还会出现衰退。经济增长过程中的这种不稳定性，叫作经济波动，也称为经济周期（economic cycle）或商业周期（business cycle或trade cycle）。经济周期作为经济增长过程中反复出现并具有规律性的扩张与衰退相互交替的经济现象，其具有以下特征：

（1）经济周期是市场经济不可避免的经济现象。

（2）经济周期是经济活动总体性、全局性的波动。

（3）一个完整的周期由衰退、萧条、复苏、繁荣四个阶段组成。

（4）周期的长短由周期的具体性质所决定，难以准确无误地进行预测。

（5）大多数宏观经济指标（经济波动、失业、通货膨胀和经常账户余额等）同时波动甚至交互波动。

图10-2是根据产出对长期趋势的偏离编制的1920—2000年美国经济周期的情况。图10-3是根据经济增长率绘制的1870—1990年美国经济周期的情况。

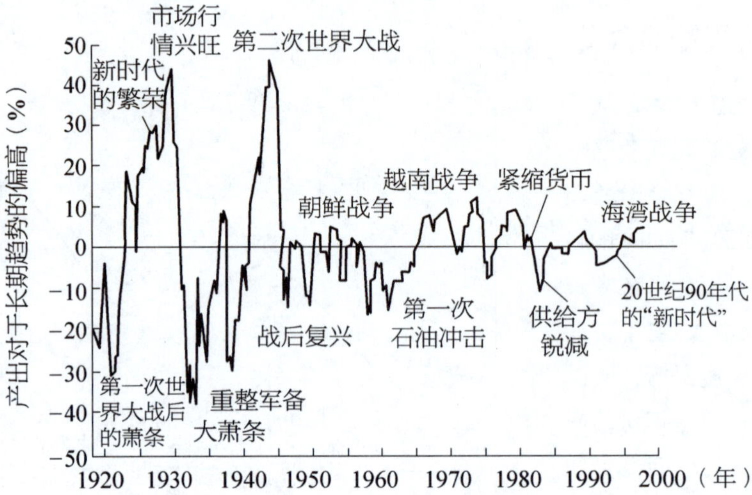

图10-2　美国1920-2000年以来的商业活动

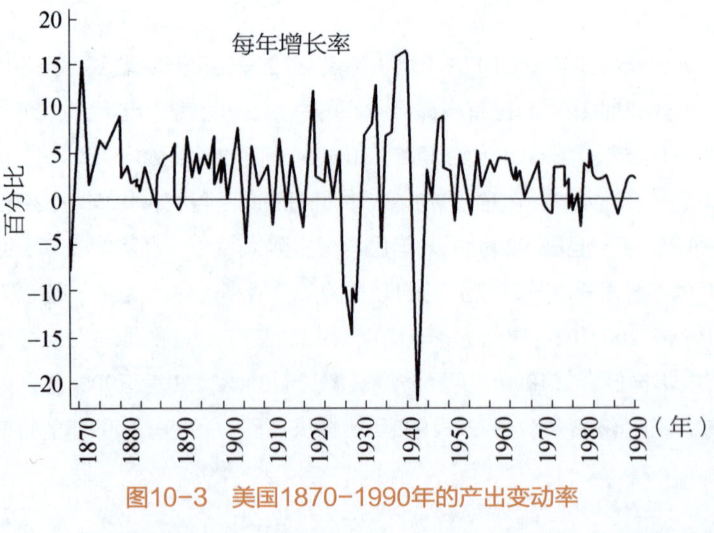

图10-3　美国1870-1990年的产出变动率

从图10–2和图10–3的对比可以看出，图10–3的波动幅度比图10–2的大。特别明显，1961—1969年，图10–2表明这一期间的经济几乎是持续扩张的。有些经济学家就是据此断言经济危机已经被消除，经济周期已经不复存在。而图10–2却表明，在这时期存在着三次增长波动，增长率经历了1962—1963年、1966—1967年、1969—1970年三个下降时期，其中前两次的下降就是所谓的增长性衰退。

西方经济学家们一般把经济周期划分为四个阶段：衰退（recession）、谷底（trough）、扩张（expansion）和波峰（peak）。图10–4描绘了经济周期的四个阶段。从中可以看出经济周期有以下几个特点：第一，每一个经济周期都包括谷底、扩张、波峰和衰退这四个阶段，扩张和衰退交替出现，在交替中有谷底和波峰这两个不同的转折点。波峰是经济由扩张转向衰退的转折点，谷底是经济由衰退转向扩张的转折点，在经济周期中，波峰和谷底也是相互交替出现的。第二，虽然经济周期的四个阶段在逻辑上是按照这个顺序排列的，但是它们在每次周期中持续的时间和形态有很大的差异，没有两个完全相同的经济周期。第三，从长期看，整个社会的生产能力总有不断增长的趋势，所以某一经济周期谷底阶段的产出和就业水平，有可能出现比以前周期波峰阶段还要高的情况。

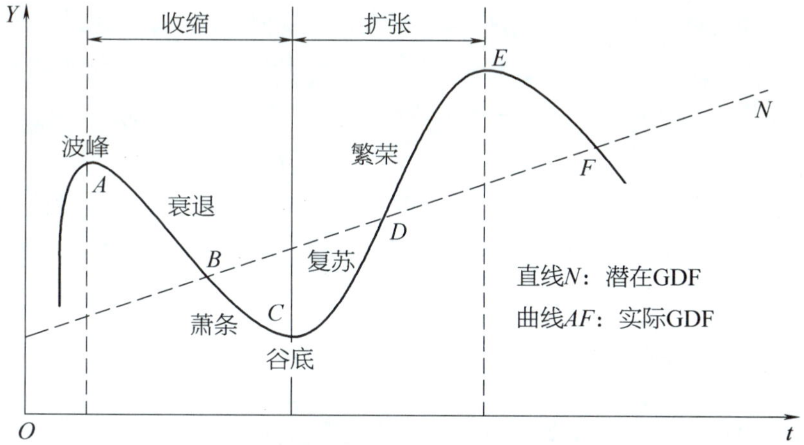

图10–4　经济周期的四个阶段

当经济处于扩张阶段的时候，一般商品的物价水平由于需求的增加而不断上涨。同时由于对劳动和其他生产要素的需求增加，工资和利率也逐渐上涨。但是，生产要素价格的上涨并不会减少生产者的利润，因为生产要素价格的上涨，通常都在物价上涨之后。经济快速增长被称为繁荣阶段，在这个阶段，生产者通常都能达到自己预期的目的。劳动者失业率最低，要素所有者都能获得预期的报酬，因而社会充满着乐观气氛。

经济繁荣景象并不能长久保持下去，当经济繁荣达到高峰后，由于消费增长的停止以及社会现有生产设备及能力的限制，使经济扩张达到顶点后开始收缩，出现下降的趋势。投资减少，生产下降，失业率上升，社会收入水平和社会需求也都下降，由于乘数效应而产生连续反应，导致需求进一步更大幅度地下降。企业销售量下降，大量产品积压，一般商品物价下跌。人们对前景充满悲观情绪，预期物价将会继续下降，因而物价下跌并不会刺激消费的增加，整个社会形成普遍的生产过剩，企业利润急剧下降，同时一些厂家倒闭。

这种情况进一步发展下去，社会生产活动继续萎缩，物价继续下跌，社会劳动者大量失业，社会消费需求与生产能力相差极大，企业利润极低，甚至亏损，更多的厂家倒闭。人们对前途缺乏信心，厂家不愿意冒险投资，银行和其他金融机构资金过剩，整个经济动荡不稳，失业率持续上升，失业者继续增加，社会也极不安定。

二、经济周期的类别

1. 短周期

短周期又称“基钦周期”。美国经济学家基钦于1923年提出，经济周期有大周期和小周期两种。小周期平均长度约为40个月，大周期则是小周期的总和。一个大周期可包括两个或三个小周期。这里的大周期相当于朱格拉周期，小周期即为短周期。

2. 中周期

中周期又称“朱格拉周期”。法国经济学家朱格拉于1862年提出，经济周期平均长度为9～10年。

3. 长周期

长周期又称“康德拉季耶夫周期”。苏联经济学家康德拉季耶夫于1925年提出，经济有一种较长的循环，平均长度为50年左右。此外，1930年美国经济学家库兹涅茨基于建筑业提出经济周期长度为15～25年，平均长度为20年。这也是一种长周期，被称为“库兹涅茨周期”。

4. 综合周期

综合周期又称为“熊彼得周期”。1939年美籍奥地利经济学家熊彼得以创新理论为基础，在总结前人理论的基础上提出，上述几种周期并存而且相互交织，每1个长周期包括6个中周期，每1个中周期包括3个短周期，短周期约为40个月，中周期为9～10年，长周期为48～60年。

三、经济周期的成因

对经济周期成因的具体解释有很多，大体可以分为内因论和外因论两种。内因论认为经济周期主要是由经济体系内部因素引发的；外因论则认为经济周期的根源在于经济体系之外的某些变动因素。

（一）内因论

内因论比较有代表性的有如下几种。

1. 有效需求不足理论

有效需求是指商品的总供给和总需求达到均衡时的社会总需求，包括消费需求和投资需求。凯恩斯认为，有效需求不足导致经济萧条，政府干预可使经济摆脱萧条。当前全球性的经济收缩仍然被多数国家的政府和经济学家归结为消费不足。1997年以来，我国政府为推广内需的政策，足以说明需求不足理论的现实意义。

2. 乘数—加速原理

在经济中，投资与产量是相互影响的。投资乘数是指投资变动所引起的产量变动。根据乘数原理，投资增加会使产量增加数倍于初期投资的增加；加速原理是指产量变动所引起的投资的变动。加速原理表明，现代化大生产的特点是采用大量先进而昂贵的设备，所以在开始生产时，投资的变动率要大于产量的变动率，但当产能形成之后，如果产量不能以一定的比率增长，投资就无法增加，即要使投资一直增长，产量就必须按一定比率增加。

美国经济学家萨缪尔森将两者结合起来，提出乘数—加速原理，认为经济周期的根源在于乘数原理与加速原理的相互作用。投资增加引起产量的更大增加，产量的更大增加又引起投资的更大增加，经济出现繁荣；然而产量达到一定水平后由于社会需求和资源限制无法继续增加，此时加速原理的作用使产量减少，乘数与加速原理的交互作用使经济陷入萧条。萧条持续一定时期后由于产量回升使投资增加，投资增加引起产量的更大增加，经济进入另一轮繁荣，从而形成周期性的经济波动。

3．纯货币理论

以弗里德曼为代表的货币学派认为，经济的周期性波动源于货币数量的变动，是一种纯货币现象，在于货币需求与供给失调。纯货币论者认为，货币的需求相对稳定，货币的供给表现出不稳定。现代信用制度由于法定准备金的规定很容易产生货币的乘数效应，随着货币信用的扩大，总需求上升，产品生产增加，形成繁荣；一旦信用扩张过度，为了避免风险而紧缩货币，需求就急剧下降，但此时供给已创造出来，供给调整赶不上需求的调整，衰退和危机也就不可避免。因此，经济周期是货币剧烈增减的结果。货币学派主张按照单一规则制定货币政策，避免中央银行为了减轻衰退或政治目的而任意频繁地改变货币政策。他们认为，相机抉择的货币政策与财政政策不但不会减轻经济波动，反而有可能加剧波动。

4．投资过度理论

投资过度理论认为，投资增加，引起经济繁荣，经济繁荣首先表现为对投资需求的增加以及投资品价格的上升，从而刺激对资本品的投资；由于资源限制，资本品的生产过度发展引起消费品生产减少，形成结构性失衡，从而资本品过剩，出现生产过剩危机，经济陷入萧条。

（二）外因论

以下是比较有代表性的几种外因论。

1．创新理论

美籍奥地利经济学家熊彼得认为，创新是提供新产品或劳务、引起新方法、采用新原料、开辟新市场和建立新企业组织形式等行为。创新有别于技术发明，它不是一个技术概念，而是一个经济概念，是把现成的技术革新引入经济组织，形成新的经济能力。创新可以提高生产效率、降低成本、增加利润。尽管创新是某些企业家在一个较短时间内进行的，但是创新一旦实现，会使得大量企业相继模仿、效法，形成“创新浪潮”。创新浪潮的出现主要以投资活动的迅速增加为标志，从而引起银行信用和需求的扩大，形成经济繁荣；当创新扩展到相当多的企业之后，一方面企业盈利机会趋于消失，另一方面企业偿还贷款，必然引起信用收缩、需求减少，经济开始衰退，期待新的创新行为出现，这时如果没有新的创新出现，就会出现经济萧条。由于创新活动不可能经常出现，因此，经济活动的周期性波动也就不可避免了。

2．真实经济周期理论

以基德兰德和普雷斯科特为代表的真实经济周期理论认为，经济周期源于经济体系之外的一些真实因素，如技术创新、政策变动、战争和自然灾害等的冲击，这种冲击称为“外部冲击”。外部冲击分为引起总供给变动的“供给冲击”和引起总需求变动的“需求冲击”。这两种冲击又分为“正冲击”和“负冲击”。“正冲击”引起有利作用，刺激经济繁荣，如技术进步；“负冲击”引起不利作用，导致经济衰退，如严重的自然灾害。以技术进步为例，如网络的出现，引起对新技术的投资迅速增加，这种繁荣并不是对经济长期趋势的背离，而是经济能力本身的提高。但新技术的重大突破不会一个紧接一个，当这次新技术突破引起的投资过热过去之后，经济又趋于平静。这种平静也不是低于长期趋势，而是一种新的长期趋势。20世纪90年代美国经济繁荣与以后的衰退证明了这种理论。所以，经济的波动是正常的，并非由市场机制的不完善所引起。

从上述关于经济周期的成因的不同理论可以看出，经济周期的成因是多样的、复杂的，应对经济周期时应作具体分析。成因不同，应对主张也不相同。一般而言，外因论者多主张市场自由调节，反对政府干预；内因论中，否认市场有缺陷者反对政府干预，认同市场有缺陷者多主张政府干预，即经济不景气时实行扩张性的经济政策，经济过热时实行紧缩性的经济政策。

任务二　经济增长理论

案例

崛起中的东方巨龙

党的十六大以来，在科学发展观的指引下，中国不断加强和完善宏观调控，深化经济体制改革，积极转变发展方式，成功应对国际金融危机冲击等挑战，经济持续平稳较快发展，在世界经济中的地位不断提升。

国家统计局数据显示，2003—2011年，中国经济年平均增长10.7%，而同期世界经济的平均增速为3.9%。2012—2018年中国经济进入新常态，年平均增长率保持在7%左右，中国经济总量占世界经济总量的份额从2002年的4.4%提高到2018年的17.2%左右，中国经济总量的份额世界经济总量占在世界的排序从2002年第六位上升至2010年的第二位，2011—2018年依然保持世界第二大经济体的位置。

2003年，中国经济完全摆脱了亚洲金融危机的影响，步入新一轮增长周期。此后直至2008年上半年，经济列车不断加速，中国采取了遏制盲目投资、清理开发区、提高存款准备金率、加息等一系列综合手段，防止经济过热。2008年下半年至2010年，为抵御国际金融危机，中国果断实施了一揽子刺激计划扩大内需、保增长，经济增速在全球率先实现了漂亮的V形反转，重新回到两位数平台。2012年之后，中国宏观经济政策回归常态，并将稳物价作为宏观调控的首要任务。2012年之后，稳中求进成为主基调，改革开放以来中国首次将年度经济增长目标从8%左右下调至7.5%，更加强调加快转变经济发展方式。

在过去的这些年间，中国经济保持高速发展成为世界舞台上的一朵奇葩，中国在国际的地位日益提升，被外界形容为“崛起中的东方巨龙”。

讨论：如何看待中国经济的高速增长？

近年来，随着经济的快速发展，中国与其他国家的贸易合作日益频繁，中国企业开始走遍全球各大洲。中国经济的高速增长不仅对全球经济产生了影响，更重要的是中国经济的崛起有可能向世界展示经济增长的新模式，展示中国和世界其他国家经济互动的模式。

然而，在经济快速发展的同时仍要看到，国内面临着资源环境压力加大、成本要素价格快速攀升、收入分配差距较大、社会事业发展相对滞后等突出问题，突破"中等收入陷阱"任重道远。尽管中国在世界经济中的地位不断上升，但中国人均GDP只位居世界第90位左右，中国仍然是一个发展中国家。问题和差距是今后中国经济发展的空间和动力。中国经济必须加快转变发展方式，提高核心竞争力，降低污染和消耗，让百姓更多地分享发展成果。

一、经济增长的含义与特征

经济增长通常是指在一个较长的时间跨度上，一个国家或地区人均产出（或人均收入）水平的持续增加。经济增长率的高低体现了一个国家或地区在一定时期内经济总量的增长速度，也是衡量一个国家或地区总体经济实力增长速度的标志。决定经济增长的直接因素有：投资量、劳动量、生产率水平。用现价计算的GDP，可以反映一个国家或地区的经济发展规模，用不变价计算的GDP可以用来计算经济增长的速度。

经济增长一般包含两重含义：

（1）它指一个国家或地区在一定时期内实际产出量的增加，包括居民所需要的商品和劳务的总产出量增加，集中表现为经济实力的增强，即实际GDP的增长。

（2）它指潜在生产能力的扩大，包括决定一个国家或地区生产能力的各种资源、资本形成和技术水平等诸方面因素的改进。

二、经济增长与经济发展的区别

经济学家经常使用两个概念来分析国民经济运行的长期过程，即经济增长和经济发展。这是两个既紧密联系又不完全相同的概念。经济增长是明确的产量（总产量、人均产量）增加，具体表现为GDP增加；它不仅包括经济增长，还应该包括国民生活质量、教育水平、健康卫生质量以及整个社会经济结构和制度结构的总体进步。

经济增长是一个"量"的概念，经济发展是一个比较复杂的"质"的概念，是一个反映经济社会发展水平的综合性概念。由于各国的经济基础、历史背景、社会结构和政治体制各不相同，经济发展的结果也各不相同，因此在经济学里有一门专门研究经济发展的学科，叫作"发展经济学"。在那门学科当中集中分析各国经济发展得失成败的具体原因。在宏观经济学里，我们重点分析经济增长的规律。如果说经济发展是讨论一个国家怎样发生"质变"，那么在这里我们要讨论的是引起这种质变的最重要因素——"量变"，即经济增长。

三、经济增长的源泉与经济发展的决定因素

当生产要素的数量增长或技术的持续提升使这些要素的生产率提高时，实际GDP就会增长，人们的生活质量也就会提高。下面我们应用一个简单的生产函数展开讨论：

$$Q=A\cdot f(K,\ L,\ A,\ N)$$

通过生产函数，我们可以了解到：各国或各地区的经济增长与资本投入、劳动投入和技术进步三大因素有关。经济增长来源于更多的可变投入资本（K），资本包括物质资本、人力资本和货币资本；经济增长来源于劳动者（L）更高的技能（一定的劳动力数量和劳动力质量）；经济增长来源于技术进步（A），技术进步促使发展和使用更好的资本设备，从而从一定投入中获得更多的产出。当然，上述简单模型假设土地等自然资源（N）是固定不变的。

然而综观历史，世界各国经济增长的区别很大，引起这些差别的原因不光是投入的不同。只有当每小时的劳动能够生产更多的产品与服务时，人们的生活水平才会改进，所以更加需要关注使劳动具有更高的生产能力的因素。经济增长和经济发展的决定因素可以归类为以下几个方面。

1．科技进步

科技进步是实现经济增长的必要条件，一部经济增长的历史，就是一部技术进步的历史。实物资本和人力资本的增长对经济增长具有重大影响，而科学技术的发展和应用因为可以更为有效地利用资源，所以对于经济发展做出的贡献更大。

自从工业革命以来，科技升级已成为人们日常生活不可或缺的一部分。为了从技术革新中受益，必须增加资源的投入。大部分技术被物化在实物资本中，例如，从自行车、汽车、火车到飞机、运载火箭的发明，人们的移动速度更快、运输能力更强；PC和打字机替代手工书写，人们文字编辑效率更高。当然，最强大且具有深远影响的技术却体现在人力资本中，被物化的技术来源于人力资本的创新活动。

在当代，技术进步在经济增长中的作用，不仅意味着生产要素在更广范围、更大程度上的优化组合及合理使用，更体现在生产率的提高上。科学进步可以节约成本和建立新兴产业，如“杂交水稻之父”袁隆平，于2010年4月荣登“2010中国心灵富豪榜首富榜”。有人预估，他培育的种子共创造效益5600亿美元。

科学技术在生产力各个要素中比重加速递增。20世纪初，美国2.9%的年增长率中由于科学技术因素引起的经济增长为1.49%，即技术进步在经济增长中所做出的贡献占51%左右。目前，发达国家的科技进步贡献率为80%，超过了劳动要素。科技进步既为经济增长方式转变标示了方向，同时也是促进经济增长方式转变的有效手段。从一国经济的长期增长来看，科研部门是极为重要的生产部门，他们的工作是极为重要的生产工作，对经济增长是否不断充满活力，产品能否不断更新并在国际市场上具有竞争力是至关重要的，甚至可以说是决定性的。要使科技进步成为推动经济增长的源泉，必须把某项科学技术研究已取得的成果转变为在实际生产中能使用的技术，将科学技术进步所包含的潜在生产力转变成现实生产力。

2．资源

一个国家自然资源丰富，利用率越高，对经济发展越有利。除了自然资源之外，资源还包括储蓄、新资本投资、人力资本投资。

储蓄和新资本投资增加了每个工人的资本量，从而引起每小时劳动的GDP的增加，即劳动生产率的提高。在产业革命时期，当每个工人的资本量增加时，劳动生产率发生了急剧的上升。虽然手工生产过程可以制作出精美的东西，如工艺品，但用人均资本较高的生产方式，如汽车生产线，却使工人生产率要高得多。储蓄是投融资的主要来源，而资本投资额的增加可以促使未来经济发展。较高的储蓄率意味着较少的消费、较多的投资和较快的增长幅度。

人力资本理论是由美国著名经济学家舒尔茨在20世纪60年代提出的，其政策应用在于“科教兴国”战略。人力资本包括专门技能和专门知识，是经济增长最基本的源泉，也是提高生产率和技术进步的源泉。如果一个国家的劳动力资源缺乏足够的职业训练、教育程度低下甚至健康不良的话，经济发展会遇到困难。人力资本的获得有两个途径，一是正规的培养，二是劳动经验的积累。正规的学校教育和培训，提高了人们的综合素养，从而有效地推动了生产率的提高，但这并不是获取人力资本的唯一场所。人们也能够从工作中积累大量的专门技能和专门知识，使生产率成倍地提高，所以，对于人力资本的投资（人员培训和科研支持）越大，则对于经济发展越有利。

劳动力是生产力中最活跃的因素，其数量与质量特别是质量或素质，如劳动者的生产技术水平、知识水平与结构、纪律性以及健康程度，是决定经济增长最重要的因素。人力资本投资是指为提高劳动者知识水平和生产技能、增进劳动者身体健康等而进行的投资，包括正规教育和非正规教育（在职培训、培训学习）以及健康投资等。人力资本规模及其生产效率是经济增长的关键因素，一个国家可以购买最先进的生产设备，但是这些先进生产设备只有拥有一定技术、受过良好训练的劳动者才能使用，并充分发挥其效用。提高劳动者的知识水平和生产技能，增强他们的身体素质与纪律意识，将极大地提高劳动生产率，从而促进经济增长。

3．开放经济

开放经济不仅通过技术扩散、技术外溢带来生产部门的技术进步，而且通过促进资本形成、吸引外商直接投资等加速资本积累，从而创造出有利于经济增长的条件，拉动经济增长。劳动分工可以产生生产力，对外开放也可以产生生产力。2001年12月11日，中国正式成为世界贸易组织（WTO）的第143个成员，标志着我国对外经济关系进入一个新纪元；由过去有限领域和范围的对外开放转向全方位、多层次、宽领域的对外开放；由以试点、试验为特征的梯度开放战略转向整体开放战略；以计划、行政命令为基础的政府主导型对外开放转向以市场、比较优势为基础的市场主导型对外开放；由过分强调中国特殊性和按自己时间表推进的对外开放转向重视国际规范和与WTO成员方共同协商的对外开放。

4．经济增长方式转变

经济增长方式转变是指经济增长的方式由不可持续性向可持续性转变；由粗放型向集约型转变；由出口拉动型向内需拉动型转变；由结构失衡型向结构均衡型转变；由高碳经济型向低碳经济型转变；由投资拉动型向技术进步型转变；由技术引进型向自主创新型转变；由忽略环境型向环境友好型转变；由“少数人”先富型向“共同富裕”转变。

经济增长方式转变实质上是由数量型增长方式向质量型增长方式的转变。数量型增长方式追求数量、产值和速度，致使经济增长质量低、效益差和结构失衡；质量型增长方式则改变了这些弊端，注重经济增长中质量和效益的提高以及产业结构的协调。

质量型增长方式在经济发展的不同阶段有不同的含义和要求，但也具有一些基本特征：①经济增长效率高，主要表现为综合要素生产率的增加及其贡献率高；②国际竞争力强，主要表现为产品及服务的质量高而成本低；③通货膨胀率低，即通货膨胀率低于经济增长率，或经济增长中通货膨胀程度低；④环境污染程度低，即经济增长过程的环境污染面小和污染率低。

经济增长的质量取决于整个经济中的投入质量、运行质量和产出质量。投入质量包括投入生产的物质资源质量和人力资源质量，前者是指生产资料的装备程度、技术水平以及品质状况，后者是生产人员的文化水平、专业能力以及熟练程度。运行质量主要包括生产技术水平、微观和宏观管理水平、产业结构关系等方面。产出质量主要是物质产品和服务的质量水平、成本水平以及结构状况。投入质量、运行质量和产出质量之间是相互联系、相互作用的，由于经济增长的连续性，产出质量既受投入质量、运行质量的影响，反过来又会影响投入质量、改善运行质量，来达到提高产出质量的效果，并促进它们之间的良性循环。

任务三　经济可持续发展

一、可持续发展概念

可持续发展一词最早见于1962年美国海洋生物学家蕾切尔·卡逊的著作《寂静的春天》。1972年，联合国人类环境研讨会正式提出可持续发展的概念。1987年，联合国世界环境与发展委员会出版《我们共同的未来》报告，将可持续发展定义为："既能满足当代人的需要，又不对后代人满足其需要的能力构成危害的发展。"1992年6月，联合国在巴西里约热内卢举行环境与发展大会，明确提出把可持续发展作为人类迈向21世纪的共同发展战略，首次将可持续发展概念落实为全球的行动。

可以从以下三个方面理解可持续发展的定义：其一，要使同代内所有人都获得平等的发展机会，特别是应优先满足贫困人口的基本需要；其二，要使当代人和后代人都获得同等的发展机会；其三，要使人类和自然界享有同等的生存和发展机会，做到人与自然的和谐统一。

可持续发展的核心是发展，可持续发展鼓励经济增长而不是以环保为名取消经济增长，可持续发展不仅重视经济增长的数量，更追求经济发展的质量；可持续发展强调环境保护和改善，要求经济建设和社会发展要与自然承载相协调，将人类的发展控制在地球承载能力之内；可持续发展强调以改善和提高人类生活质量为目标，追求社会进步。可持续发展包括生态、经济和社会三个方面的可持续发展，三者之间互相关联且不可分割。生态可持续发展是基础，经济可持续发展是手段，社会可持续发展是目标。人类共同追求的应该是自然、经济和社会复合系统的持续、稳定、健康发展。

二、经济可持续发展

经济可持续发展以"低消耗、低污染、高效益"为主要特征，实施清洁生产和文明消费。从增长方式来说，集约型的经济增长方式就是可持续发展在经济方面的体现。集约型经济增长方式是指依靠技术创新，提高劳动者素质和资金、设备、原材料的利用率等来实现经济增长的方式。

自可持续发展概念诞生以来，与之相关的新经济理念不断涌现，如生态经济、循环经济、低碳经济、知识经济、绿色经济等，新经济正在全世界范围内不断发展。在我国发展新型经济写入了社会发展规划和政府文件，成为政府政策支持的重点对象，而且取得了不俗的业绩。

1．生态经济

生态经济是指在生态系统承载能力范围内，运用生态经济学原理和系统工程方法改变生产和消费方式，实现经济发展与环境保护、物质文明与精神文明、自然生态与人类生态的高度统一和可持续发展的经济模式。生态经济作为一种科学的发展观，是一种全新的经济发展模式。以生态经济为基础的生态文明是人类社会继农业文明和工业文明之后的又一大进步。

生态经济学将生态学和经济学相结合，围绕着人类经济活动与自然生态之间相互作用的关系，研究生态经济系统的结构、功能、规律、平衡、生产力及生态经济效益，生态经济的宏观管理和数学模型等内容，旨在促使社会经济在生态平衡的基础上实现持续稳定发展。

2．循环经济

循环经济即物质闭环流动型经济模式，本质上是一种生态经济，是实现生态经济理念的现实途径。它与传统经济有着本质区别。

传统经济是一种由“资源—产品—污染排放”单向流动的线性经济，其特征是高开采、低利用、高排放。在这种经济中，人们高强度地把地球上的物质和能源提取出来，然后把污染大量地排放至水系、空气和土壤中，对资源的利用是粗放的和一次性的，通过把资源持续不断地变为废物来实现经济的数量型增长。

循环经济倡导与生态环境和谐的经济发展，要求按“资源—产品—再生资源”的反馈式流程进行资源配置，以消解长期以来资源消费和经济需求的尖锐冲突。循环经济遵从“减量化、再利用、再循环”的原则来实现三个层面的物质闭环流动。其中，在企业这一小循环的层面上，推行清洁生产，依靠科技进步，减少产品和服务中的物料和能源的使用量，实现污染物排放的最小化；在区域这一中循环的层面上，按照工业生态学的原理，建立或形成企业间有共生关系的工业生态园区或虚拟园区，通过产业的合理组织，实现园区内生产污染物低排放甚至是零排放，使资源得到充分利用；在社会这一大循环的层面上，通过废旧物质的再生利用，实现物质和能量的循环。

循环经济观在强调循环生产的同时，还提倡绿色消费，主要表现为选择未被污染或有助于公众健康的绿色产品；崇尚自然、追求健康，在追求生活舒适的同时，节约资源和能源；在消费过程中注重对垃圾的处置，不造成环境污染。

3．低碳经济

低碳经济是一种以能源的清洁开发与高效利用为基础，以低能耗、低排放、低污染为基本特征的经济模式。其核心是新能源技术和减排技术创新、制度创新以及人类生存发展观念的转变，低碳经济是实现生态经济理念的又一重要途径。

实现低碳经济的主要方式有：第一，节能，如发展节能技术，推广使用节能产品，培养节能意识；第二，发展可再生能源和绿色能源，如太阳能、风能、潮汐能、生物能、地热能；第三，碳的利用和捕捉，如植树造林、碳固化、碳封存等；第四，低排放，如优化能源结构、调整产业结构、发展洁净煤技术、改变生活和消费方式等。

4．知识经济

早在1962年，美国经济学家马克卢普就提出了“知识产业”的概念，马克卢普认为，科学本身就是一项典型的知识活动，科学生产的知识可以被看作提高未来生产率的一种投资。从另一种角度分析，科学知识又是作为社会生活的消费品之一而受到部分社会成员的偏好，人们对它进行投资是为了获取知识为己所消费，知识仍然是一项投资，它作为社会产品而为人们所使用。1990年，联合国教科文组织提出“知识经济”这一概念。1996年，世界经合组织发表了题为《以知识为基础的经济》的报告，该报告将知识经济定义为建立在知识的生产、分配和使用之上的经济。其中所述的知识，包括人类迄今为止所创造的一切知识，最重要的部分是科学技术、管理及行为科学知识。

知识经济是与农业经济、工业经济相对应的一个概念，它是以知识和高素质的人力资源为基础，以信息技术为平台，以创新为动力，以教育、文化和研究开发为先导产业，以高新技术产业为经济的支柱产业，是产业结构高度化的经济形态。

知识经济的兴起对投资模式、产业结构、增长方式及教育的职能与形式产生了深刻的影响。在投资模式方面，信息、教育、通信等知识密集型高科技产业的巨大产出和展现出的骤然增长就业前景，将导致对无形资产的大规模投资；在产业结构方面，电子贸易、网络经济、在线经济等新型产业大规模兴起的同时，农业等传统产业将越来越知识化，产业结构的变化和调整将以知识的学习积累和创新为前提，在变化的速度和跨度上将显现出跳跃式发展的特征；在增长方式方面，知识可以低成本地不断复制并实现报酬递增，使经济增长方式可能走出传统经济依赖物质资源的模式。这不仅使长期经济增长成为可能，还使经济活动都伴随着学习，教育融于经济活动的所有环节；同时，知识更新的加快使终生学习成为必要，受教育和学习成为人一生中重要的活动之一。

5．绿色经济

绿色经济的概念源自英国经济学家皮尔斯于1989年出版的《绿色经济蓝图》一书。

绿色经济是以生态经济和知识经济为基础，以经济与环境的和谐和可持续发展为目的，建立和发展起来的一种新的经济形式。

项目小结

经济周期是指总体经济活动的扩张和收缩交替反复出现的过程。一个典型的经济周期通常细分为四个阶段和两个转折点，四个阶段是衰退、萧条、复苏、繁荣，两个转折点是顶峰和谷底。经济周期成因大体可分为内因论和外因论。内因论认为经济周期主要是由经济体系内部的因素引发，主要有有效需求不足理论、乘数-加速原理、纯货币理论、投资过度理论等；外因论则认为经济周期的根源在于经济体系之外的某些因素变动，主要有创新理论、真实经济周期理论等。

经济增长是指一国生产能力的持续增加。影响经济增长的因素主要有资源、科技进步、开放经济及经济增长方式的转变。

可持续发展是既能满足当代人的需要，又不对后代人满足其需要的能力构成危害的发展。经济可持续发展的新理念有生态经济、循环经济、低碳经济、知识经济、绿色经济等。

习题与实训

一、名词解释

1. 经济增长
2. 经济发展
3. 经济周期

二、选择题

1. 经济周期的阶段顺序为（　　）。
   A. 繁荣、复苏、衰退、萧条　　B. 繁荣、萧条、衰退、复苏
   C. 繁荣、衰退、萧条、复苏　　D. 繁荣、衰退、复苏、萧条
2. 经济周期中的萧条阶段的特征是（　　）。
   A. 国民收入与经济活动低于正常水平
   B. 国民收入与经济活动等于正常水平
   C. 国民收入与经济活动高于正常水平
   D. 生产迅速增加，投资增加，信用扩张
3. 波峰是（　　）。
   A. 繁荣阶段过渡到衰退阶段的转折点
   B. 繁荣阶段过渡到萧条阶段的转折点
   C. 萧条阶段过渡到复苏阶段的转折点
   D. 繁荣阶段过渡到萧条阶段的转折点
4. 谷底是（　　）。
   A. 繁荣阶段过渡到衰退阶段的转折点
   B. 繁荣阶段过渡到萧条阶段的转折点
   C. 萧条阶段过渡到复苏阶段的转折点
   D. 繁荣阶段过渡到萧条阶段的转折点
5. 人力资本是指（　　）。
   A. 人类所拥有的资本品　　B. 能提高劳动生产率的教育和技能
   C. 人们的生育能力　　D. 每工时的产值
6. 经济社会的可持续发展可以认为是（　　）的经济增长。
   A. 没有过度的技术进步　　B. 没有过度的使用自然资源
   C. 没有过度的资本投资　　D. 没有过度的社会人口增长

7. 在经济增长中起着最大作用的因素是（　　）。

A．人力资本　　B．资本

C．科学技术　　D．制度

8. 在其他条件不变的情况下，较高的储蓄将导致（　　）。

A．较低的利率，它将导致较低的投资

B．较低的利率，它将导致较高的投资

C．较高的利率，它对投资没有影响

D．较高的利率，它将导致较低的投资

9. 经济相对萎缩时期，物价总水平较长时间内持续下降，货币不断升值的经济现象是（　　）。

A．通货膨胀　　B．通货紧缩

C．经济衰退　　D．经济繁荣

10. 经济周期的核心是（　　）。

A．价格的波动　　B．利率的波动

C．就业率的波动　　D．国民收入的波动

三、简答题

1. 影响经济增长的因素有哪些？
2. 说明经济增长与经济发展的区别。
3. 经济周期的特征有哪些？
4. 简述人力资本在“科教兴国”战略中的重要意义。

四、综合实训

根据本项目所学知识和掌握的技能，查阅当地政府工作报告。在教师的指导下，尝试分析如何理解经济增长？你认为经济增长的决定因素有哪些？

项目十一

宏观经济政策

知识目标

1. 了解宏观经济政策的含义和目标
2. 理解财政政策的含义、类型及主要内容
3. 了解存款创造和货币供给的含义
4. 掌握货币政策的主要内容和工具

能力目标

运用财政政策和货币政策，能正确解读现实中的各种宏观经济政策，并分析其对经济的影响

案例导入

2014—2019年我国政府经济工作的主要任务

2014年，我国政府经济工作的主要任务：一是切实保障国家粮食安全；二是大力调整产业结构；三是着力提高防控债务风险；四是经济推进区域协调发展；五是着力做好保障和改善民生工作；六是不断提高对外开放水平。

2015年，我国政府经济工作的主要任务：一是努力保持经济稳定增长；二是积极发现、培育新增长点；三是加快转变农业发展方式；四是积极促进区域协调发展；五是加强保障和改善民生工作。

2016年，我国政府经济工作的主要任务：一是积极稳妥化解产能过剩；二是帮助企业降低成本；三是化解房地产库存；四是扩大有效供给；五是防范化解金融风险。

2017年，我国政府经济工作的主要任务：继续积极吸引外资，进一步扩大开放，改善投资环境，要继续深入推进去产能、去库存、去杠杆、降成本、补短板这“三去一降一补”五大任务。

2018年，我国政府经济工作的主要任务：深入推进供给侧结构性改革，加快建设创新型国家，深化基础性关键领域改革，坚决打好三大攻坚战，大力实施乡村振兴战略，扎实推进区域协调发展战略，积极扩大消费和促进有效投资，推动形成全面开放新格局，提高保障和改善民生水平。

2019年，我国政府经济工作的主要任务：继续创新和完善宏观调控，确保经济运行在合理区间；激发市场主体活力，着力优化营商环境；坚持创新引领发展，培育壮大新动能；促进形成强大国内市场，持续释放内需潜力；对标全面建成小康社会任务，扎实推进脱贫攻坚和乡村振兴；促进区域协调发展，提高新型城镇化质量；加强污染防治和生态建设，大力推动绿色发展；深化重点领域改革，加快完善市场机制；推动全方位对外开放，培育国际经济合作和竞争新优势；加快发展社会事业，更好保障和改善民生。

启发思考：

经济政策问题在宏观经济学中占有十分重要的地位。正如美国著名经济学家、诺贝尔经济学奖获得者J.托宾所说："宏观经济学的重要任务之一就是如何运用中央政府的财政工具和货币工具来稳定经济。"政府为什么要参与宏观经济管理？政府的职能是什么？这些职能是如何体现的？

本项目主要讨论财政政策和货币政策。

任务一 宏观经济政策概述

宏观经济政策是一国政府为实现一定的总体经济目标而制定的相关指导原则和措施。宏观经济调控则是国家运用一定的宏观经济政策对各种宏观经济总量的变动进行调节和控制，使之达到总体经济目标要求。

一、宏观经济政策目标

一般认为，宏观经济政策应该同时达到如下四个目标。

1．充分就业

充分就业是宏观经济政策的首要目标。就业是民生之本，是民众生存和改善生活的基本前提与基本途径。充分就业是指包括劳动在内的各种生产要素都按其所有者意愿接受的价格全部被用于生产的一种经济状态。充分就业并不是人人都有工作，而是维持一定的失业率，这个失业率控制在大众所能接受的范围之内，一般为5%左右。较高的失业率不仅造成社会资源的巨大浪费，而且容易导致社会动乱和政治危机，因此各国政府一般将充分就业作为优先考虑的政策目标。

需要注意的是，在经济学中，充分就业不仅指劳动这一生产要素的充分利用，还泛指全社会的经济资源被充分利用的状态。

2．稳定物价

在现实经济生活中，物价水平因受货币供应量、总需求、总供给、成本、预期等多种因素的影响而呈上升趋势。物价稳定不是指每种商品的价格或价格总水平固定不变，而是指价格总水平相对稳定，维持一个低而稳定的通货膨胀率，一般为年通货膨胀率3%以下，这种通货膨胀率既能为社会所接受，也不会对经济产生不利影响。在市场经济中，价格的波动是价格调节经济的具体形式，但价格的大起大落对经济不利，如物价大幅上升，会刺激盲目投资，导致重复建设、片面追求数量扩张、产能过剩、经济效益下降；而物价大幅下降，则会抑制投资，导致生产下降、物资短缺、失业增加。因此，保持物价稳定是经济平稳运行的基本条件。

3．经济增长

经济增长是指一国实际国内生产总值或人均国内生产总值的持续增加，通常用实际国内生产总值增长率来衡量。经济增长是经济和社会发展的基础，是提高国民生活水平的重要条件。促进经济持续稳定增长是宏观调控的重要目标。经济增长速度并不是越高越好，过高的经济增速不仅会付出高昂的环境和社会代价，也因受资源及技术约束而不可持续。一般而言，经济处于较低发展阶段的国家，经济增速较低。因此，经济增长目标应该是实现与本国国情相符的适度增长率。

4．国际收支平衡

国际收支是在一定时期内（通常为一年）一国居民与世界其他国家居民之间的全部经济交易的系统记录。国际收支平衡是指既无国际收支盈余也无国际收支赤字的状态。由于国际收支总差额意味着官方储备的增减，可以看作与货币供求相联系的一种货币现象，它是一国货币供给的自动调节机制。通过货币供给量的变动，国际收支总差额又会进一步对其他的宏观经济变量如汇率、利率、私人资本的流动、国内投资、生产以及进出口等产生重要的影响。国际收支平衡的目标要求一国汇率基本保持稳定，同时进出口大致平衡、略有顺差或逆差。国际收支严重失衡会对一国经济发展产生不利影响，引发国际贸易摩擦，而过高的国际收支赤字会给一国带来沉重的债务负担等。

案例

国际收支状况呈现自主平衡格局

2019年2月15日，国家外汇管理局发布《2018年中国国际收支报告》称，在我国经济持续健康发展、长期向好的大背景下，未来跨境资金流动将保持总体平稳，我国国际收支状况也将保持基本平衡。报告披露，国家外汇管理局15日公布的2018年四季度及全年国际收支平衡表初步数据显示，2018年，我国国际收支呈现自主平衡，经常账户和非储备性质金融账户均呈现顺差，储备资产增加。

根据国家外汇管理局数据，2018年，我国经常账户顺差491亿美元，保持在合理的顺差区间。其中，一季度出现逆差，二至四季度持续顺差，并且顺差规模逐季扩大。四季度，经常账户顺差546亿美元，较三季度增长135%，主要是国际收支口径的货物贸易顺差1391亿美元，环比增长38%；服务贸易逆差641亿美元，环比下降21%（表11-1）。

非储备性质的金融账户保持顺差，跨境资本呈现净流入。2018年，非储备性质的金融账户（含四季度净误差与遗漏）呈现顺差602亿美元。其中，直接投资呈现净流入1074亿美元，较2017年增长62%。具体看，对外直接投资净流出961亿美元，下降6%；外国来华直接投资净流入2035亿美元，增长21%。

储备资产增加。2018年，我国储备资产因国际收支交易（不含汇率、价格等非交易因素影响）增加189亿美元，其中，外汇储备增加182亿美元。

报告认为，2019年世界经济将进入深度转型调整期，经济持续低速增长、金融去杠杆化延续、贸易保护主义明显抬头等，将抑制我国扩大出口和吸引外资；同时，我国将加快转变经济发展方式和调整经济结构，着力扩大内需，稳步增强消费对经济增长的拉动作用，进口增长有望加速。

但报告同时提出，2019年国内外经济复苏反复出现、发达国家宏观经济政策转向、主权债务问题恶化或地缘政治冲突激化等不确定、不稳定因素较多，将加剧我国跨境资本流动波动，甚至不排除引发阶段性的资本集中流出。

表11-1　2018年中国国际收支排行表　　单位：亿美元

项目	行次	亿元	亿美元	亿SDR
1.经常账户	1	3,776	546	394
贷方	2	52,617	7,608	5,486
借方	3	-48,841	-7,062	-5,092
1.A 货物和服务	4	5,182	749	540
贷方	5	48,939	7,076	5,102
借方	6	-43,757	-6,327	-4,562
1.A.a 货物	7	9,617	1,391	1,003
贷方	8	44,644	6,455	4,654
借方	9	-35,027	-5,065	-3,652
1.A.b 服务	10	-4,435	-641	-462
贷方	11	4,296	621	448
借方	12	-8,730	-1,262	-910
1.B 初次收入	13	-1,577	-228	-164
贷方	14	3,234	468	337
借方	15	-4,811	-696	-502
1.C 二次收入	16	171	25	18
贷方	17	444	64	46
借方	18	-273	-40	-28
2.资本和金融账户	19	1,090	158	114
2.1 资本账户	20	-15	-2	-2
贷方	21	13	2	1
借方	22	-27	-4	-3
2.2 金融账户	23	1,105	160	115
资产	24	-3,555	-514	-371
负债	25	4,660	674	486
2.2.1 非储备性质的金融账户	26	-848	-123	-88
2.2.1.1 直接投资	27	1,877	271	196
资产	28	-1,765	-255	-184
负债	29	3,642	527	380
2.2.1.2 证券投资	30	105	15	11
资产	31	-453	-66	-47
负债	32	558	81	58
2.2.1.3 金融衍生工具	33	-273	-40	-28
资产	34	-226	-33	-24
负债	35	-47	-7	-5
2.2.1.4 其他投资	36	-2,557	-370	-267

续表

项目	行次	亿元	亿美元	亿SDR
资产	37	-3,064	-443	-319
负债	38	507	73	53
2.2.2 储备资产	39	1,953	282	204
3.净误差与遗漏	40	-4,866	-704	-507

（资料来源：国家外汇管理局）

讨论：请问国际收支经常项目持续顺差对汇率有何影响？

二、宏观经济政策目标之间的关系

长期来说，充分就业、物价稳定、经济持续增长和国际收支平衡这四个宏观经济政策目标是相互促进的。充分就业有利于经济增长；物价稳定是经济增长的前提；经济增长是充分就业、物价稳定和国际收支平衡的基础；国际收支平衡有利于国内物价的稳定，有利于利用国际资源扩大本国生产能力，加速经济增长。

短期来说，充分就业、物价稳定、经济持续增长和国际收支平衡之间又存在着矛盾，具体表现在以下几个方面。

1．充分就业与物价稳定之间的矛盾

要实现或维持充分就业，通常要运用扩张性的财政政策和货币政策，而这些扩张政策又会增加财政赤字和货币供给量，从而引发物价上涨和通货膨胀。反之，要实现物价稳定，就必须运用紧缩性的财政政策和货币政策，而这些紧缩政策又会减少货币供给量和总需求，从而导致较高的失业率。

2．充分就业与经济增长之间的矛盾

经济平稳持续增长，有利于创造更多的工作岗位和实现充分就业，然而，这就意味着提高潜在国民生产总值的增长率，需要提高生产的技术水平。经济增长中的技术进步又会引起资本对劳动的替代，从而相对地减少对劳动的需求，使部分工人尤其是技术水平低的工人失业，这就是技术对工人的排斥。

3．充分就业与国际收支平衡之间的矛盾

为了实现充分就业，一国往往需要扩大出口、限制进口，这会妨碍国际收支平衡和对国外质优价廉商品的进口，其结果往往是引起国内相关行业的工人失业。在充分就业的情况下，工资率与收入水平上升，引起国民收入增加。而在边际进口倾向既定的条件下，国民收入增加会引起进口增加，从而导致国际收支状况恶化。

4．物价稳定与经济增长之间的矛盾

当一国社会资源未得到充分利用时，经济增长不会引起严重的通货膨胀。但当接近充分就业或某种资源处于整个经济资源的“瓶颈”状态时，经济增长就会使生产要素价格上升，导致通货膨胀。一国要抑制通货膨胀，维护物价稳定，需要实行紧缩的经济政策。必要时，还要实行工资和价格管制。这势必会恶化投资环境，造成价格扭曲，滞缓经济增长，降低经济效率。

5．经济增长与国际收支平衡之间的矛盾

一国的国际收支状况不仅反映了本国的对外经济交往情况，还反映了该国经济的稳定程度。当一国的国际收支失衡时，必然会对其国内经济形成冲击，影响经济持续增长；当一国经济高速增长时，需要增加进口国外的机器设备、先进技术和原材料等，这无疑会导致国际收支失衡。

三、宏观经济政策工具

宏观经济政策工具是用来达到政策目标的手段。政策工具有多种，不同的政策工具各具特色，但往往能达到相同的政策目标，需要有选择地运用。常用的宏观经济政策工具有需求管理、供给管理和对外经济管理等。

1．需求管理

需求管理是指通过调节总需求来达到一定政策目标的宏观经济政策工具。需求管理包括财政政策和货币政策。

凯恩斯主义理论认为，在短期内，在总供给既定条件下，决定就业和物价的关键是总需求。需求管理通过调节总需求，实现总需求等于总供给，达到既无失业又无通货膨胀的目标。当总需求小于总供给时，整个经济因需求不足而产生失业，政府应采取扩张性政策工具，刺激总需求增长，实现充分就业；当总需求大于总供给时，整个经济会因需求过度而出现通货膨胀，政府应采取紧缩性政策工具抑制总需求，消除通货膨胀。

2．供给管理

总需求—总供给模型揭示了总供给对国民收入和物价水平的重要作用。供给管理是通过调节总供给来达到一定政策目标的宏观经济政策工具。供给即生产，在短期内影响供给的主要因素是生产成本，特别是生产成本中的工资成本；在长期内影响供给的主要因素是生产能力，即经济潜力的增长。因此，供给管理包括控制工资与物价的收入政策、指数化政策、人力政策和经济增长政策。

（1）收入政策。工资上涨是成本推动型通货膨胀的主因。收入政策是指通过限制工资增长率从而限制物价上涨率的政策。收入政策有以下三种形式：①工资与物价指导线。是指根据劳动生产率和其他因素的变动，规定工资和物价上涨的限度，其中主要是规定工资增长率。工会和企业都要根据这一指导线来确定工资增长率，企业也必须据此确定产品的价格变动幅度。②工资与物价的冻结。是指政府采用法律和行政手段禁止在一定时期内提高工资与物价，这种措施一般只用于战争等特殊时期或某些通货膨胀严重时期。③税收刺激政策。是指政府规定货币工资增长率即工资指导线，企业工资增长率超过这一指导线，就课以重税；企业工资指导线低于这一指导线，则给予减税。

（2）指数化政策。指数化政策是指定期地根据通货膨胀率来调整各种收入的名义价值，以使其实际价值保持不变，主要有工资指数化和税收指数化。如工资合同中规定在一定时期内根据消费物价指数来调整名义工资，按通货膨胀率来调整税收起征点和税率等级等。

（3）人力政策。又称为就业政策，是一种旨在改善劳动力市场结构，以减少失业的政策。主要包括：①人力资本投资。由政府或有关机构向劳动者投资，以提高劳动者的文化技术水平与身体素质，适应劳动力市场的需要。②完善劳动力市场。政府应该不断完善和增加各类就业介绍机构，为劳动力供求双方提供迅速、准确而完全的信息，使劳动者找到满意的工作，企业得到所需要的员工。③协助工人进行流动。对工人流动的协助包括提供充分的信息、必要的物质帮助与鼓励等。

（4）经济增长政策。从长期来看，影响总供给最重要的因素还是生产能力，因此提高生产能力的政策是供给管理的重要内容。主要包括：①增加劳动力的数量和质量。如提高人口出生率、鼓励移民人境、增加人力资本投资等。②资本积累。资本积累主要来源于储蓄，减少税收和提高利率可鼓励人们储蓄。③技术进步。国家通过对科学技术发展进行规划、直接投资、鼓励科研政策、加强科技人才培养及引进国外科技人才等措施促进技术进步。④计划和平衡增长。现代经济中各部门之间协调的增长是经济本身所要求的，而各部门之间的平衡增长要通过国家计划或政策间接指导来实现。

3．对外经济管理

对外经济管理是指通过对国际贸易、国际资本流动、劳务的国际输出和输入等进行管理和调节，以实现国际收支平衡。对外经济管理包括对外贸易和对外金融政策。对外贸易政策包括关税政策、非关税壁垒和鼓励出口政策；对外金融政策包括外汇管理政策和国际收支调节政策。

任务二　政府的“左手”：财政政策

案例

在经济减速的情况下，2012年8月份我国财政收入如期减速，中央财政收入更是出现罕见的负增长。这对当年余下的4个月经济发展会产生何种影响？对此，专家指出，2012年前8个月财政收入支出差额接近1万亿元，这意味着根据年初财政预算安排，此后4个月政府支出将大于收入2万亿元，财政政策体现出明显的扩张效应。

财政部公布的数据显示，8月份，全国财政收入同比增长4.2%，支出增长11.7%。前8个月，全国财政收入累计为82330亿元，比2017年同期增加8044亿元，增长10.8%；全国财政支出72440亿元，比2011年同期增加12978亿元，增长21.8%。

讨论：财政减收是否会对我国经济发展产生重大影响？

财政收入是国家干预经济的一项政策工具，服务于经济发展的大局，应根据经济形势进行调整。事实上，财政减收并非大问题，在经济下滑时，更应加大减税力度，通过积极的财政政策来拉动经济。各国政府机构的一系列政策释放出强烈的稳增长信号，表明政策支持经济发展力度仍在逐渐加码中，预计积极的财政政策还将继续，以助力经济企稳回升。

财政政策是政府需求管理的重要工具。短期内，财政政策是刺激或减缓经济发展的最直接的方式。

财政政策是指政府为了提高就业水平、减轻经济波动、防止通货膨胀、实现经济稳定增长而对政府收入和支出水平所做的决策。财政政策是国家干预经济的主要政策之一。

一、财政政策分类

财政政策主要包括政府收入政策、政府支出政策、国家债务政策和预算平衡政策，其中政府收入和政府支出是两种常用的财政政策工具。

1．政府收入政策

政府收入是指整个国家中各级政府收入的总和，财政收入的最主要来源是税收。税收可以有不同的种类。根据课征对象可以分为财产税、所得税和流转税。公债是政府收入的又一组成部分，它是政府对公众的负债。公债不同于税收，是政府运用信用的形式筹集财政资金的特殊方式。政府收入政策是指政府通过税收、公债等调节财政收入量的多少，进而对国民经济产生刺激增长或减缓增长的作用所做的决策。

案例

我国积极推进"营改增"试点工作

2016年5月1日起，我国全面实施"营改增"试点，将试点范围扩大到建筑业、房地产业、金融业、生活服务业，并将所有企业新增不动产所含增值税纳入抵扣范围。为落实"确保所有行业税负只减不增"的要求，我国政府本着促改革和稳增长两兼顾、两促进原则，对改革的力度和节奏做了妥善安排，针对建筑业等四个行业特点，制定了相应的过渡性措施，全年降低企业税负5700多亿元。其中，通过取消、停征、免征和减征496项收费基金，每年为企业和个人减少负担超过1500亿元。

为了进一步激发全社会"双创"热情，国家实施支持"大众创业，万众创新"的税收优惠政策。通过完善股权激励和技术入股所得税政策，对符合条件的股权激励和技术入股实行递延纳税优惠，进一步加大对创新创业的支持力度。通过完善研发费用加计扣除政策，放宽适用加计扣除的研发活动范围，扩大研发费用扣除，并简化审核管理，鼓励企业加大研发投入；通过修订高新技术企业认定管理办法，放宽对中小企业认定条件，扩充高新技术领域范围，加大对科技型企业特别是中小企业享受15%的企业所得税低税率的政策扶持力度；通过延续完善大学科技园和科技企业孵化器税收优惠政策，取消在孵企业研究开发费用占比、迁入企业上年营业收入等条件，进一步扩大政策适用范围。这些措施的实施，对于激励科技人员创新创业、促进科技成果转化、增强经济发展活力、促进我国经济结构转型升级发挥了重要作用。

2．政府支出政策

政府支出是各级政府支出的总和，政府支出包括政府的购买和政府转移支付两部分内容。政府购买是指政府在市场上对商品和劳务的购买，这是政府作为市场主体而存在，满足社会的公共需要的活动；政府转移支付是指各级政府之间为解决财政失衡而通过一定形式和途径转移财政资金的活动。政府支出政策是指通过政府购买和转移支付手段，刺激经济增长或减缓经济增长的政策手段。

3．国家债务政策

国家债务是财政政策的组成部分，债务收入也是财政收入的一个来源。大多数国家的政府都发行债券取得收入，增加政府财力。政府发行的债券称为公债，公债可由中央政府发行，也可由地方政府发行。中央政府发行的债券称为"国债"，其收入列入中央政府预算；地方政府发行的债券称为地方债，其收入列入地方政府的预算范围。

4．预算平衡政策

预算平衡是指在一定时期内政府的财政预算收支平衡。政府作为管理一国收支的机构，预算是必不可少的。政府的预算实际上是一国政府对下一年总的收入和支出所做的预先安排，也是政府的收支计划。它反映了政府取得收入的规模、财力的使用方向和结构。通常为满足支出的需要，政府以向公众征税的方式获取大部分收入。如果政府的预算收入和支出相一致，则称为预算平衡。如果政府的预算收入大于预算支出，则政府存在预算盈余；如果政府的预算收入小于预算支出，则政府存在预算赤字。

案例

经济新常态下政府支出的变化

2008年美国次贷危机爆发后，中国迅速启动了积极的财政政策，推出高达4万亿元的经济刺激计划。从公布的情况来看，4万亿元财政支出的大部分资金流向了公路、铁路和机场建设。基础设施是一部推动中国经济建设高速增长的可靠“发动机”，但是，在平均20%左右的高增速下，其能否继续加速并保持增长，令人怀疑，而这显然也无益于中国经济重获的平衡。

2014年后，中国官方已做出明确判断，中国经济进入新常态，由高速增长转向中高速增长是经济新常态的首要特征，经济必须由要素驱动、投资驱动的粗放型增长转向由创新驱动的集约型增长，传统投资领域已经饱和，新兴投资至关重要，因此，除高铁、公共设施等投资托底外，投资的重点将集中在新技术研发、新兴产业、新兴业态等上。经济新常态下，政府支出将集中力量培育新的经济增长点，定向精准加大对环境、新兴业态等的投资，避免腐败、重复建设、能源浪费和环境污染等问题。

二、财政政策工具

财政政策是指国家为了实现既定的政策目标所选择的操作手段。西方政府为了实现既定的经济政策目标，使用的财政政策工具主要有政府购买支出、政府转移支付、税收、公债及财政预算等。

1．政府购买支出

政府购买支出是指政府对商品和劳务的购买。政府购买支出是决定国民收入大小的主要因素之一，其规模直接关系到社会总需求的增减。政府购买是一种实质性支出，有着商品和劳务的实际交易，因而形成直接的社会需求和购买力。

政府支出是财政政策的重要工具。在上面案例中，政府将支出重点放在了培育新的经济增长点，定向精准投资，引导民间投资加大对环保、新兴业态等的投资上，政府支出将避免腐败、重复建设、能源浪费和环境污染等问题，反映了中国政府支出的重点随着政府职能转变和经济新常态发生了新的变化，也表明财政政策的使用是灵活、有弹性的。

2．政府转移支付

政府转移支付是指政府在社会福利保险、贫困救济和补助等方面的支出。这种支付并无商品和劳务的交换与之相对应，属于货币支出，是政府将收入在不同社会成员之间进行的转移和重新分配。在经济萧条时期，政府采取提高转移支付水平的政策，可以增加人们的可支配收入和消费支出水平，从而增加社会有效需求，抑制经济衰退。在经济繁荣时期，政府则可以采取降低政府转移支付水平的政策，从而降低人们可支配收入和社会总需求水平，控制经济膨胀。政府转移支付也是一项重要的财政政策工具，它能够通过转移支付乘数作用于国民收入，但乘数效应要小于政府购买支出乘数效应。

3. 税收

税收是政府收入主要的组成部分，税收政策主要通过税率和税收绝对量的变动来影响国民经济运行。与政府购买支出一样，税收同样具有乘数效应。税收乘数有两种：一种是税率的变动对总收入的影响；另一种是税收绝对量的变动对总收入的影响。一般来说，降低税率减少税收都会引起社会总需求的增加和国民产出的增长。反之，提高税率增加税收，则会引起社会总需求的减少和国民产出的下降。因此，在总需求不足时，政府降低税率，让个人和公司有更多的可支配收入，从而刺激总需求。相反，总需求过旺时政府提高税率，减少个人和公司的可支配收入，从而降低总需求。

案例

减税降费助实体经济轻装上阵

2015年12月21日闭幕的中央经济工作会议多次强调“减税降费”，并将“结构性减税”的表达方式直接改为“实行减税政策”，表明2016年工作将“减税降费”突出在重要的位置。2016年8月22日国务院公布《降低实体经济企业成本工作方案》，部署今后一个时期降低实体经济企业成本的工作，方案提出3年左右使实体经济企业综合成本合理下降，盈利能力较前明显增强的目标。

思考：减税降费对于实体经济有哪些好处？

4. 公债

公债是指政府对公众举借的债务，或公众对政府的债权，它包括内债和外债。公债也是一种有效的财政政策工具。公债是政府财政收入的重要组成部分，包括中央政府的债务和地方政府的债务，其中，中央政府的债务又称国债。公债不仅是政府弥补财政赤字的一个重要手段，同时也是重要的政策工具。政府发行或购买公债，一方面，可以增加财政收入或财政支出，影响财政收支；另一方面，还能在货币市场和资本市场实行金融扩张或金融紧缩。因此，公债政策起着双重的经济政策作用。

5. 财政预算

财政预算是指政府的收支计划。政府可以通过增加或压缩财政预算规模来调节国民经济的运行，主要表现为调节国民收入的分配和再分配、调节社会总供给和总需求的平衡、调节国民经济中各种比例关系和产业结构。

三、财政政策的应用

（一）自动的财政政策

自动的财政政策又称内在稳定器，是指经济系统本身存在的一种会减少各种干扰对国民收入的冲击的机制。这种财政政策能够在经济繁荣时自动抑制通货膨胀，在经济衰退时自动减轻萧条。

1．政府税收的自动变动

政府税收的自动变动，主要指的是个人所得税和公司所得税。当经济衰退时，国民产出水平下降，个人收入减少。在税率不变的情况下，政府税收会自动减少，留给人们的可支配收入就会自动地减少一些，从而使消费和需求自动地少下降一些。在实行累进税的情况下，经济衰退使纳税人的收入自动进入较低纳税档次，政府税收下降的幅度会超过收入下降的幅度，从而可以起到抑制衰退的作用。反之，当经济繁荣时，失业率下降，人们的收入自动增加，税收会随着个人收入的增加而自动增加，留给人们可支配收入也会自动地少增加一些，从而使消费和需求自动地少增加一些。在实行累进税的情况下，繁荣使纳税人自动进入较高的纳税档次，政府税收上升的幅度会超过收入上升的幅度，从而起到抑制通货膨胀的作用。

2．政府支出的自动变动

这里主要是指政府的转移支付，它包括政府的失业救济和其他社会福利支出。经济出现衰退时，失业增加，符合救济条件的人数增多，失业救济和其他社会福利开支相应增加，这会抑制人们收入特别是可支配收入的下降，进而抑制消费需求的下降。经济繁荣时，失业人数减少，政府的转移支付也会自然减少，从而抑制可支配收入和消费的增长。

（二）相机抉择的财政政策

相机抉择的财政政策，是指为确保经济稳定，政府审时度势，通过主动变动政府支出和税收以稳定总需求的政策。相机抉择的财政政策包括扩张性的财政政策和紧缩性的财政政策。它是凯恩斯主义的重要组成部分。相机抉择的财政政策认为，自动性财政政策的作用十分有限，只能缓和而不能消除经济波动。当社会总需求过大（过小）时，必须主动降低（提高）总需求，以稳定经济增长。

相机抉择的财政政策的基本原则是“逆经济风向行事”，即在经济繁荣时，采取紧缩性的财政政策，通过增加税收和减少政府支出以减少总需求；在经济萧条时，通过减少税收和增加政府支出以增加总需求。

以下详细介绍扩张性财政政策和紧缩性财政政策。

1．扩张性财政政策

扩张性财政政策，是指在经济萧条时期，通过财政分配活动来增加或刺激社会总需求，以防止经济衰退所产生的各种负面影响的政策措施。主要手段包括减税和增加政府支出。

（1）减税。减税增加了企业和个人的可支配收入，相应地减少了国家的财政收入，在支出规模不变的情况下，相应地扩大了社会总需求。同时，减税扩大了企业和个人在国民分配中所占的份额，有助于促进其扩大经济活动的范围和规模。

（2）增加政府支出。作为社会总需求的一部分，政府支出的扩大会带来社会总需求相应数量的扩大。实行扩张性财政政策，往往能够增加就业，刺激经济增长，但也会造成财政赤字，引起通货膨胀，特别是在总需求大于总供给的条件下，会引起经济波动，因此，使用该工具时要全面考虑经济发展的状况。

2．紧缩性财政政策

紧缩性财政政策，是指在经济高涨时期，通过财政分配活动减少或抑制社会总需求，降低经济过热所产生的各种负面影响的政策措施。其主要的政策手段包括缩小预算规模、增加税收、减少国家信用和实行财政盈余等。

（1）缩小预算规模。国家预算的规模，是指以正常的财政收入安排的财政支出，不包括国家债务和向银行透支。国家预算规模的大小和社会总需求的大小存在正相关关系，政府支出规模的缩小会减少总需求，从而使经济降温，但也会因此造成一定的失业。

（2）增加税收。增加税收实质上是把部分居民用于消费支出的货币转移到国家手里，以抑制社会总需求。增加税收对投资具有较强的抑制作用，是紧缩性财政政策的有力手段。

（3）减少国家信用。国家信用的减少直至取消，实质上是把一部分原先由国家安排的货币收入还原为储蓄。相对于国家信用情况来说，缩小或取消国家信用就是减少了社会总需求。需要注意的是，如果国家信用来源于企业和居民对即期消费的节约，又用于本期投资，那么社会总需求水平便不可能收缩，只会产生结构性调整社会总需求的效应。

（4）实行财政盈余。财政盈余是缩小社会总需求的一种典型形态。财政收入本身代表一部分社会购买力，财政盈余则意味着把相应数量的社会购买力冻结起来，因此，可以把财政盈余的数量视为社会总需求相对缩小的数量。

四、财政政策的特点

财政政策既有优点，也存在一定的局限性。

财政政策的优点主要表现为：财政政策可以直接刺激消费和投资，具有手段多、力度大和见效快的特点；在调节公平分配、调整经济结构、促进经济增长和充分就业、优化资源配置等方面，效果比较明显。

财政政策的局限性主要表现为：财政政策对经济运行发挥作用的过程主要是政府干预，因而这种调节作用容易对市场机制形成较大冲击，也难以提高资金的使用效率；财政政策的制定过程是一个经济决策和政治决策相结合的过程，政策实施起来灵活性相对较小；财政政策具有挤出效应，所谓挤出效应，是指增加政府投资对私人投资产生的替代效应，从而导致增加政府投资所增加的国民收入可能因为私人投资减少而被全部或部分地抵消，如公债的发行增加了政府用以投资的财源，使国民收入增加，其实质是借用民间资金来投资，会相应减少民间用于投资和消费的资金，国民收入随之相应减少。

案例

中国实行积极的财政政策

1998年亚洲许多国家发生金融危机，经济遭受重创。由泰铢贬值开始，许多亚洲国家货币纷纷贬值，我国政府从维持亚洲地区经济稳定的大局出发，坚持人民币不贬值。这样必然影响我国出口，因为周边国家货币贬值而我国货币不贬值，必然会影响我国出口商品在国际市场上的竞争力。

再从当时国内的经济形势看，几年来为治理通货膨胀而实行的财政政策和货币政策都适度从紧的效应已强烈地显现出来，那就是市场低迷，物价下跌，内需严重不足。

内需和外需都不足，怎么办？中共中央和国务院敏锐地把握了国际国内经济形势的变化，针对国际经济环境严峻和国内有效需求不足的困难局面，果断地把握宏观调控的重点，从实行适度从紧的财政政策和货币政策，治理通货膨胀，转为实施积极的财政政策和稳健的货币政策。

积极的财政政策，在国际上更通行的说法是扩张性财政政策，按时任财政部部长项怀诚的解释，国人可能不太适应扩张性说法，故换以积极的财政政策的提法。这对积极的财政政策主要内容就是通过发行国债，支持国家重大基础设施建设，以此来拉动经济增长。我国始终预算不打赤字，建设性预算不突破年初确定的规模。银行存款增加较多，物质供给充裕，物价持续负增长，利率水平较低的水平下，发行国债搞建设既可以利用闲置生产能力，拉动经济增长，又可以减轻银行利息负担，也不会引发通货膨胀，可谓一举多得。1998年实施积极财政政策当年就增发了国债1000亿元，国债投资带动了万亿元的基础设施建设，由此拉动GDP增长2.5个百分点。这为克服亚洲金融危机影响，推动经济增长立下了汗马功劳，中国也成为当年亚洲地区唯一保持经济较高增长速度的国家。

为了持续保持经济增长，从1999年到2001年，我国每年增发国债都在500亿元以上，南水北调、西电东送、西气东输、西部大开发等跨世纪工程也得以启动，这对增强中国经济增长后劲有十分重大的意义。不仅如此，中国积极的财政政策在过去几年间，平均每年增加就业岗位120万～160万个，6年间共增加就业700万～1000万人，为促进社会稳定做出了重大贡献。

当然，积极的财政政策也带来一些负面影响。自从实施积极的财政政策以来，我国预算赤字也就一直处于较快上升之中，从1997年年底的1131亿元，2003年年底已增至3198亿元，增长近2倍。财政赤字占GDP的比重即赤字率已由1998年的1.2%上升到2002年的3%，达到了国际普遍认同的债券警戒线水平。2003年下半年起，我国经济形势开始发生显著变化：如果说原来地方政府、企业投资积极性不高，从而需要中央政府积极地推行财政政策的话，那么，从2002年下半年开始，我国许多地区已显现出一股投资过猛的热浪，而且结构很不合理，其中钢铁、水泥、电解铝和高档房地产投资增长特别快，这些行业的投资中，中央政府所占的比例已很小，主要是地方政府和企业进行的投资。例如投资于钢铁的资金有76.1%是企业自筹，财政资金仅占很小比例。这一方面表明，前几年所实施的积极的财政政策不仅使整个国民经济走出了通货紧缩，而且对整个社会的投资环境和投资氛围也产生了明显的催化作用；另一方面也表明，积极的财政政策在我国这一特定历史阶段的历史任务已经完成。不仅如此，从1998年到2003年年初，我国民营资本已有长足发展，全社会的固定资产投资应当逐步由企业特别是民营企业自己去进行。如果持续实施积极财政政策，扩大中央投资，大规模发行国债，则势必对民间投资产生“挤出”和抑制作用，因为财政投资一般不盈利，或者回收期限很长，因此，只能靠增加税收来偿还国债。在这样一些背景下，财政部审时度势，提出了要将积极的财政政策向中性财政政策转变。中性财政政策意味着财政投资扩张力度将减弱，适度紧缩财政资金所支持的项目，同时，对国债使用的结构和方向进行调整，由拉动投资需求转变为刺激消费需求，由拉动第二产业转向拉动第一产业，尤其是农业和环境生态等方面。当然，为保证在建工程完工，积极的财政政策淡出也需要一个过程。

2013年3月，十二届人大一次会议提出，2013年我国要实现国内生产总值增长7.5%左右，发展的协调性进一步增强；居民消费价格涨幅3.5%左右；城镇新增就业900万人以上，城镇登记失业率低于4.6%；城乡居民人均收入实际增长与经济增长同步，劳动报酬增长和劳动生产率提高同步；国际收支状况进一步改善。为了实现这一目标，“必须继续实施积极的财政政策和稳健的货币政策，保持政策连续性和稳定性，增强前瞻性、针对性和灵活性”。

思考：政府的财政政策对加快经济结构转型有何贡献？

任务三 政府的“右手”：货币政策

案例

2011年9月20—21日，美联储公开市场委员会在货币政策例会上就下一阶段的政策取向进行了激烈的讨论。最终以7票赞成3票反对的结果通过了一项决议，即延长美联储持有国债的平均期限。具体做法是，在2012年6月前，卖出剩余期限在3年以下的4000亿美元中短期国债，同时购买相同数量的期限为6～30年的中长期国债。美联储认为，这一政策将有助于压低长期利率，创造更为宽松的金融环境。

美联储通过的这一政策措施非常罕见，历史上称为扭曲操作，其目的在于将国债收益率曲线压得更平。具体来说，卖出短期国债，将导致短期国债价格下滑，短期资金市场供给紧张，短期资金收益率上升；而买入长期国债，将使得长期国债价格上升，长期金融市场资金充裕，长期国债收益率下降。通过这一操作，将短期利率提高，同时压低长期利率，相对于对收益曲线进行了一次扭曲。

讨论：为什么美联储要进行扭曲操作？

扭曲操作的背景是当中央银行面临多个政策任务且相互抵触，而单一提高或降低整个利率水平不能同时实现这些目标。截至2011年9月，美国经济增长乏力，失业率居高不下，同时由于前期量化宽松政策导致过度的货币投放，流动性过剩引起通货膨胀压力增大。此时，货币政策空间极为有限，如果为了促进就业而降低利率，会进一步刺激通货膨胀的隐忧；如果为了控制通货膨胀而提高利率，则又伤害实体经济。因此，美联储不得以进行扭曲操作，若其政策意图能够实现，则长期利率下降有利于促进经济增长，而短期利率上升又有利于抑制通货膨胀预期，这不失为一种可行的设想。

货币政策是中央银行通过管理货币供应量来调节利率，进而影响投资和整个经济，以实现一定经济目标的政策决策。了解货币政策，有必要了解有关货币政策的基本知识和基本概念。

一、货币政策的基本知识

（一）货币供应量与基础货币

货币是指人们普遍接受的，充当交换媒介的一般商品。根据流动性或变现能力，可以把货币分成不同的层次，如M_0、M_1、M_2等。

1．货币供应量

货币供应量是指一国在一定时点上的货币总量。在现代社会中，存在各种各样的货币形式，货币形式主要包括以下几种：

（1）现金，包括纸币、硬币。

（2）活期存款，即可以随时提取的存款。

（3）定期存款，即在一定时间后才能提取的存款，但通过预先通知银行即可转化成活期存款或现金。

（4）近似货币，即具有一定货币价值并易于转换为现金的资产，如股票、债券等。

（5）货币替代物，即可在一定条件下执行货币交换职能的东西，如信用卡。

一般而言，货币供应量被区分为狭义货币供应量和广义货币供应量。

狭义货币供应量用M_1表示：

$$M_1=\text{现金}+\text{活期存款}$$

广义货币供应量用M_2表示：

$$M_2=M_1+\text{定期存款}$$

更广义的货币供应量，用M_3表示：

$$M_3=M_2+\text{近似货币}+\text{货币替代物}$$

M_1反映经济中的现实购买力。M_2不仅反映现实的购买力，还反映潜在的购买力。若M_1增速较快，则消费和终端市场活跃。若M_2增速较快，则投资和中间市场活跃。中央银行和各商业银行可以据此判定货币政策。M_2过高而M_1过低，表明投资过热、需求不足，有危机风险；M_1过高而M_2过低，表明需求强劲、投资不足，有涨价风险。

2．基础货币

基础货币（M_0）又称高能货币，是指中央银行发行的货币。它具有创造更多其他货币的能力，在整个货币系统中处于基础地位。从数量上看，基础货币由银行体系的法定准备金、超额准备金、库存现金，以及银行体系之外社会公众的手持现金四部分构成，其公式为：

基础货币=法定准备金+超额准备金+银行体系的库存现金+社会公众手持现金

3．货币乘数

货币乘数是指当基础货币变动一单位时货币供给量的变动规模。如果用H表示基础货币，M表示货币供给，m表示货币乘数，则有如下关系式：

$$m=\frac{M}{H}$$

（二）商业银行的货币创造功能

西方经济学家认为，货币供给量取决于流通中现金和商业银行存款的数量。商业银行在吸收存款和发放贷款的业务活动中，具有创造货币从而增加货币供给量的功能。

商业银行的活期存款本身就是一种货币，它可以用支票在市场上流通。客户在得到商业银行的贷款后，一般并不取出现金，而是把所得到的贷款作为活期存款，这样就可以用支票在市场上流通了。因此，增加活期存款就是增加货币供给。这样，商业银行体系就在增加贷款的同时促成了体系内存款的增加。由于存款就是货币，商业银行通过贷款而增加的存款就是商业银行在业务活动中所创造的货币。在中央银行货币发行量既定的情况下，商业银行创造的存款使流通中的货币数量增加。

商业银行创造货币的能力受两个因素的影响：一是商业银行所吸收的最初存款；二是法定准备金率。如果以R代表最初存款，以D代表存款总额即创造出的货币量，以r代表法定准备金率

（$0<r<1$），则商业银行体系所能创造的货币总量可以用公式表示为：

$$D=\frac{R}{r}$$

上述公式表明，商业银行创造货币的多少与法定准备金率成反比，与最初存款成正比。假定存款额为既定，则法定准备金率越低，银行存款和放款所增加的倍数越大；假定法定准备金率不变，则银行吸收的存款越多，银行所“创造”的货币总额越大。假定法定准备率为20%，最初某商业银行（A）所吸收的存款为100万元，那么，整个商业银行体系可以增加的存款额为100/20%=500万元。

商业银行将其吸收的存款的一部分存在中央银行，用于银行间的资金清算和保证客户取款的需要，这部分存款就叫作存款准备金。存款准备金分为两部分，其中一部分是法律规定金融机构必须存在中央银行里的，这部分资金叫作法定存款准备金；超出法定存款准备金的部分称为超额准备金，这一部分准备金金额的大小由商业银行自主决定。法定存款准备金与银行存款总额的比率，就是法定存款准备金率。

二、货币政策工具

货币政策工具是指货币当局为了实现既定的政策目标所选择的货币政策、手段。为了实现既定的宏观经济目标，政府除了使用适度的财政政策外，还经常性地运用货币政策工具进行调控。

1．调整法定准备金率

法定准备金率，是指中央银行以法律形式规定的商业银行将其吸收存款的一部分上缴中央银行作为准备金的比率。提高法定准备金率，将增加商业银行的准备金，商业银行可运用的资金减少，削弱商业银行的贷款能力，并减少货币创造乘数，从而缩小货币扩张的规模；反之，降低法定准备金率，将减少商业银行的准备金，商业银行可运用的资金增加，扩大商业银行的贷款能力，并增大货币创造乘数，从而扩大货币扩张的规模。由于货币乘数的作用，改变法定准备金率的货币政策作用效果十分明显，人们通常认为这一政策工具效果过于猛烈，它的调整会在很大程度上影响整个经济和社会心理预期，因此，中央银行对法定准备金率的调整都持谨慎态度。

2．调整再贴现率

贴现，是指商业银行从收受的未到期商业票据面值中扣除利息，并把票面余额以现金形式支付给持票人的信用活动。

再贴现率，是中央银行通过变动给商业银行的贷款利率来控制货币供给量与利率的货币政策手段。再贴现率是中央银行对商业银行及其他金融机构的放款利率，调整再贴现率就是中央银行调高或降低对商业银行发放贷款的利率。再贴现率具有：①短期性，中央银行提供的贷款以短期为主，再贴现票据一般为3～6个月，最长不超过1年；②官方性，再贴现率是中央银行规定的利率，不同于市场利率，随供求变化而变化；③标准型或示范性，再贴现率在利率体系中是基础利率，其变动表示中央银行在采取的措施和经济景气的变化，有一种告示效应。

在经济萧条时期，中央银行降低再贴现率可以鼓励商业银行借款，从而增加商业银行的准备金，这样可以增加它对客户的放款，放款的增加又会通过银行创造货币的机制增加货币的供给量并降低利率。在经济繁荣时期，中央银行提高再贴现率，可以限制商业银行贷款，使商业银行准备金短缺，这样商业银行必须减少对客户的放款或收回贷款，贷款的减少又会通过银行创造货币的机制减少货币的供给量并提高利率。

3．公开市场业务

公开市场业务，是指中央银行在公开市场上买卖政府债券，以控制货币供给与利率的货币政策手段。公开市场业务是中央银行稳定经济的最灵活的政策手段，也是最常使用的一种政策手段。中央银行在公开市场上买进政府债券，将增加商业银行的准备金、提高市场上政府债券的价格，从而增加货币供给、降低利率、刺激投资、促进经济发展；反之，卖出政府债券，将减少商业银行的资金储备、降低市场上政府债券的价格，从而减少货币供给、提高利率、控制需求、平抑物价。

4．常备借贷便利

全球大多数中央银行具备借贷便利类的货币政策工具，但名称各异，如美联储的贴现窗口、欧洲央行的边际贷款便利、俄罗斯央行的担保贷款等。借鉴国际经验，中国人民银行于2013年年初创设了常备借贷便利。常备借贷便利是中国人民银行正常的流动性供给渠道，主要功能是满足金融机构期限较长的大额流动性需求。对象主要为政策性银行和全国性商业银行。期限为1～3个月，利率水平根据货币政策调控、引导市场利率的需要等综合确定。常备借贷便利以抵押方式发放，合格抵押品包括高信用评级的债券类资产及优质信贷资产等。

常备借贷便利的主要特点：一是由金融机构主动发起，金融机构可根据自身流动性需求申请常备借贷便利；二是常备借贷便利是中央银行与金融机构“一对一交易”，针对性强；三是常备借贷便利的交易对手覆盖面广，通常覆盖存款金融机构。

三、财政政策和货币政策的组合

相机抉择是指政府在进行需求管理时，应根据不同的经济形势和各项政策的特点，机动地选择适当的政策工具，以形成合力来稳定经济。如何依据不同的经济形势，将各项政策组合起来使用，以便更好地达到预期的效果，是政策运作过程中一个极其重要的问题。以下从政策特点、经济形势及政策组合三个方面进行简要说明。

1．政策特点

宏观财政政策和货币政策各有特点，主要表现在四个方面：

首先，作用的猛烈程度不同。例如，政府支出的增加与法定准备金率的调整，作用都较为猛烈，而税收政策与公开市场业务的作用则较为缓慢。

其次，政策的时滞性不同。例如，财政政策的内在时滞较长而外在时滞较短，与此相反，货币政策的内在时滞较短而外在时滞较长。

再次，政策作用的范围不同。例如，政府支出政策影响面相对较大，公开市场业务的影响面相对较小。

最后，政策所受阻力不同。例如，增税与减少政府支出的阻力较大，货币政策遇到的阻力较小。

由此可见，政府只有依据不同的经济形势，才能具体选择确定用哪一项或哪几项政策手段来进行富有成效的经济调控。

2. 经济形势

经济形势的演化有程度上的不同，因此，应根据不同形势采取不同的政策。当经济发生严重的衰退时，只有采用作用猛烈的政策，才能有效地抑制经济形势的进一步恶化，而不能运用作用迟缓的政策。当经济出现衰退的征兆时，要采用作用缓慢的政策，使经济运行和缓地恢复到正常状态，而不能采取作用猛烈的政策施以打压。总之，只有对症下药，才能最大限度地减少政策实施不当对经济产生的负效应，从而最大限度地发挥政策对经济的正效应。

3. 政策组合

财政政策和货币政策的组合方式不同，产生的政策效应不同，适用的经济环境也就不同。财政政策和货币政策的组合是多种多样的，其基本组合有以下四种：

第一，当经济严重萧条时，可采用扩张性的财政政策和扩张性的货币政策。一方面，用扩张性的财政政策增加总需求；另一方面，用扩张性的货币政策降低利率，避免挤出效应。

第二，当经济萧条但不太严重时，可采用扩张性的财政政策和紧缩性的货币政策。一方面，用扩张性的财政政策刺激需求；另一方面，用紧缩性的货币政策抑制通货膨胀。

第三，当经济出现通货膨胀但又不太严重时，可采用紧缩性的财政政策和扩张性的货币政策。一方面，用紧缩性的财政政策压缩总需求；另一方面，用扩张性的货币政策降低利率，刺激投资，遏制经济的衰退。

第四，当经济发生严重的通货膨胀时，可采用紧缩性的财政政策和紧缩性的货币政策。一方面，用紧缩性的财政政策抑制总需求；另一方面，用紧缩性的货币政策提高利率、抑制投资。

财政政策和货币政策组合的选用，不仅取决于经济因素，而且取决于政治等其他因素。财政政策和货币政策作用的后果，会使国民收入的组成比例发生变化，从而对不同阶层和不同利益集团产生不同的影响。因此，政府在选用财政政策和货币政策及其组合时，必须全面考察，兼顾各方面的利益。

案例

美国经济政策的演变

"凯恩斯革命"之后，财政政策和货币政策已成为西方发达国家调控宏观经济不可或缺的基本工具，它们有成功的经验，也有失败的教训。特别是20世纪90年代以来，西方国家在执行财政政策和货币政策的实践中遇到的问题，对我们有很好的参考价值。

美国在经历了1929—1933年经济大危机之后，开始放弃自由放任经济，转而实行政府干预，注重财政政策与货币政策的使用。20世纪30至60年代，美国经济政策以财政政策为主，货币政策从属于财政政策，这种政策搭配效果是好的，达到了促进经济增长和维持物价相对稳定的目的。

20世纪60年代末，越南战争的爆发成为美国经济的转折点。财政赤字日益增加，通货膨胀不断加剧，经济出现滞胀的局面。滞胀使凯恩斯主义陷入尴尬境地，而以弗里德曼为代表的货币主义兴起。

在这种背景下，20世纪七八十年代以控制货币供应量为中介目标的货币政策得到加强。20世纪80年代，美国联邦政府为了解决经济滞胀问题，将控制通货膨胀作为首要经济目标，实行了紧货币、松财政的政策。这种政策搭配有效地控制了通货膨胀，降低了失业率，但同时也种下了高利率、高赤字和高负债的恶果。

1993年克林顿政府上台后，调整了财政政策，转而实行适度从紧的财政政策，配合偏松的货币政策。通过税收政策来增加财政收入，并适当压缩财政支出，调整政府支出结构。与此同时，美联储连续调低贴现率，为紧缩性财政政策的实施创造了条件。20世纪90年代中后期美国的财政货币政策是成功的，它对经济稳定增长起到了积极的促进作用。反过来，经济的长期稳定增长又改善了财政状况，维护了良好的金融秩序。

2001年小布什上台后，美国经济开始出现衰退，消费物价指数创45年最大的跌幅，固定资本投资受阻，库存积压，企业支出疲软。为应对这一局面，小布什政府采取了积极的财政政策与扩张的货币政策的组合。美国联邦政府从2001年开始采取减税政策；美联储连续11次降息，特别是“9·11”事件后，放松银根125个基本点，减轻了债务负担，降低了融资成本。同时，住房抵押贷款利率降至30年来的最低水平，使住房供给资金攀升。

讨论：美国实施“积极的财政政策与扩张的货币政策的组合”对后来的2008年次贷危机有无影响。

项目小结

宏观经济政策是一国政府为实现一定的总体经济目标而制定的相关指导原则和措施。宏观经济政策的目标是充分就业、物价稳定、经济增长和国际收支平衡。凯恩斯主义理论的宏观经济政策主要是财政政策与货币政策。

财政政策是政府为实现一定的经济目标，运用财政收入和财政支出来调节经济的政策。财政政策工具主要有税收、公债、政府购买、政府转移支付和财政预算等。根据对总需求的调节方向不同，财政政策可分为扩张性财政政策、紧缩性财政政策和中性财政政策。

货币政策是政府通过中央银行控制货币供应量来调节利率，进而影响投资和整个经济以实现宏观经济目标的行为措施。货币政策工具主要包括法定存款准备金率、再贴现率和公开市场业务。根据对总需求的调节方向不同，货币政策可分为扩张性货币政策、紧缩性货币政策和中性货币政策。

财政政策与货币政策运用的一般原则是“逆经济风向行事”，即在经济萧条时期，采用扩张性财政与货币政策；在经济过热时期，采用紧缩性财政与货币政策。政府在运用宏观经济政策调节经济时，应根据具体经济形势及各项政策措施的特点，灵活地选择适当的政策工具，相机抉择，以实现宏观经济政策目标。

习题与实训

一、名词解释

1. 财政政策
2. 财政支出
3. 财政收入
4. 货币政策
5. 公开市场业务
6. 再贴现

二、选择题

1. 中国人民银行在公开市场上买进债券会导致（　　）。

A. 货币供给量增加　　B. 商业银行存款准备金增加
C. 货币供给量减少　　D. 商业银行存款准备金减少

2. 中央银行通过提高再贴现率可以使市场上的货币供给量（　　）。

A. 增加和利率降低　　B. 减少和利率提高
C. 减少和利率降低　　D. 增加和利率提高

3. 扩张性财政政策对经济的影响是（　　）。

A. 缓和了经济萧条但增加了政府债务
B. 缓和了经济萧条也减轻了政府债务
C. 缓和了通货膨胀同时也增加了政府债务
D. 缓和了通货膨胀同时也减轻了政府债务

4. 当经济中存在比较严重的失业时，政府应当采取的财政政策工具是（　　）。

A. 增加政府投资　　B. 减少政府投资
C. 增加货币发行量　　D. 提高个人所得税

5. 宏观经济政策的目标是（　　）。

A. 充分就业和物价稳定　　B. 物价稳定和经济增长
C. 同时实现经济增长、充分就业、物价稳定和国际收支平衡
D. 充分就业和社会公平

6. 以下属于紧缩性财政工具的是（　　）。

A. 增加财政支出和减少税收
B. 减少财政支出和增加税收
C. 减少财政支出和减少税收
D. 增加财政支出和增加税收

7. 经济过热时，政府应该采取（　　）的财政政策。

A. 减少财政支出　　B. 增加财政支出
C. 扩大财政赤字　　D. 减少税收收入

8. 通常认为，以下属于紧缩性货币政策的是（　　）。

A．提高再贴现率　　B．降低法定准备金率

C．增加货币供给　　D．中央银行买入政府债券

9. 法定准备金率越高，则（　　）。

A．银行的贷款意愿越强　　B．货币供给量越大

C．越可能引发通货膨胀　　D．商业银行创造货币越难

10. 紧缩性货币政策的运用会导致（　　）。

A．减少货币供给量，降低利率　　B．减少货币供给量，提高利率

C．增加货币供给量，降低利率　　D．增加货币供给量，提高利率

三、简答题

1. 一国政府的宏观经济政策目标有哪些?
2. 中央银行控制货币供给量的工具是什么?
3. 政府的财政政策工具有哪些?

四、课外实践题

中国宏观经济论坛（2018年中期）报告会于2018年6月23日在京举行。中国人民大学经济学院副院长陈彦斌代表课题组发布了论坛主题报告《结构性去杠杆下的中国宏观经济》。报告指出，2018年上半年中国经济平稳运行，物价水平稳定，就业形势总体向好，经济增长质量稳步提升。预计上半年经济增速达到6.8%左右，在全世界主要经济体中继续位居前列。不过，在经济运行平稳的同时，需要注意的是，当前中国经济运行呈现的供给强劲、需求疲软的特征。

2018年下半年中国经济下行压力将有所加大，需要警惕六大风险点。一是，房价持续上涨与家庭债务压力不断加大背景下，需警惕消费增速过快下滑的风险。二是，广义财政收入增速加快虽然减轻了政府的收支压力，但需警惕宏观税负进一步加重的风险。三是，民间投资虽然短暂回升，但掣肘民间投资增长的核心因素没有发生本质性改善，需警惕民间投资增速再次下滑的风险。四是，固定资产投资增速放缓势头明显，加上贸易摩擦加剧背景下出口增速可能出现的加速下滑，由此需警惕下半年经济增速超预期下滑的风险。五是，规模以上工业企业利润增速存在一定虚高，大多数行业亏损面持续扩大，需警惕部分企业效益状况显著恶化的风险。六是，融资环境收紧导致企业信用风险加速暴露，需警惕去杠杆过程中金融体系不稳定性加剧的风险。基于上述考虑，预计2018年中国经济运行将呈现“前稳后降”的走势，全年增速预计为6.7%左右。

问题：根据报告内容，思考并谈谈我国下一阶段应该实施什么样的财政政策和货币政策，并说明原因。

参考文献

[1] 梁小民. 经济学原理：第6版[M]. 北京：北京大学出版社，2012.
[2] 曼昆. 经济学原理：第6版[M]. 北京：北京大学出版社，2012.
[3] 张建伟. 经济学基础：第3版[M]. 北京：人民邮电出版社，2018.
[4] 高鸿业. 西方经济学：微观部分：第6版[M]. 北京：中国人民大学出版社，2015.
[5] 高鸿业. 西方经济学：宏观部分：第6版[M]. 北京：中国人民大学出版社，2015.
[6] 弗兰克. 牛奶可乐经济学：第7版[M]. 北京：中国人民大学出版社，2013.